趙鑫珊、李毅強 著

戰爭與男性荷爾蒙

臺灣學生書局印行

序

朱高正

兩位作者嘗試透過《戰爭與男性荷爾蒙》這本書，對戰爭的起因作一深層的分析。歷來對形形色色戰爭的發生大抵從政治、經濟或社會等角度來探討，作者將這類研究稱之為戰爭起因的「表層分析」。至於從心理學的角度來研究戰爭的起因，則稱之為「中層分析」。而作者在本書中運用當代內分泌學、腦科學以及神經系統生理學等科研成果，闡釋戰爭在生物學上的起因，希望藉由「深層分析」揭露戰爭的根本原因，以達防止戰爭，終而根除戰爭的目的。

一部人類史其實就是一部人與自然界的鬥爭史。古希臘哲學家赫拉克里特（Herakeitos）就說：「戰爭是萬物之王，萬物之父。」戰爭固然毀滅了大量的生命財產，但也促使人類不斷地在戰爭中發展出更高的科技文明。在歷次戰爭中，人類所使用的武器總是各時代尖端科技的組合。

傳統戰爭所帶來的毀滅是相對的，隨著戰爭結束而來的不外是佔領、掠奪、談判、甚至報仇、復國等問題。二次大戰後，由於核子武器的快速發展，戰爭對人類的威脅，在本質上迥然有異於傳統戰爭。核戰爭之後，既無割地、賠款，更沒有報復的問題，因為它是沒有勝利者的戰爭。而由於面臨這種核戰爭絕對毀滅性的威脅，才迫使人們不得不對戰爭的深層原因予以探究。

這本書其實亦可名為《戰爭生物學導論》。它先從男性荷爾蒙的相關研究著手。男性荷爾蒙在動物界（不限於人類）表現在體質上是肌肉發達、生長鬍鬚、好勇鬥狠、聲音低沉而宏亮；在行為上則是性慾旺盛與富攻擊性。因此，動物在發春期，雄性體內男性荷爾蒙分泌特別多；在調情與求偶的過程中，雄性比雌性更為主動，且常為了爭奪雌性伴侶而與同種雄性發生爭鬥。如是，性愛與好鬥可說是一體的兩面。從男性荷爾蒙的研究，尋線似乎可以找到戰爭在生物學上的根源。

作者以男性荷爾蒙的相關研究為基礎，更進一步引用腦科學的研究成果。人作為萬物之靈，其實是經過幾千萬年甚至上億年的逐漸演化而來。而人腦就像人體的其他部位一樣，仍然處在極緩慢的演化過程中。而漫長的演化過程則清楚地鍵入人腦的結構之上。人類的腦部可分為三大部分，即大腦基底核，大腦邊緣系統與大腦新皮層。大腦基底核位在下方，是人腦最早發展的部份，也是人腦與一般爬蟲類的腦最相似的部位，主控慾望，又稱「鱷魚腦」。

當這部份失控時，人即會陷入瘋狂好戰狀態，赤裸裸地呈現獸性。大腦基底核之上是較後發展出來的大腦邊緣系統，它與高等的哺乳動物，尤其猿猴類的腦極為相似。至於最上面薄薄的一層則是大腦新皮層，是人之所以為人，使人有理性，有善念，唯獨人類才有，其他動物沒有的部份，名為「人類腦」，這部份在人類漫長的演化史上，是近幾萬年才發展出來的。

依據腦科學的研究，由於性別的差異，女腦與男腦也有基本上的差別；而左腦與右腦亦有差別。前者的差別在於女性的大腦邊緣系統比男性明顯發達，因此，女性的大腦基底核在比例上不如男性。但尚未有證據顯示兩性在大腦新皮層上的差異。至於左腦與右腦的差別，則較為一般人所熟知：左腦側重在邏輯與分析；右腦則主司綜合與想像。左、右腦維持和諧平衡，則一個人的心智狀態平穩，學習能力增強。但男腦較有片面化的傾向，大多偏於左腦化，也就是長於邏輯與分析，但這也易流於固執與僵化。這兩種差異——女性的大腦基底核不如男性發達與男腦有明顯左腦化的傾向——就使得男性的犯罪率遠高於女性。

然而光是男性荷爾蒙作祟，大腦基底核失控以及左腦的偏執，尚不足以詮釋戰爭的起因。因為戰爭是一種集體的犯罪行為。侵略戰爭的發動尤須先製造藉口，以便使該戰爭獲得「正當性」與「合法性」，這就有賴於語言符號系統。卡西勒（E.Cassirer）認為人是會使用符號的動物，而最重要的符號莫過於語言。透過語言，訊息的溝通才有可能；而順暢的訊息溝通，才能建立起嚴密的社會網絡。戰爭本是高度組織動員，又要求嚴格紀律的集體行為。而這些都有賴於語言符號系統。

我們人類在生物學上的名稱是「智人」（Homo sapiens），是從「直立人」（Homo erectus）演化而來的。「直立人」只靠兩條腿就可以站起來，使得人類的前肢解放出來，成為雙手，可以製造工具。而一般哺乳類高等動物四腳著地，因此要以口就食；人類則以手送食，口也隨而解放出來，而以發音說話為主要職責。語言的功能遂得以漸次發揮。

於是透過語言，煽動憤怒，製造仇恨。任何一場侵略戰爭，都少不了經過語言的搧風點火，推波助瀾，以引起眾人的同仇敵愾。這種借助語言符號的動員，甚至已被制度化了，不僅是一場場的聚眾演講，而是掌控所有的媒體，反覆進行集體催眠，其極致的發揮就是軍國主義。

軍中不容許有個人意志或婦人之仁。軍隊要求的是絕對的服從與尚武的精神，要將人的潛在獸性徹底激發去殲滅敵人。當一個政權將全體國民比照軍隊來管理，那就是軍國主義。掀起二次大戰的德國與日本，就是軍國主義的典型。它們都是以現代科技、傳播技術加上社會組織的密切配合，達成舉國動員的目標。

本書作者以戰爭哲學家自許，從男性荷爾蒙著手，探討戰爭在生物學及腦科學上的依據，說明語言的刺激導致男性荷爾蒙的分泌及大腦基底核的失控。最後作者提出和平運動的主張，探討如何透過教育、大眾傳播及相關制度的建立，讓「鱷魚腦」與男性荷爾蒙能接受大腦新皮層的指揮。因為「鱷魚腦」攻擊的本能是天生的，不教即會，一經刺激則變本加厲。相反地，「人類腦」只有薄薄一層，亟需後天教化，否則怎敵得過盲目的自然衝動呢？

兩位作者都是具有獨立思考能力且多產的作家，不但在人文學科上有深厚的學養，在動物學上更別有造詣，令人十分佩服。我在九四年即已得知他們的寫作計劃，如今終於付梓。並在我的安排下，由台灣學生書局出版。特別讓我覺得不容易的是，在大陸曾有一段並不算短的時間，和平主義被批評為「資產階級自由主義的政治思潮」，而兩位作者依然堅信「最壞的和平主義也比最好的核戰爭要好」。出版之際，台灣學生書局邀序予余，因此我也樂於為讀者推介這本饒富啓發的著作。

戰爭與男性荷爾蒙　VI

戰爭與男性荷爾蒙

目錄

人啊，你對自己到底有多少了解？ ／〇〇一
題記十則 ／〇〇三
序之一——本書的由來 趙鑫珊 ／〇一一
序之二——我為什麼要參加本書的寫作 李毅強 ／〇三一
第一編：基礎研究的發現及其推論
有關戰爭的哲學斷想 ／〇三九

原因↓結果之鏈組成的世界／〇六五
——我們是行為主義者

性的起源／〇七五
——為什麼會有男性荷爾蒙？

自然界的戰爭和人類戰爭／〇八九

指揮荷爾蒙的司令部：視床下部／〇九五
——「快感原理」的生物化學基礎

我們是新腦定位主義者／一〇五
——動物攻擊行為和人類攻擊行為的神經生理學基礎
一、我們推崇「實驗哲學」
二、評克勞塞維茨《戰爭論》

戰爭與大腦基底核／一一九
——從腦結構看男女行為的差異
一、鰐魚腦↓猿人腦↓人類腦；
二、P↑P↓P說法和男人們的「左腦之爭」

從犯罪生物學的原動力觀點看人類戰爭行為／一三五
——什麼原因驅使犯罪？

一、愛因斯坦的思路：戰爭是群體犯罪
二、希特勒身上為什麼有那麼多、那麼強烈的仇恨？
三、女子月經來潮與犯罪行為
四、異常染色體：是「遺傳的犯罪因子」嗎？
五、殺害嬰兒現象：生產的悲劇
六、自然犯罪的原動力

力比多·性能量·男性荷爾蒙 ／一五五
——用男性荷爾蒙重新梳理弗洛伊德學說

兒童破壞世界的本能 ／一六七
——從精神分析觀點看兒童的不安↓攻擊鏈
一、從出生體驗到鏈式裂變反應
二、白日夢

人類攻擊性再探討 ／一七七
——對戰爭行為深層根源作進一步剖析
一、對人類攻擊性起源研究的意義
二、人類是自產生語言後才開始有攻擊性的
三、腦、語言和意象：人類特有的攻擊性
四、慾望和攻擊性

第二編：人類原始部落的戰爭
原始部落的動物性戰爭／一九七
一、為什麼女子不適宜打獵、打仗？
二、原始人的動物性戰爭。
有關核戰爭以前的戰爭一條哲學原理／二〇五
第三編：人類文明史上的戰爭
人類文明史上的戰爭哲學原理／二一一
在「兒童武士」的背後／二二三
——兒童破壞世界本能的戰場參與
試論波黑戰爭的深層原因／二三一
一、關於新仇舊恨
二、關於兩套完全不同的語言符號系統
古今人類戰爭的分類／二三五
——對戰爭起因的哲學沉思

一、肌肉發脹式之戰；
二、復仇模式之戰；
三、糾紛模式之戰；
四、非正義的、侵略性的戰爭；
五、正義的戰爭。
在日本民族心理結構中突出有把「軍刀」╲二五五
——日本天皇制軍國主義發動侵略戰爭的深層背景
一、我們從日本帝國陸軍廣已田中尉身上究竟看到了什麼？
二、為侵略戰爭服務的軍國主義語言符號系統；
三、日本人的生死觀；
四、「武」和「武士道」。
發動侵略戰爭骨幹分子的臉譜╲二八七
有關核戰爭的定義及其他╲二九三
人啊，人！╲二九七
——不是人控制武器，而是武器支配著人
心理學與戰爭╲三〇九
——兼論「挫折攻擊假說」

第四編：希望和出路

——和平時期男性體內自由游離攻擊能量的釋放

人類腦同鰐魚腦的殊死較量 ／三二五
——使用武力不是辦法
一、理直氣壯提高和平主義運動；
二、關於二戰起源；
三、文化藝術總是世界和解的基礎

主要參考書目 ／三三九

人啊，你對自己到底有多少了解？

謹以這本探求世界和平的書沉重地告別爆發過兩次世界大戰的二十世紀，獻給廿一世紀地球全體居民的平和、安寧和康泰。要知道，從一九四五年至一九九〇年的二三四〇個星期中，全世界只有三個星期是無戰事的和平日子，而且今天世界一些主要國家都在用廿一世紀的標準進行瘋狂的軍備競賽，而我們保衛和平的思路和手段還是半個世紀以前的。這巨大反差令我們驚訝。保衛世界和平的思路和手段也必須是先進的，深層次的，超前的。於是我們拿起筆來撰寫這本書。

我們在本書中所說的戰爭，一般是指非正義的、破壞世界的侵略戰爭。這是我們撰寫本書的第一前提。不能沒有這個前提，否則世界就沒有善惡之分。

納粹德國和日本軍國主義發動的侵略戰爭就是惡的，而反法西斯戰爭則是善的。我們並不籠統地反對一切戰爭。這是我們撰寫本書的第二前提或嚴正聲明。

戰爭哲學家克勞塞維茨一再強調，戰爭是政治的工具，是政治通過暴力的繼續。這無疑是正確的。但是他又朦朧地指出（絕大多數讀者都忽略了這一補充），在戰爭行爲的後面還隱蔽著另一種要素，這就是「盲目的自然衝動」。試圖較爲詳盡地揭示這衝動的作用，正是本書的主題。

我們只是盡力做到實事求是，不誇大也不故意縮小這個生物學的原因。

題記十則

一

我要努力作爲一個哲學家而生，也努力作爲一個哲學家而死。死後，我依舊牽心掛腸這個世界。我撰寫這本書，主要是爲了若有所思地揮手告別人類的二十世紀。告別的心情既悵又沉重。

二

克勞塞維茨寫於一八一八至一八三〇年的巨著《戰爭論》三卷本就放在我的書桌上。今天展卷重讀這部經典，我覺得它還沒有窮盡戰爭的本質。它還留有五%的空白讓後人來補充。

我寫這本書的目的，正是斗膽來作這一補充的嘗試：從現代生物學的角度去解釋戰爭的深層起源和本質。

這只有在性激素研究取得了重大突破的今天才有可能作出這一小小的但又不是可有可無

的補充。比如一九二八年德國的洛維等人發現尿中有雄激素。（激素，又稱內分泌素或荷爾蒙）性激素的發現是二十世紀化學、生物學和醫學的重大成就之一。借用這一成就試圖解釋人類戰爭起因的某種成分是本書的主題。我想在戰爭和男性荷爾蒙這兩者之間尋找、揭示出一些深層、隱蔽的因果關聯。

三

從世界的結果去尋找世界隱蔽的、深層的原因，其樂無窮，其使命也神聖。我們只有把戰爭的深層原因剝落、揭示出來，我們才有可能防止、根除戰爭。

四

在世界各民族的語言中，都有這樣一句諺語：「好鬥的公鷄」。公鷄好鬥，是因爲在它的身體內有雄性荷爾蒙在起作用的緣故。這正是讀者手中這本書要展開的核心思想。

五

其實，荷爾蒙（激素）在相當大的程度上支配了人的一生所作所爲。

大腦有個解剖部位，叫下丘腦。它是人體內分泌的「總司令部」。所有腺體的分泌（包括性腺分泌）均由它調節。或者說，在脊背動物中，神經分泌細胞主要集合在下丘腦。

所謂男女有別，主要是性腺分泌所致。

不過男性激素（即男性荷爾蒙）並非男性所獨有。若是嬌滴滴的女性體內產生過量的雄激素，那麼，聲音便會變得低沉，體毛也會增多，超出正常水平。

男子之所以具有粗壯的肌肉線條和雄赳赳的雄風，包括他的聲音，主要是睪丸製造的雄激素（男性荷爾蒙）所致。不過，在男子身上也有少量的雌激素（恰如在女子身上有少量的雄激素）。正是這雄、雌或雌、雄適當、和諧的比例（這比例原是造物主的設計和安排）才造就了一位眞正的男子漢和一位窈窕淑女。

眞正的男子漢應剛中帶柔。柔即溫存，正是體內少量雌激素使然。

女孩進入青春期，乳房發育、月事來潮、汗腺分泌出吸引男性的體味……，都是雌激素造成的。

六

別以爲性激素只是跟性特徵和生育有關。不。

它同人的許多行爲很有因果關聯。比如雄激素分泌過多，男女均會表現得十分進取和自信。當然還有攻擊行爲。

謹以讀者手中這本書獻給我在中國農業科學院工作過的十七年（一九六一—一九七八）。那是我的青年時代。

一提到農業科學，馬上會使人想起種植水稻、小麥和棉花。其實那只是農業科學的一個大部門。另一個大部門便是畜牧業。它涉及到家畜（牛、馬、羊、豬、鷄……）的生理和育種，以及獸醫等學科。六畜興旺，必涉及到家畜的良種繁育。這就不可避免地要追溯到基礎科學研究成果：動物的生殖、生理。其主角便是性激素（荷爾蒙）。

我就是這樣結識性荷爾蒙的。這是邏輯的必然。

有件事我永遠忘不了：一九六二年，也就是我大學畢業後進農業科學院的第二年，我從一本《家畜生理學》的書中讀到母猴、母駱駝、母牛、母馬、母羊和母豬……也有月經，這使我大驚。若動物進化程度越高，越接近人，那麼，它的月經來潮的天數也越接近人。我意識到：人只不過是動物界的一個物種！（這一領悟使我的世界觀得到了很大滿足）

在中國農業科學院期間，因工作之便，我經常閱讀著名英文期刊《自然》和《科學》發表的有關性荷爾蒙的實驗報告。西德的《自然科學》雜誌也常有這類論文，我也從不放過。這是我青年時代的一段經歷。沒有這段經歷，今天我便不會萌念撰寫讀者手中這本書。

對於一位文化創造者，他一生的任何一段內外經歷都是有用的，即使是三年獄中生活也不該白白度過，日後也會派上用途。

七

這是一本探索性的著作。難免有失誤、不當之處。

自然科學理論和實驗（包括工程技術，如火箭、衛星發射）都有失誤，社會科學探索爲什麼就不允許有失誤的地方？

過分強調戰爭的生物根源是個大錯誤；但完全忽視其存在，也不妥。閉口不談，不等於不存在！

如果說，戰爭是由兩組原因引起的：社會、經濟和政治原因，以及男性荷爾蒙，倘若前一組占九五％的比重，那麼，後一個（男性荷爾蒙）便占五％。

不能小視這五％。它是根深蒂固存在於人性之中的。它涉及到一個同人類自身一樣古老的哲學問題：人性本善或人性本惡。

兩、三千年以來，東、西方哲學家在研討這個哲學問題的時候一直有個大欠缺：沒有得到生物、醫學實驗結果的有力支撐。

八

我努力把讀者手中這本書牢牢建築在現代生物學、醫學、腦科學和比較動物行爲學的實驗報告的基礎上，而避免過多的哲學思辯或玄想。我的思路是：像熱力學那樣，先揭示基本事實，然後從中抽出幾條自然哲學原理，爲的是得到世界觀的滿足。當然更主要的是一種人生使命感。

九

人過五十，常想起少年時代的一些傷天害理的行爲，並爲之深深懺悔。

我在夜裡曾夥同三、兩男孩爬過樹，搗毀過鳥窩。蛋被我們煮吃了，巢被我們徹底揣掉了，搗毀了。這是典型的攻擊、侵略和破壞世界的行爲。它同男性荷爾蒙難道沒有關係嗎？爲什麼女孩不去爬樹、搗毀鳥窩？

我常蹲在地上看螞蟻搬家，最後總是向洞裡撒泡尿，甚至澆過開水，或用雙腳搗毀其窩。這行爲同男性荷爾蒙沒有關係嗎？爲什麼幾乎沒有一個女孩去幹這種惡作劇？今天我還記得，我當時從攻擊、破壞世界的過程中得到過多大快感啊！

這兩種罪惡行爲無法用社會、經濟、政治原因去加以解釋。這行爲是原始攻擊行爲，或原始本能。追求生物本能的滿足往往是不人道的、殘酷的。

在人類侵略戰爭行爲的後面，是否也有這本能在那裡暗暗起作用？這作用究竟有多大？有理智的當代人類是否可以找到一種途徑將這一原始本能的能量安全釋放、化解，轉危爲安？

世界持久和平有希望嗎？

十

戰爭現象基本屬於社會科學研究的範疇；男性荷爾蒙則屬於生物化學和醫學範疇。從表面看，這兩個範疇是互不相關的。我寫這本書的目的，就是要在戰爭和男性荷爾蒙之間架設起一座橋樑，即使是一座簡易的浮橋，探索性的浮橋。

其實一切學問的創造力均來自兩大方面：

第一、從兩個表面來看互不搭界的現象找出它們內在相通處，如在磁現象和電現象之間。法拉第的偉大實驗揭示了這一自然哲學原理：

變化著的磁場產生電場；

變化著的電場產生磁場。

第二、從兩個表面來看完全相同的事物之間找出它們的差異。

讀者手中這本書則是屬於第一種情況。

趙鑫珊 於一九九六年春

序之一：本書的由來

我確信，在人類的所有語言中，漢語是一種非常豐富而凝煉的語言。比如漢語裡頭有個術語就很貼切、生動、妙絕，這就是「胎觀」。這是從胚胎學借用來的。

下面我就用這個術語來談談讀者手中這本書的由來。這是一個很漫長的由簡到繁的故事，裡面不乏迷惘和曲折。作爲一個「精神胚胎發育過程」，這個故事（從卵受精到嬰兒呱呱落地）在我的內心深處斷斷續續經歷了整整二十個年頭：一九七五—一九九六。

回想一九七五年初春的一天，便是「卵受精」的日子，之後便進入了「胚胎」斷斷續續發育的階段。

那年早春，我剛從幹校羊圈調回北京中國農業科學院，分配到院圖書館編目外文圖書和期刊。比如把新到的圖書打成一張張卡片。儘管農業是門應用科學，但圖書館每年還是從國外訂購一些基礎科學的專著。比如其中有一本新出版的英文書，叫《動物行爲學》，很厚，約六、七百頁，作者姓名我忘了，可是其中有一小節有幾張照片卻給了我很深印象；澳洲兩個原始部落在相互用長矛廝殺，作者的目的是想以此來說明戰爭的背後是男性荷爾蒙在起作用。

這個觀點很新穎，很奇特，它就像個「精子」，突然落進了我的內心，進入了「卵」，受精卵的細胞質開始移動和調整，並進入卵裂期……於是便成了我的「胎觀」。

不久我便讀到一九四六年二月愛因斯坦寫給一位退役美國高級軍官的回信。因爲該軍官寫了一封很長的信給愛因斯坦，追問有關人類戰爭的起因問題。愛因斯坦的主要論點是：

我不懷疑戰爭的起因是深深埋藏在人類的本性中的……戰爭是原始人生活中的一種正常活動……戰爭傾向是人類本性中的一部分，正像河水要時常泛濫是它的本性的一部分。❶

二戰前，愛因斯坦同弗洛伊德也曾討論過有關人類戰爭起因問題。前者同意後者的看法：「侵略、破壞的本能同愛的本能、生的慾望在人類心靈中是緊密結合在一起的。」❷

從一戰結束到二戰爆發，中間只有廿一年的和平，這自然會引起像愛因斯坦、弗洛伊德這樣一些大思想家的苦苦思索。

關於人類戰爭的起因，除了社會、政治經濟原因外，是否還有生物學方面的原因？（比如由於男性荷爾蒙的緣故）

戰爭是人類的本能嗎？

人類本能至少有以下幾種：

1.要求飲水進食（渴和餓）；

2.愛慾和性慾（配偶傾向）；

3.拒絕某些東西和逃避危險（安全感的傾向）

4.尋找伴侶（群居傾向）；

5.對神秘事物的探索（好奇心）；

6.製造東西（建設傾向）。

作為破壞世界的傾向戰爭，是不是人類的第七個本能呢？而且它是受男性荷爾蒙或其他生物化學物質支配的。

許多年，我一直在追問這個問題，頗有「憂國憂身到白頭，此生風雨一沙鷗」的況味。當然，誇大這些生物化學物質的作用是錯誤的。戰爭，主要是社會政治現象，但裡面又有某些生物固有的因素在背後起作用。探討、思考這些生物因素是我的天職，是我努力作為一個哲學家而生，也作為一個哲學家而死的證據之一。

一九七五—一九七八年，我在中國農業科學院圖書館當管理員的三年半是我一生不能忘懷的。因爲「近水樓台」，我讀了不少家畜生理和病理學方面的著作，大大開拓了我的思路和視野。我把我的思路集中歸結到一點，這就是激起了我探索「人性的生物化學基礎」的好奇心。具體到人類戰爭，則是追問戰爭起因的某種成分的生物化學基礎究竟是什麼？

我清楚地記得，一九七七年晚秋，我讀到一厚本英文版國際會議錄，裡面有篇論文說，牛缺鈷時，食慾會減退、消瘦、不發情。若是缺乏維生素E，則母牛會發生不孕和慕雄狂現象。所謂慕雄狂即性慾特別旺盛，極度不安，叫聲像公牛，常爬跨其他母牛。

這一生物現象令我好奇、驚愕。我聯想到人。

我並不是畜牧獸醫學家。我的最後落腳點是人。我只是想利用動物行爲學的研究成果來探索人的行爲的方方面面。

翌年春天，我便調到中國社會科學院哲學所工作。於是探天索地察人便成了我的正式職業，拿工資的職業。但是我不能脫離當代動物行爲學和神經行爲學的實驗基礎。

過去哲學家在談論人性的時候有一大缺陷：

沒有得到動物行爲學和神經行爲學實驗報告的支撐。（這便是時代的局限）

今天，我就要借用這些堅實的報告來說明人類上萬次戰爭的生物化學基礎究竟是什麼？

哲學必須得到科學實驗報告的支持，否則就有「空中樓閣」的危險。

一九七八年春去哲學所報到的前一天，我一個人騎車逛了圓明園的荒野。二十多年來，我每遇大事，總要跑到那裡的荒野一角去同自己的靈魂對話。我只聽從一個最權威的、上帝的聲音：

我自己的內心召喚。

表面上看，我逛圓明園純粹是一種文人的「得遇夜晴須對月，每逢春盛強登山」的閒情逸致，其實我是想借荒野或林中的清風吹散我胸中的鬱結：

澄澄胸次誰人識，唯有清風明月知。

一九八六年我在復旦大學講演，題目是《科學·藝術·哲學》，階梯大教室坐滿了文理科學生。將要結束時，一學生站起來提問：

趙老師，你名字中的鑫字，是不是可以作這樣的解釋：下面兩個金代表自然科學和社會科學研究成果，上面那個金字代表哲學？

多機靈的學生！

這正是我所理解的哲學。

哲學就是愛智慧，愛智慧勝於愛世上的一切；柏拉圖把哲學家稱之爲是「一心一意思考事物本質的人」。柏拉圖心目中的哲學正是建立在下面兩個金字上面的那個金字。否則，哲學便是空的，沒有基礎的。

這正是我一直關注科學研究報告的理由。

儘管我人到了哲學研究所，但心常牽掛《動物心理學雜誌》和比較動物行爲學的研究成果。我特別注意到奧地利比較動物行爲學家洛倫茲（K. Lorenz，一九〇三—一九八九）的成就。一九七三年他榮獲生理學及醫學諾貝爾獎金。一九六三年他出了一本（德文）書：《所謂惡；攻擊自然史》（Das sogenannt Boese; Zur Naturgeschichte der Aggression）。英譯本叫《論攻擊》（On Aggression）。英譯者有點自作聰明，譯本太簡化，沒有忠實於德文原文。這又一次說明，讀譯文是不太可靠的，即使是德譯英的譯本。

洛倫茲的書給我信賴感，因爲：

1.戰前戰後，他一直在從事動物行爲生理學基礎方面的研究；

2.一九四〇年他作爲一位心理學教授參加了納粹德國軍醫，直到一九四四年被蘇聯紅軍俘虜，一九四八年才回到奧地利。他親身經歷過二戰，這點很重要。

《攻擊自然史》成了一本暢銷書，但也遭到一些人類學家的批評，理由是：洛倫茲在人

類行爲和動物行爲之間劃等號是不妥當的。❸

一九六五年洛倫茲還出版了兩卷本學術論文集《動物與人類行爲的研究》。❹他把動物行爲研究成果機械地用來解釋侵略戰爭的起因儘管有失誤處，但他的眼點畢竟有可取的地方，給人以新的視野。

我迷戀比較動物行爲學這門學問。

一九九五年初夏的一天，我打開電視，看動物世界紀錄片：非洲的大角羚羊。

兩頭公羊體格很大且強壯；頭上各自的大角呈彎曲狀。它們相距幾米遠，然後低頭小跑，用角拼命撞擊對方的角，發出咔嚓沉悶的聲音。很靜，遠處背景是非洲高原的閃電，烏雲……

兩頭公羊好像遵照協定，各自再後撤三、五米，然後又是用盡氣力，向對方的大角猛烈撞擊過去……

導演和攝影都是第一流的。既有思想又有藝術。

這凶狠的好鬥，是天性，是本能。它的生物化學基礎是什麼？是雄性荷爾蒙嗎？

我記起我的童年一段經歷，有各種各樣的小商販從我家門前經過。其中有專門閹割雄鷄的民間藝人。這手術叫「割勢」或「去勢」。不僅要割去陰莖，而且要去掉睪丸。閹割後的雄鷄的性情變得十分溫馴，行爲像懦夫，不再好鬥；其叫聲微弱，鷄冠也變得蒼白。可見，在睪丸和好鬥行爲之間必定存在著某種因果關係。（生物化學和動物行爲的因果關聯）

當年我怎麼也料想不到，四十多年後的今天，我將寫本專著來詳細論述這種關係。當然，我關注的對象已不再是雄鷄，而是地球上的男人們，以及他們之間的戰爭起因某種成分的深層結構。

我們只有從裡到外把戰爭的起因統統找出來，我們才有可能防止戰爭，把劍鑄成犁，把坦克改裝成拖拉機。不久前，我在英國《自然》（Nature）雜誌上讀到美國著名約翰·霍普金斯醫學院的一個國際科研小組的論文，該論文指出，在普通的雄性老鼠身上有種基因，如果缺少該基因，雄鼠便具有更強的進攻行爲，即便是對手已經投降並轉過身去，該鼠仍不斷發起進攻。（普通的、具有該基因的雄鼠在這種情況下早已停止進攻）這種老鼠的暴力行爲明顯地增加。據稱，這種「善」基因只對雄鼠起作用。缺少這種基因的雄鼠不能分泌一種能產生氮氧化物神經傳遞介質的酶。這種酶能控制動物的暴力行爲。（在希特勒身上是否也缺少這種酶呢？我想。）

此外我還讀到美國國家精神健康學院精神病學家布朗的研究報告：在凶狠好鬥的動物體內，有種叫5-HIAA的物質，含量很低。有些從小就好鬥的人腦脊液中，該物質的含量也很低。

我忘不了一九九三年我造訪德國和歐洲的一些經歷。

我從巴黎取道亞珉經比利時和荷蘭再回到德國。在中途一段路上，每隔七、八公里便有一座陣亡士兵的墳場，說明當年第一次世界大戰的激烈和殘酷。我參觀過兩座，那是英國和澳大利亞士兵無辜的骸骨。在每個十字架上刻有陣亡者的姓名，下面便是生卒年，如：

一八九六—一九一六

一八九七—一九一六

一八九八—一九一六

法國田野一片靜悄悄。陽光燦爛，路旁有蜂飛蝶忙，我又一次向自己提問：

除了政治經濟學和社會學的原因外，人類戰爭是否還有生物化學的起因？

到了比利時和荷蘭，又是陣亡士兵墳場，規模更大，有上千、近萬個劃一的石十字架整整齊齊排成一個方陣，令人不寒而慄。這回是二戰的後果。

遠處有牛羊散食於牧場綠草間。久久望著墓地一大片如碧絲的青草，我在祈禱下個世紀天下和平，災害不生，禍亂不作。

我知道祈禱是沒有用的。德國大小教堂的虔誠鐘聲爲什麼沒有能阻止二戰的爆發？

是的，從一戰結束到二戰爆發，中間僅相隔廿一年。在德國的大小鄉鎮，我在教堂旁邊，總能見到一座沉重的紀念碑：

紀念第一和第二世界大戰陣亡的士兵。

每一次戰爭都是用另一次新的更大規模、更殘酷的戰爭來進行報復或復仇的。最大的悲劇是：

(仇恨，這種人類感情無疑是發動戰爭的最主要感情)

報復性戰爭便包含了心理因素。心理因素是政治經濟和社會因素以外的動力，隱蔽的動力。

希特勒發動的戰爭便包含了復仇心理。一戰德國戰敗，德國在法國東北部貢比涅森林的一節火車車廂裡簽署了停戰協定。一九四〇年六月廿二日，希特勒以勝利者的姿態，來到這同一節車廂，接受法國的投降，臉上露出了復仇心理的最大滿足。一九九五年是全世界慶祝反法西斯戰爭勝利五〇周年。上海電視台和教育台分別播放了兩部蒐集珍貴的歷史文獻紀錄片《二戰警世錄》和《士兵日記》。收看它，我好像親身經歷了一系列殘酷的戰爭，比如美軍爭奪關島、沖繩島的廝殺，眞是昏天黑地，鬼哭狼嚎。

德軍進攻的鏡頭。一小隊士兵衝進法國一鄉村。我看到一個年輕士兵拔出一顆手榴彈，將一農舍的玻璃窗敲碎，然後扔進去，即刻便是爆炸聲和熊熊大火……

影片有段旁白：

男孩喜歡用皮彈弓打玻璃窗。那破碎的聲音，使他的破壞世界的傾向得到滿足。

這個德國士兵向農舍扔手榴彈也得到了一種類似的滿足。

記得我讀初一特別頑皮，常用彈弓擊碎學校玻璃窗、國慶遊行隊伍中的彩燈和路燈，並以此爲樂，得到心理上的滿足：破壞世界的滿足。

女學生幾乎沒有一個去幹上述勾當的。

這是爲什麼？是不是與男性荷爾蒙有某種關聯？

雄性激素（男性荷爾蒙）就意味著好鬥、進攻和破壞嗎？這樣說有科學根據嗎？（當然，它既有破壞也有建設的一面）

胡同、巷子裡的小男孩幾乎九九％愛玩槍，扒在地上學打仗。許多城鎮的兒童玩具攤點簡直就是一個兒童「軍火庫」。男孩手中的暴力槍說明了什麼？這種戰爭行爲的生物化學物質基礎究竟是什麼？

玩槍的小女孩是些例外；扒在地上學打仗則是罕見的。

於是在一九九六年春夏之交的一天，我從外面散步歸來，終於按捺不住，拿起筆來撰寫讀者手中這本書的序言。

我想起生物世界的種內競爭。(同種內部的競爭)

在生物世界，生存競爭多半是指生物與自然界(風、雨、寒、暑、乾、旱和飢餓……)的鬥爭，而不是指同伴間的鬥爭。

同種個體互爭的例證非常少見。比如外貝加湖氣候特別惡劣，野生動物各自生命難保，同伴之間哪裡會有你死我活的種內鬥爭？

而人類則不然。人同大自然的鬥爭，以及人與人(種內)的鬥爭，其嚴酷和凶殘程度都是獅子、老虎、大象和毒蛇望塵莫及的。就戰爭規模和殘酷程度而言，人比獅子要凶殘一千倍；比眼鏡蛇要惡毒一萬倍。

人在同自然界的鬥爭中，表現出了無比高超的聰明；在人與人的鬥爭中，則暴露了天大的愚蠢。一九九三年深秋，我在德國因有感於陣亡士兵大墳場的寒風蕭瑟，大樹飄零，曾寫過這樣一首詩：

人類的聰明和愚蠢

如果，
有一台很大很精密的天平
可以將人類的

聰明和愚蠢稱一稱
結果會發現
兩頭
一樣重　一樣沉

我還有一段經歷也要在這裡著重提一提。多虧了這段經歷，我才在《莫札特之魂》（卅五萬字）交稿的第二天便迫不及待地拿起筆來撰寫讀者手中這部書。

李毅強先生是我的好朋友，他從日本留學六年歸來。他邊打工邊研究新弗洛伊德主義。他的方向是專攻人性和深層心理結構。他帶回了價值二十萬多人民幣的日、英文書，其中一本便放在他的書架上：

《現代人的攻擊性》（日文，一九九一年第六次印刷，二七四頁）福島章著。

作者從生物學角度探討了犯罪的背景。「犯罪生物學」這個術語是我不能忘記的，因爲我想到必然有「戰爭生物學」這門學問。因爲戰爭是大規模犯罪，是群體犯罪行爲。

作者在第三章第五節探討了《月經與犯罪》，這使我吃驚。第八章第六節還專門論述了德意志民族的攻擊性。

書的末尾附了一大串參考文獻，大大拓展了我的思路。如：

1.《攻擊性的自然史》（J. D. Carthy主編，一九六四年倫敦版，生物研究所）；

2.《攻擊性和暴力的控制》（J. L. Singer主編，一九七一年紐約）；

3.《和平的觀念和人的攻擊性》（A. Mitscherlich，一九七一年德文版）；

4.《人的攻擊性》（A. Storr，一九六八年英文版）；

5.《攻擊的精神分析觀念》（C. Brenner，載《國際精神分析雜誌》，一九七一年，第五二卷，一三七頁）。

說實話，光這些題目就夠使我激動不已。當即（一九九六年四月八日下午）我便打電話告訴我的好友李毅強：

> 徬徨了整整一天，我最後還是決定先動手寫《戰爭與男性荷爾蒙》。其他幾本書只好放一放。同我合作吧！我需要你的眞誠合作，我們共同討論、思考我們共同感興趣的問題；互相撞擊、相互交鋒，產生出思想火花。是發揮你的專長的時候了。我希望你將來到我這個年紀能成爲中國大陸新弗洛伊德主義的一位代表人物……你有這個素質和功底！就從寫《戰爭與男性荷爾蒙》這本書開始吧！我說過，圍繞一個好題目來寫書，調動你半輩子的積累，是思維最高的方式，也是效率最高的讀書和思維。

第二天我便專程去復興中路李毅強那間僅有九坪米的書房兼臥室，爲的是同他面對面討論寫作提綱。我喜歡那小屋的氛圍；這是我第十次來這裡神聊。周圍的書架，放滿了有關「性學」（性生理和性心理）和腦科學的日文專著。在這種氣氛討論《戰爭與男性荷爾蒙》的寫作是再適合不過了。下面便是我們討論（對談）的主要內容：

* * *

從公元前三二〇〇年到公元一九九五年，世界上大約總共發生過一四五〇〇多次戰爭，其間只有三〇〇多年是和平的。死亡總人數約七〇億。

凌駕於人類戰爭史上的許多叱咤風雲的統帥、將軍和征服者之上，從現代腦科學和生物學的觀點，揭示其攻擊行爲的深層生理和心理原因，是我們所理解的人生崇高使命感。

* * *

人有多種慾望的滿足。除物質慾望的滿足外，還有飽暖思淫慾的滿足。此外還有一種純情神性的滿足：世界觀的滿足。我們合寫讀手中這本書正是爲了追求這種滿足。我們是志同道合才走到一起來的。

* * *

戰爭是個怪物：它用血與火毀滅文明，又能孕育新的更爲燦爛的文明。二戰最典型。它大大刺激了飛機的改進和發展；再就是火箭、原子彈和無線電技術的迅猛崛起。就人類的文明程度而言，二戰前後，令人有判若兩個世界之感。

其實，男女交媾、作愛，處女見紅，之後養育出後代，便是戰爭的一種象徵。男性荷爾蒙既意味著進攻、流血和破壞，又意味著一個新生命的孕育。

＊　＊　＊

戰爭與男性荷爾蒙存在著千絲萬縷、極隱蔽的因果關係。

長矛、手槍、榴彈炮（山炮、迫擊炮）和火箭……的造型都是男性生殖器的一種象徵。當然這是一種巧合。手槍的彈匣子則象徵睪丸。

榴彈炮在射擊前要將炮筒仰起，頗像男子陰莖的勃起……男子性交的動作永遠是不斷進攻：堅挺，向前衝擊！公牛、公馬、公羊……的交尾動作同男人一模一樣。都是雄性激素造成的。

＊　＊　＊

過去，西方有決鬥的雄風習俗，兩個男人為了爭奪一個女人。

其實，決鬥是最微型的一場戰爭。其後果也是流血和死亡。

決鬥不僅僅是戰爭與男性荷爾蒙的象徵，而且是一個非常生動的能說明問題的例子。決鬥是一種最小規模的戰爭。它的起因和本質直接同男性荷爾蒙有關。

＊　＊　＊

一般人都說，地震、水旱災、病毒、癌症、沙漠化和戰爭是很可怕的。我們卻說：最可怕的是人性中的惡，是男性荷爾蒙攻擊、破壞和凶狠的那一面。

古代有個故事說，有人撿起一塊石頭打狗。狗被擊中，痛得汪汪叫。於是憤怒的狗向石頭猛撲過去，把它死死咬住不放，以爲罪魁禍首就是那塊石頭。

同樣，槍炮、地雷、化學武器……只不過是那塊石頭。

找出躲藏在深層的那罪犯，並對他加以改造，是我們撰寫這本書的主題。是的，人性是可以被改造的。比如我們至少可以把男性荷爾蒙引向對人類社會無害的地方。

引向對足球和拳擊的狂熱便是出路。這兩種運動無疑是很男性，很進攻性的。千百萬足球迷通過對該運動的狂熱，將自己體內的男性荷爾蒙能量釋放。

其實，足球運動的起源就同戰爭很有些關係。在古代，英格蘭一度被丹麥人占領。丹麥人所到之處，燒殺搶掠，無惡不作。後來英格蘭人趕走了丹麥人。戰後有一天，倫敦幾個清潔工正在打掃戰場，忽然從一堆垃圾翻出一個丹麥人的骷髏。幾個工人怒火燃燒，對著骷髏就是你一腳、我一腳地狠狠踢起來。這引起了旁邊一群孩子的興趣。於是孩子也參加了踢。丹麥人腦殼被踢壞了，孩子的興趣卻有增無減。後來孩子找來牛的膀胱，用破布塞滿，紮住口，以此來代替那個丹麥人的腦殼。足球便是這樣興起來的。

* * *

在大街上看到人爭吵，雙方準備大打出手。伴隨這種暴力行爲的用語永遠是男性性慾的發洩：「我操你媽B！」在世界各民族的語言中，都有類似的用語！！！人類彷彿不約而同，總是用男性荷爾蒙的性進攻來助長暴力、攻擊行爲的氣焰。可見，從男性荷爾蒙這一生化物質恒能引出兩條平行線：男性性進攻行爲和暴力攻擊行爲。

以上這些泛泛的議論僅僅涉及到表層現象，它將引導我們去作些深層分析的探討。

社交場合常會見到一些顯赫的名片，上面印有五、六個頭銜：博士生導師兼某開發公司董事長；政協委員；某協會副主席。

我們（本書兩位作者）是平民，只想努力爭取到最普通不過的兩個銜頭：

「爲什麼先生」（Mr. Why）和自由撰稿人。

在我們身上有個「追問爲什麼的情結」

追問人類戰爭的深層原因便是受這情結日夜驅迫的結果。

追問的方式不是講演，不是作曲，也不是繪畫，而是自由撰稿，著書立說。這便是我們合作寫書的共同基礎。

我們原是兩條小溪，如今匯合成了一條並不很小的小河，靜靜地、浩浩蕩蕩地流向大海畢竟還不到落日時分；還不是斜暉脈脈水悠悠的光景。

趙鑫珊　一九九六年四月十八日於上海社會科學院　歐亞研究所

---

❶❷《愛因斯坦文集》，一九七九年中譯本，第三卷，商務印書館，第二一四，八六頁。

❸ 比如D. S. Lehrman發表了論文「評K．洛倫茲的本能行爲」，載《Quarterly Review of Biology》，二八（一九五三），第三三七—六三頁。

❹ 德文原版：《Ueber Tierisches und Menschliches Verhalten》，慕尼黑。英譯本爲《Studies in Animal and Human Behaviour》，一九七〇年。

序之二：我爲什麼要參加本書的寫作？

促使我參加本書寫作的，是出於三個原因：

第一，留學日本期間，我心中產生過一個大疑團：日本人大多待人和氣，彬彬有禮，而在半個多世紀前，他們一旦當了兵，開赴中國戰場和東南亞，爲什麼個個侵略成性，那麼凶殘？

第二，在日本讀了許多有關分析人類行爲的學術著作，接觸到了當代世界科學（比如腦科學）的新思潮，對戰爭這種行爲也漸漸有了一個較爲寬闊的視野。在東京的深夜，合上書，聽外面的風聲雨聲，慨然有懷，常想起人性這個古老而又新鮮的問題。其時兩伊戰爭正在打起來，不由尋思：在人類戰爭的後面恐怕總有什麼深層原因吧。

第三，趙鑫珊先生正式邀請我同他一道撰寫《戰爭與男性荷爾蒙》，我頓時被這個書名深深激動。它像一個火星，點燃了多年累積在我心中的一堆乾柴。這是一團生命的聖火，它要照亮我後半輩子的道路。此時此刻，在我腦際不由湧起《歸去來兮辭》中的句子：「悟以往之不諫，知來者之可追……舟遙遙以輕揚，風飄飄而吹衣……」。

因爲我知道，從今以後，我再也不會放下我手中的筆。

寫作原是我自少年時代以來一直嚮往的活動，也可以說是我的一個夢想。雖然以前也曾在報刊上發表過一些文字，但無論量與質都極爲有限。寫作是我人生道路上的一個抉擇。如果不是爲了在寫作上求些發展，我原可以在日本繼續留下去，在那裡找個高薪工作的。現在，我終於坐在電腦前打下一行行的文字，我覺得心中充滿了對造物主的感激之情。

人生的道路原來很寬廣，所謂「條條道路通羅馬」，可是我們每個人只能選擇其中的一條，如果東走幾步西走幾程，儘管也很努力，卻始終到不了羅馬。因爲方向、定位不對，任何風都是逆風。我已人到中年，時間已不容許我再徬徨和猶豫。我的羅馬原來就是寫作。重要的是過程，寫作本身已給我帶來了心靈的寧靜和幸福。我現在的感覺是通體透明，夫復何求？

我是在一九八七年十二月三日踏上日本國土的。這也是我第一次走出國門。

東京的成田機場大廳高敞明亮，迎面而來的空中小姐，每個人都溫文爾雅，笑容可掬。同我一起下飛機的一位日本老先生，頭戴一頂銅盆帽，排隊在我前面，臨近出關口時，他突然回頭，說讓我先走。看見我驚疑不定的樣子，他用英語說：「因爲你是我們的朋友和客人，理應請你先行。」日本人的彬彬有禮給我很深的印象。

幾天以後，我就到了夢寐以求的東京神田書店街。出國前，朋友問我到東京後想幹的第一件事是什麼？我說想去看書，到馳名世界的神田書店街去飽眼福。在那裡，我終於看到了幾十家鱗次櫛比的書店。在內山書店的二樓翻閱了上百種好書，我逗留了整整一個下午。使我至今難忘的是：當我站在那裡翻書時，一位書店服務員走近我，她是一位白髮蒼蒼的老太太，端給我一杯茶；還說，你站了很久了，請休息一下，喝口茶吧！

在以後的幾年，我常常「泡書店」（這是我幾十年的舊習氣，即便到了「分分秒秒可以賺大錢」的日本也沒改掉，仍然把大量的時間「泡」在書店裡）。

也許我同書有個什麼「情結」吧，我對東京最熟悉的地方是書店。每到一個地方，不管是找住宅還是打工，我先打聽的就是附近有些什麼書店。日本書店很多，在車站的周圍，準會有一兩家。此外，大大小小的「超市」裡也有個角落，陳列了不少書刊。當然是以娛樂性的雜誌爲主。但是在那裡你居然也能發現《尼采全集》譯本的文庫本（小型袖珍本）！對此，你難道不驚奇？我驚訝日本人的文化水平之高。

日本是世界上讀書最勤快的國家，日本人永遠保持一個向外開放，隨時準備接受新知識、新思潮、新文化的心態！由於日本經濟發達，世人往往只看到它的經濟成就，甚至還譏諷日本人是「經濟動物」，卻完全忽略了他們在教育和文化上的努力和成績。

日本聚集了世界上最新的學科和知識，早在梁任公時代，日本就被譽爲「翻譯王國」，歐美各種學問的書全被毫無保留地介紹過來。東京的書店自然成了滿足我求知慾的天堂（在物質上我要求很低，可在精神上我卻是個很貪婪的人，幾乎永遠感到吃不飽、喝不足）。

因此，在我回國後近兩年，東京朋友還問我是否想念日本，我說當然想。要問最懷念的是什麼？那還是布滿東京大街小巷的各種書店。直到今天我只要閉上眼睛，那些形形色色、各具特點的書店還歷歷在眼前。我在東京六年，逛書店也六年。等到打點行裝，準備回國時，各類書籍已積累至五千餘本，動用了五十四個箱子裝運回國。

在日本六年，我前後兩次回國奔喪。失去了父母，妻子也同我不辭而別。在世界的空無和孤獨中，陪伴我的，只有我的書，還有日本民宅屋角下掛著的風鈴，那時時「玎—鈴玲」作響的輕微聲音，好像在陳述我心中的元（原）孤寂和天地間一些永恒的故事……

從人類語言符號系統的誤解中，往往會引出戰爭。而風鈴這種語言符號，只傳達出與世無爭和寧靜致遠的信息，它撫慰著生活中受苦受難的人們。

在東京的日子，也遇見了不少人。日本人對於進入他們生活圈的外國人，有的冷淡，有的熱情。可對文化的尊重在日本卻是普遍現象。我曾在崎玉縣蕨的一家彩擴店打工，店裡老闆娘很熱心了解中國事情。每到喝午茶的休息時間，總要圍著我問這問那。「中國是先生，日本是學生」幾乎成了她的口頭禪。

我的朋友大沼常雄先生對中國人特有感情，因為他父親曾在中國的東三省經商。那時東三省被稱為「滿州」。八十年前，「到滿州去！」是句響亮的口號——東三省闖天下，是無數日本窮困青年的夢想。其熱情，大概不下於八十年代我們中國人之嚮往東京；而東三省的魅力也絕不下於今天的「美國夢尋」。大沼先生有幾個哥哥就是出生在那裡的。他說他父親每天看報紙，只要發現有中國的地方就會用紅筆劃下來，把他叫到身邊，講有關中國的故事。大沼是我的房東，我住的地方叫「清華莊」，他常開玩笑說這同北京清華大學是一個名稱，你們中國留學生是來到日本的清華大學了。

大沼常拖我去喝酒，我們常去的地方是常盤台車站附近那間叫「莊屋」的酒店。每逢喝得酒酣耳紅時，總要跟我談起五十年前的那場戰爭，可見那場戰爭的影響之大，陰暗的影子至今還縈繞在人們心頭，這是中日關係史上的一個巨大的精神創傷。他為它感到痛苦，常向我低頭賠罪。他說日本人打中國是數典忘祖的行為。今天的日本應該無條件的支持、幫助中國人。他向我解釋，那時候日本也是有兩種人，一種是喜歡打仗的人，另一種是做生意的人。他說：「我父親當年在東三省就是這樣的好人，他有許多中國朋友。在戰爭結束時，他就是靠了中國朋友的幫助，才得以順利回到故鄉的。不然的話，姐姐她們很容易流為『殘留孤兒』的啊！」

每次酒過三巡，他總向我訴說許多傾肺掏腑的話。有一次，他告訴我原來他有兩個哥哥死在馬尼拉戰場。我想他一定很痛苦，安慰他。滿以為他一定很痛恨當時政府。可是他卻說：

「他們爲國家而犧牲了，我感到很光榮！」我爲他的雙重標準而感到吃驚。

他明明知道，發動戰爭、參加侵略戰爭是件壞事。可是服從國家的命令，爲國效勞卻又被認爲是美德。日本人原來是這麼考慮問題的！日本政府首腦不也是每年去祭拜「靖國神社」嗎？我不由在想：如果哪一天日本又一次發動戰爭，大沼先生會應召入伍嗎？如果我也爲了保衛中國，同他在戰場面對面，那麼我們會彼此開槍嗎？誰先開第一槍，是他，還是我？然後再過五十年，我們的子女在某一個地方相遇，談起他們祖輩的荒唐，他兒子仍然會向我兒子賠罪嗎？

日本人這麼好學、友善、彬彬有禮，可一旦走向戰場又是這麼殘酷無情！我眼前的大沼先生這麼善良、熱情，然而，一旦聽從了壞政治家和軍國主義者的命令，他會變成殺人惡魔嗎？我同他有很深的友情，在瘋狂的戰爭中，我們會生死搏鬥嗎？

我在日本常常爲這個問題而苦惱。所以在我買的書中大多是有關人類精神活動方面的學術專著。比如，《憤怒的構造》、《法西斯大衆心理》、《現代人的攻擊性》、《自由與命運》等。研讀這些經典，不是爲了提高日語，而是想解決我心中的這個疑團。

這六年來我就住在大沼先生的「清華莊」，沒搬過一次家。大沼先生無微不至地照顧我，尤其在我妻子離開了我以後。冬天，他送取暖器給我。看見我買的書日益增多，他又特意先後騰出其他兩間房間來讓我放書，卻不多收一點費用。現在我只要打開從日本帶回來的日文書籍，他的笑容音貌就常常會浮現在眼前。啊啊，每逢秋涼，就是我倆在一起喝酒最多的日子。我是一九九四年八月廿六日回國的。同他握別至今，已有兩個秋天過去了。我沒有陪大沼先生喝酒，他一定很寂寞了吧！不知他還常去那個叫「莊屋」的酒店嗎？

一九九六年四月的一天，我回國後新結識的朋友趙鑫珊先生邀請我一起來寫作《戰爭與男性荷爾蒙》，我便欣然答應了。因爲參與這本書的寫作，可以幫助我集中地考慮和深化關於戰爭與人性問題的認識。再也沒有別的書名比《戰爭與男性荷爾蒙》更對我的思路。過去我多年的思索和努力，好像就是爲了今天參加這本書的寫作而作的準備。

同時，我把我同趙先生的結識看成是命運的安排。我們彼此都有「酒逢知己」的感覺。我說他狠狠推了我一把，推我走上了著書立說的人生軌道；他說我的藏書對他是個新刺激，叫他去開拓一片新的學術園地。他說他不願吃那點老本，而要立新功……。就這點而論，很難說我比他年輕。在接受世界科學新思潮的心態方面，他同我一樣年富力強，生機勃勃。

這些日子，我老是想起機場那位老先生、書店裡那位老太太和我的朋友大沼先生，還有我在日本認識的師長和其他朋友，他們都是那麼友好，那麼善良和彬彬有禮。我不希望在下個世紀還會有一場新的戰爭。

在東京的原宿，每到星期天，就會聚集很多青年男女。他們十幾個人一幫，帶著樂器、音響設備，在一起猛歌、狂舞。他們留著塗了各種顏色的長頭髮，臉上塗得幾乎像京劇的臉譜，穿著奇形怪狀的衣服。他們劃地為圈，各有各的地盤。每個圈子緊緊相銜接。其實他們就是典型的「龐克」（Punk），也可以說是日本一代新文化青年。在他們身上有一股盲目的、原始的、難以壓制的能量要噴發出來，不管是什麼形式，也不針對誰，只要是噴發、噴發、再噴發。關鍵是噴發的方向。我可關注方向。

如果這些青年生活在戰爭歲月，這股狂放的力量會變成什麼呢？

日本朋友也常常問起我紅衛兵的故事，他們知道「燒書」和「破四舊」，他們在電視裡也看到這一片歡呼的紅海洋。他們用疑懼的眼光看著我，擔心地問我：「還會發生嗎？那挺駭人的文化革命！」

原來當我對他們的奇形怪狀感到迷惑不解時，他們也在凝視著我們曾有過的瘋狂。

這世界需要的是人與人、國與國、民族與民族間的溝通和理解。只要有語言符號系統之間的誤解，只要有復仇、仇恨，只要有男人們的「左腦之爭」，戰爭還是有可能爆發的。

李毅強　一九九六年七月十八日
于上海現代管理研究中心國際戰略問題研究所

有關戰爭的哲學斷想

一

人類文明史不過五千來年，而戰爭卻成了死死伴隨文明人類的好像怎麼也抹不掉的一團陰影，如果把文明看成是陽光的話。戰爭和文明好像是共生的。

想到這一點，我們的心情就特別沉重。

事情也眞巧。德國和日本是第二次世界大戰的發源地，而我們（本書兩位作者）又分別在德國和日本生活了半年和六年。在火車上和地鐵，普通的德國人或日本人就坐在我們對面，他們今天是那麼安詳、和善、友好……

「一旦開戰，他們就會把戰爭機器推向比野獸還殘酷的狂熱精神狀態中。這究竟是爲什麼？」

二

一九三七和一九三九年，日、德侵略軍分別進攻中國和波蘭。日軍和德軍向同自己沒有任何個人冤仇的中國人和波蘭人開槍開炮。

值得深思的是，日本和德國都是嚴禁出於個人動機去殺人的國家。

在和平時期，殺一個人是犯罪，在戰爭時期殺千百萬人是英雄。這是一個荒謬透頂的邏輯！

三

一口咬定某個民族是好戰民族，這也許不妥當。比如在過去北歐海盜時代，挪威人就曾經是一個好戰民族。後來的荷蘭人和西班牙人也不能算是愛好和平的民族。

地球上的一切動物，都在不同程度上有暴力和殘忍性的一面。這是生命本質的一個側面。人也不例外。人類的歷史也是一部戰爭的歷史。這是歷史哲學得出的一條令人沉痛的結論。進化論生物學家站出來證明：生物界同種（種內）之間的相互殘殺，達到動用火焰噴射器、生物化學武器和核武器的可怕程度，只有人類這個物種！

別的動物主要是雄性之間爲了爭奪雌性才進行戰鬥。只要一方屈服，夾著尾巴退出決鬥，勝者也就作罷，並不要置對方於死地。而人則不然。

四

公元前五世紀，希臘哲學家赫拉克利特就說過，戰爭是萬物之父。在這種意義上，赫拉克利特是人類思想史上第一個戰爭哲學家。

戰爭推動了技術的進步，最大限度提高了國民發明技術的能力。因爲人類所開創的各種先進技術，無不最先運用到軍事領域，後來又反過來促進經濟的發展。這一事實著實讓人驚訝。

五

人類歷史也是一部戰爭史。這一基本事實令一切思想家驚訝不已。正是這一驚訝造就了戰爭哲學家。因爲哲學起源於驚訝。讀者手中這本書在本質上是一本有關戰爭的哲學論著。

六

一次戰爭往往會引起下一次更大規模、更具有破壞力的戰爭，作爲對上次戰爭的報復。這是惡性循環。朝鮮戰爭、越南戰爭的根子便是第二次世界大戰遺留下來的。

第一次大戰德國失敗，爲了報復，便發動了第二次世界大戰。希特勒懂得這個道理，但是他還是在一九三九年發動戰爭。一九三五年五月廿一日，他在國會發表了一次充滿寬容與和解精神的演說，爲的是迷惑全世界：

「過去三百年歐洲大陸所流的血……到頭來法國仍舊是法國，德國仍舊是德國，波蘭仍舊是波蘭，而意大利仍舊是意大利……帝王野心、政治慾望、愛國偏見，造成了大量流血……沒有一次戰爭可以在本質上改變歐洲的苦惱……德國需要和平，希望和平！」❶

「不論是誰，要是在歐洲點起戰火，除了混亂外不能希望得到任何別的東西……」❷

這是希魔在用花言巧語欺騙歐洲人民。他說的比唱的還好聽。他說的句句都在理。是的，「帝王野心、政治慾望、愛國偏見，造成了大量流血。」這也是希特勒自己蓄意發動戰爭的動機。但是，像歷史上許多戰爭販子一樣，希魔也把納粹德國的侵略行爲刻意正當化，合理化。

其實，帝王野心或政治慾望就是尼采所說的「對權力的慾望」（The Will to Power）。尼采對世界不負責任地狂言：「只有戰爭才使一切事業變成神聖。戰爭和勇氣所作出的豐功偉績大大超過慈悲。」

尼采預言，超人和他周圍的精華人物將成爲「地球的主人」。青年時期的希特勒曾讀過這些狂言。他像喝了迷魂湯，以爲自己就是尼采所說的「地球的主人」。這正是「帝王野心」。在《我的奮鬥》一書中，「地球的主人」是希魔常用的一個術語。

歷史學家在探索二戰的原因時，走到這裡便會心滿意足地止步。但一本戰爭哲學論著則不滿足於此。

戰爭哲學論著的作者要進一步揭示隱藏在「帝王野心」和「權力慾望」背後的生物學基礎：從腦科學、神經系統生理學、比較動物行爲學和犯罪生物學去作深層分析。

七

慈悲、寬容、憐憫，以及攻擊、暴力和種族仇恨，都是屬於人類感情世界的東西。不過，在日耳曼和日本民族的血液裡，攻擊性或侵略性好像比世界其他民族更容易沸騰起來，將慈悲輕易地趕走……當然遠不止這兩個民族。

八

慈悲或憐憫之心是佛教哲學所賴以確立起來的感情。仇恨則是法西斯和軍國主義的主導感情。這兩種感情經常在較量，後者總是占上風。即使是佛陀的慈悲加上基督的愛心，都沒有撲滅仇恨之火。

戰爭狂人發動侵略戰爭的前提或國民心理動員，總是把仇恨之火煽動起來，把全體國民的愛、憎引向壞政治家事先設計好的最佳點，並使之合理化。把侵略戰爭合理化和正當化是發動戰爭的必要前提。

比如納粹德國的宣傳機器便是這樣做的。

戈培爾是政治宣傳心理學「大師」。在納粹運動的早期階段，他就用言簡意賅、便於千百萬群衆牢記在心的、類似於「格言」的條文寫下來。

比如，他把八千萬日爾曼民族的「愛」引向：

1.你的祖國叫德國。愛她勝過一切。不過要用行動，而不是用言語！

2.每個同胞，即使他是一貧如洗，他也是德國的一分子。愛他要像愛自己一樣！（的確，納粹德國只鼓吹種族的愛憎分明，不講階級的愛憎）

3.爲德國而自豪。你所爲之自豪的祖國，千百萬人已經爲她獻出了生命！

後來，納粹宣傳機器還加進了如下口號：

4.希特勒就是勝利！

5.上帝把希特勒賜給了我們，他是德國千秋萬代的一塊基石。❸

有了「愛」的刺激（興奮）點，還要有「憎」的刺激（興奮）源。愛憎分明，是對稱的。

否則，戰爭便發動不起來。因爲侵略戰爭是群體犯罪行爲常常是被蒙騙，被蠱惑，被煽動起來的千百萬個盲目原始自然衝動的總和，而且$1+2+3>6$。這是群體心理學一條重要原理。

納粹宣傳機器把仇恨則導向：

1.德國人永遠比外國人或猶太人優秀！（在德國半年，筆者在城鄉各地同當年希特勒青年團團員交談過。據他們說，當時他們只有十四、五歲，學校便向他們灌輸：英、美、法國人都是壞蛋；俄國人則是猶太布爾什維克豬。二戰期間日本軍國主義也向國民灌輸仇恨思想：「英美是鬼畜」）

2.我們是猶太人的敵人，因爲我們屬於德國人民。猶太人是我們的最大不幸。

3.猶太人是我們第一次世界大戰失敗的眞正原因。

4.猶太人是讓人類墮落的隨機應變的魔鬼。

5.猶太人是沒有創造力的。他生產不出什麼東西，他只是把產品買進賣出。

中國十年文革也是一場戰爭，一場殘酷的內戰。四人幫把千百萬群衆的愛憎分別導向他們原先就設計好的最佳點。比如：「誓死保衛中央文革！」（愛）；「誓死保衛江青同志！」（愛）；「揪出睡在我們身邊的赫魯雪夫！」（恨）；「打倒劉、鄧、陶！」（恨）；「不准地富反壞右變天！」（恨）。

沒有這些愛憎分明的目標和靶子，十年文革便發動不起來。

九

人類攻擊或暴力行爲的生物學背景是錯綜複雜的。根據現代科學水平，它至少有兩個根源：男性荷爾蒙和腦的某個解剖部位。

爲了揭示這些根源，文學作品、軍事論著、軍事史、歷史傳記和政治學……都顯得蒼白無力。只有戰爭哲學論著才能勝任。

哲學是什麼？

哲學就是觸及事物根本的一連串的無情追問。

哲學把提出問題比解決問題看得更重要。

把一部人類戰爭史同男性荷爾蒙、腦科學掛鈎便是一種有啓發性的提問。

光有知識提不出這個問題。只有智慧才能提出來。

讀者手中這本書僅僅是提出問題，或叫「工作假設」。

把問題提到節骨眼上，就等於問題解決了一半。

十

假設有個外星人把人類歷史仔細地審視了一遍。這位充滿理性、具有高超智慧和公正的地外觀察者十分驚訝地發現，人類許多次的戰爭居然起源於動物的攻擊性本能！一再反覆的戰爭現象並沒有一個合乎理性的原因。比如奧姆眞理教的犯罪行爲。如果它把毒氣針對東京的資本家，我們便可以把這種行爲成之爲「階級鬥爭」或者是「殺富濟貧」，像農民起義，其原因和目的當然是合乎人類理性的。

但奧姆現象的行爲是針對全社會（包括無辜平民）！這就是非理性的原始、盲目衝動了。外星人發覺，正是這本能衝動支配了人類歷史上許多次的戰爭。

當局者迷，旁觀者清。我們寫這本書，好像是兩個冷靜的旁觀者。

十一

奧林匹克運動會理應成爲國與國、民族與民族發洩原始攻擊本能的和平場地。這種發洩形式是無害的。它是一種代用品，一個適當的代用品。

比如夫妻吵架。當丈夫火冒三丈，想摔東西的時候，他的理智一般總是教他避免摔電視機，而選擇一只廉價的茶杯來摔。奧運會便是這茶杯！

奧運會的價值不僅僅是增強人類的體質，更重要的功能是充當了那「茶杯」，爲了讓人類避免戰場相見作出了自己的貢獻。

不過切勿過高估計這種摔「茶杯」的代用品。否則就是書呆子。

一九三六年八月，第十一屆奧運會在納粹德國首都柏林舉行。按理，德、意、日三個民族的攻擊能量已經找到了一個安全、無害的發洩口，該出現一個和平時代。其實一年後，盧溝橋事變爆發，日軍全面侵略中國。一九三九年德國進攻波蘭。

奧運會並沒有阻止侵略戰爭！

十二

珊瑚魚、雄雁、鵝在種內的互相攻擊是很凶悍的。（雄雁常爲雌雁、地盤和棲息地而格鬥）不過勝利的雄雁從不乘勝追擊敗下陣來的對手。在這一點上，人類之間的戰爭就遠爲殘酷。俘虜慘遭虐待和殺害的暴行是不勝枚舉的。

十三

在生物漫長的進化史上，種內的攻擊史遠比友愛、和平相處的歷史要早百幾萬年。這說明，人類攻擊本能是多麼根深蒂固！

想到這天意人事，想到人世的喪亂，我們兩位筆者就淒愴傷心，悲不自勝，久久望天而長嘆。

十四

在上海灘，有數萬家大小商店。近年來新開了不少電子遊戲機房。爲了探討人類戰爭的生物學原因，一九九六年七月三日我們特意走進了北京西路的一家。營業廳很大，有上百平米，二、三十台遊戲機，幾乎客滿。有兩大特點：

第一，狂熱的顧客全是清一色的十二至十七歲的男孩；

第二，遊戲內容全是格鬥、攻擊、拼殺和戰爭。

你無法用政治、經濟、社會學、宗教、民族衝突和意識形態的衝突等傳統原因去解釋以上的行爲。

唯一的解釋只能是男性荷爾蒙的騷動和人類原始攻擊性本能的發洩。

我們看到這些男孩坐在螢幕前是那樣興奮，刺激！

我們確信，全世界的青少年在飽暖之後都有喜歡尋找這種刺激的傾向。這刺激、興奮點帶有普遍世界性。

全世界有不少《軍艦》、《坦克》、《輕武器》和《世界軍事》畫刊。許多非軍事人員的男子是這些刊物的忠實讀者。他們崇拜以色列烏茲衝鋒槍、德國HK-MP5衝鋒槍和凱立克滾筒式衝鋒槍。

在這崇拜的後面，正是人類原始攻擊本能。

男人的性荷爾蒙常需要來自枕頭+拳頭的刺激。

人類是個多麼矛盾的理性動物！他愛玩先進的衝鋒槍，他讚嘆其構造、動作原理、換彈匣頻次少和左右撇子射手皆適用的優點。這讚嘆來自人類的破壞世界的本能。

電腦、莫札特圓號協奏曲和門德爾松《e小調小提琴協曲》的偉大創造則來自人類建設世界的本能。

凱立克系列衝鋒槍和偉大的小提琴曲集於一身是何等怪誕！

這怪物就是我們人類自己！

這是一個最基本事實。哲學思考的對象正是天地人間的基本事實。其自然背景當然不是惠風和暢的春日，而是風騷騷兮樹急，天慘慘兮雲低的深秋之時。

秋冬之交是哲學家思考的季節；也是學哲學的季節。

十五

有人將迄今爲止的人類戰爭分爲三次浪潮的戰爭。

第一次浪潮的戰爭，其暴力是通過膂力過人來體現的。

戰壕、刺刀見紅、巷戰、游擊戰、一對一的廝殺，則是第二次浪潮所固有的特點。

在第三次浪潮中，暴力是通過智力表現出來的。海灣戰爭出現了智能型炸彈和巡航導彈。有各種電腦，把數萬條信息匯集起來，以期做到絕對準確。第三次浪潮戰爭需要能夠掌握知識的士兵。

以上是社會學家將戰爭分類。很好。他說，戰爭的模式、打法不再像從前那樣了。而我們（本書作者）關心的是戰爭後面那不變的生物學基礎。你不能一口否定人類攻擊性本能或盲目的原始衝動照樣在智能武器（比如「戰斧」巡航導彈）的後面起作用。當然，它很隱蔽很隱蔽。

十六

一九九六年七月四日，筆者從上海電視台八頻道看到一部珍貴的記錄片：第一次世界大戰的馬恩河戰役。

眞實的戰況。德國同法、英聯軍展開了廝殺。這是第二次浪潮的戰爭。

前天還有國際新聞，報導了英、法當年參加過廝殺、今天還活著的老兵。都是接近百歲的老人在接受電視台採訪。

一戰以德國投降而告終。當法國福煦元帥聽到凡爾賽和約簽定的消息，他非常精確地說：

「這不是和平。這是二十年的休戰。」

之所以能夠精確，是因爲福熙元帥有政治、經濟和軍事頭腦的緣故。他還懂得民族復仇是新戰爭的前提。

戰爭哲學家則預言：下次戰爭是難免的，因爲人類攻擊本能還在。未撲滅的普魯士武士的火焰將會再度燃燒起來。

法、德一直是不共戴天的死對頭。在一戰中，法國人要報一八七〇年普法戰爭的一劍之仇。

可笑的是，幾年前，法、德聯手組建了第一支聯合部隊「法德混合旅」，共四二〇〇人。旅長是德國人，副旅長是法國人。

戰爭形式眞是萬變，但萬變不離其宗。宗，裡面就有人類好鬥性本能。這本能是不變的。永恒不變量才是哲學思考的對象。

二戰結束了五一年，日本又在重新武裝。日本海上自衛隊將發展成爲世界上最強大的海軍之一。日本十家大公司（富士、三菱、川崎……）是日本重新武裝的龍頭。

人類是好了傷疤忘了痛的動物。戰爭歷史一再重演。

在人的體內，有種原始、攻擊性的本能在那裡騷動。看看坐在電子遊戲機前的十八歲以下的少年吧！從他們身上透露出來的信息清楚地告訴了我們。這才是人類悲劇的最深根源。

一九九三年，筆者在荷蘭一小鎮上也看到街上開了一家電子遊戲機商店。都是模擬戰爭的動作。一群荷蘭少年興奮不已。

遊戲機廠商很懂得全世界少年好戰心理。

筆者不知道這種遊戲機是好還是壞？它們正在全世界合法地培養千百萬個凶殘的武士，將來，或許有那麼一天，他們殺人、開槍、放火便是一種天經地義、習以爲常的條件反射行爲了。那將是遊戲的繼續，心理上的自然延續。

今日的電子遊戲，明天就是動眞刀眞槍的攻擊行爲。

十七

德意志（日耳曼）民族並不是唯一好戰、富有攻擊性的民族。古代亞述人和羅馬人，還有匈奴人，中世紀的蒙古人……都是好戰民族。

十六世紀，在西班牙、荷蘭、葡萄牙和英法開始海外殖民掠奪和擴張的後面，也是人類的攻擊本性。

俄羅斯歷史也是一部攻擊史。從一五四七年伊凡大帝自稱俄羅斯沙皇到十九世紀末的近四〇〇年間，俄羅斯由地處歐洲南部的一個小公國擴大爲一個擁有兩千多萬平方公里的人帝國，以每年五萬四千多平方公里的速度擴展其領土，平均每三年就將一個民族納入其版圖，其擴張規模只有大英帝國可以同她比肩。

在這擴張行爲的背後，當然有政治、經濟的動力，但人類原始攻擊本能，戰爭與男性荷爾蒙，則是一個不可忽略的不變量。

政治、經濟、宗教信仰……是變數。

人類原始攻擊本能是不變數。人性中的惡是不變數。

十八

攻擊行爲是先天和後天（環境）合力的結果。

人的行爲同生物學和環境因素都有關。

最近有一項研究表明，一旦干擾了單胺氧化酶A，那麼，老鼠的攻擊性就特強。後葉加壓素是老鼠大腦控制攻擊行爲的激素。血清素也是抑制盲目攻擊性衝動的生物化學物質。一旦中斷其後葉加壓素和血清素的供應，一隻性情溫和的金倉鼠也會變得非常凶猛。

❸

的確，人的攻擊性或暴力行爲同大腦深層結構的化學過程也有某種關係。大腦一旦失調，失去了對攻擊本能的抑制，攻擊行爲就會發生。

如果克勞塞維茨知道以上實驗報告，他一定會修改他的《戰爭論》，把人類原始攻擊性本能的作用放在應有的位置，而不是一筆帶過。

十九

俄羅斯的索爾仁尼琴寫過一篇叫《和平與暴力》的文章。很遺憾，這位進行哲學思考的著名詩人沒有一句話是說到點子上的。他一再提到和平、戰爭、暴力。但沒有一句切中要害，觸及深層結構！

有感於此，筆者才毅然決然拿起筆，撰寫《戰爭與男性荷爾蒙》這本書，目的是力爭把戰爭說到節骨眼上。

二十

分析「戰爭與男性荷爾蒙」的關係，必然要論述搖滾樂同暴力的關係。你無法否認，搖滾樂有許多露骨地煽動性（Sex）和攻擊行爲的原始衝動。成千上萬搖滾樂迷把搖滾樂傳達出來的信息融化爲自我意識。

王子（Prince）是個崇拜生殖器的歌手。一九九一年他在一首《心蕩神馳》歌詞中敦促觀衆：「每個人都抓住一個肉體……一夜之間來廿三種姿勢，心蕩神馳。」在另一首歌詞中，王子唱道：「我是撫摸陰莖的維奧利特，我爲我所撫摸的陰莖而生！」

重金屬樂隊的鼓點加上這句歌詞會產生一種很強勁的原始本能衝動。幾乎所有著名的搖滾樂歌手全都重複過「我爲我撫摸的陰莖而生」這句歌詞。

「槍與玫瑰」是另一支搖滾樂隊的名字。把這個名字演繹一下就是「暴力與性」。這麼露骨！

該樂隊在一九八七年出了一張唱片《破壞慾》僅在美國就銷售了一二〇〇多萬張！幾乎到了近半數的美國青少年人手一張的狂熱程度。

《破壞慾》破壞世界的原始本能。

從當今世界青年一代對搖滾樂的瘋狂勁，我們不難看出在人類生理和心理的天生結構中，破壞世界的本能有多麼強烈！

世界是脆弱的；大自然的生態平衡也是脆弱的。世界和地球經受不住人類邪惡本能的衝突！比如，早在一九九〇年，前蘇聯的洲際導彈數爲一三九八枚，裝有六五三五枚核彈頭。前蘇聯的戰略核彈頭總數爲一萬一千多個，其射程均可打擊美國本土。

美國的核武器就更多，約一萬九千多件，足夠毀滅地球好幾次。

第一、二次世界大戰是在有基督、有上帝的情況下爆發的。當時，基督、上帝並沒有阻止人類的戰爭行爲。現在，基督、上帝沒有了，戰爭行爲更是無法無天。列農（J. Lennon）的甲殼蟲樂隊從一開始就暗示自己比耶穌更受青年人歡迎。後來，列農在一次擠滿人群的記者招待會上作了道歉：

「我對我所說的話感到內疚。我不反對上帝，不反對基督，也不反對宗教。」

自這以後，搖滾樂走過了一段長長的路程。它背離上帝越來越遠。人越來越受盲目、原始本能的支配。這是破壞世界的本能。

二十一

二戰剛結束，德國著名哲學家雅斯貝爾斯於一九四五至一九四六年在盧森堡大學舉辦了一個題爲《德國的精神狀態》講座，然後將講稿匯編成《罪責論》這本書。他把個人的罪行分成四種：

第一種是刑法上的罪（即觸犯了刑法），這由法庭裁判。比如紐倫堡法庭判處戈林、凱特爾和羅森堡等戰犯絞刑。

第二種是政治上的罪，這由戰勝國裁判。

第三種是道德上的罪，這由自己的良心來裁判。比如，許多德國人圍觀納粹黨徒毆打猶太人的場面，並爲德軍閃電戰的勝利而歡呼。

第四種罪是形而上的罪責，這該由神聖的上帝來裁判。

我們本書兩位作者，特別注意到這第四種罪。按我們的理解，它涉及到人類的攻擊性本能，所以雅斯貝爾斯稱它爲「形而上的罪責」。這是發動戰爭的基礎；是集體犯罪的生物學基礎。儘管雅斯貝爾斯當時並沒有提出「戰爭與男性荷爾蒙」這個概念。

戰後，自阿登納上台執政以來，德國的政治領袖深刻認識到這第三和第四種罪，並在深刻反省的基礎上建設了一個新生的德國。這正是我們所希望的。

阿登納的銅像座落在波恩街頭。筆者每經過那裡，總會想起他的一句話：「德意志民族犯下了言不勝訴的罪行，我們有義務進行道德上和物質上的賠償。」

一九五二年，西德賠償以色列三〇億馬克。

一九五九年至一九六四年西德向十二國的二〇萬犧牲者賠償大約一〇億馬克。今天，這種賠償還在繼續……

日本則不然。日本政治領袖所欠缺的正是對第三種和第四種罪責的反省。第四種罪行來自人的深層生理和心理天生結構。所以是哲學思考的對象。

不思考這第四種罪責的根源，他就不配做個戰爭哲學家。這正是索爾仁尼琴沒有觸及戰爭、暴力本質的原因。

二十二

在當代西方學術界，研討犯罪行爲是先天還是後天造成的，成了討論的熱點。一九九二年年底，英國權威性的《經濟學家》雜誌就有一篇文章討論這個課題。

男子犯罪率遠比女子高，幾乎高出三十倍。可見男性荷爾蒙與男子天生的攻擊性存在著因果關聯。

一九八五年，威爾遜（J. Wilson）同人合作寫了一本專著《犯罪與人的本性》，認爲對犯罪行爲的解釋最好是生物學，而不是社會學。

但我們認爲最好解釋是從哲學角度。犯罪學的哲學背景正是我們思考的對象。我們感與趣的是形而上性質的罪。

哲學思考的對象永遠是那不變的、普遍世界性的東西。

正是這種對象造就了一個哲學家，恰如土地造就了農民，牛群和羊群造就了牧人。

把人類戰爭現象作爲哲學冷靜思考的對象是我們後半生的人生使命。我們的思考不是爲了考取什麼博士生，也無意成爲博士生導師。我們的目標是爲了根絕人類戰爭而吶喊、呼號，敲響晨鐘暮鼓……

二十三

在巴爾扎克的半身銅像的下方刻有他的一句名言，說拿破崙用劍沒有完成的事業，他要用筆去完成。

我們在「紅寶石」咖啡館神聊的時候，重點討論了這句充滿男性荷爾蒙的豪言壯語。應該承認，在人類歷史上，拿破崙和巴爾扎克都是很男性荷爾蒙的，很有能量和很攻擊性的人物。不過他們分別代表了男性荷爾蒙的兩個不同方向：

劍代表了戰爭；筆（Pen）代表了人類建設世界的本能。

論述男性荷爾蒙的劍方向和筆方向，正是讀者手中這本書的主題。

一九九三年八月，筆者曾在巴黎造訪過拿破崙和巴爾扎克的墓。拿破崙的墓是獨立的一整座大理石宮殿建築，輝煌、氣派非凡；相反，巴爾扎克的安息之地則座落在拉舍神父公墓，僅一米來高，很普通很普通，甚至還有點寒酸。這一反差其實反映了人類無意識層的價值觀：頌揚戰神，而對筆，對建設文明的方向，對用筆去征服世界的英雄主義，則淡然置之。

對此，我們是憂心忡忡的。有朝一日，當人類的無意識將筆（Pen）的地位遠遠排在Pistol（手槍，或戰爭）的前面，那麼，人類才能得救。

二十四

女子遠離戰爭，憎恨戰爭，有多種原因。其中一個是：她懷孕，分娩，哺乳，辛辛苦苦把孩子拉拔大。她最懂得一個生命來自不易；最懂得生命的珍貴。她最不願看到一個年輕的

士兵會在一剎那之間被一顆荒唐、罪惡的子彈結束掉生命！（在和平時期這顆子彈就要判謀殺罪）

是的，自人類有戰爭以來，總共死了七〇億。這裡面有多少兒子和丈夫！各個民族女人們的悲痛如果可以用秤去秤出它的份量，那該有多重！

正是有感於此，我們才最後拿起筆，來撰寫讀者手中這本書。沒有比這種動機更純樸、更頑強的了！

二十五

人類不消滅戰爭，就會被戰爭消滅。

---

❶❷ W.夏伊勒《第三帝國的興亡》，一九七九，世界知識出版社，第四〇二—四〇四頁。

❸ L. L. Snyder《第三帝國百科全書》，一九七六年英文版，第一二〇，一〇四頁。

❹ 自一九九六年一月廿八日《星期日泰晤士報》。

第一編：基礎研究的發現及其推論

原因—結果之鏈組成的世界

——我們是行為主義者

沒有原因的結果是沒有的。對於科學家，這條世界哲學普遍原理是一大鼓舞，也是一大安慰。我們撰寫讀者手中這本書的目的之一就是為了分享這一鼓舞和安慰。

終於，我們領悟到：我們所生存的這個世界原來是由原因和結果編織而成的一個大網絡所構成。這「原因—結果網」是非常複雜的，錯綜的；其中許多線索還是很隱蔽的，深層的，永遠不可究詰的。

沒有原因的結果是沒有的。這是世界普遍哲學或認識論的第一原理。這條原理也是讀者手中這本書賴以建立起來的頭一根支柱或首要邏輯依據。我們的邏輯很簡潔：

人類歷史上的每一次戰爭都有它的某一個原因或諸多個原因的聯合。

是的，萬事萬物的發生都有它的原因。這是科學家（不論是自然科學家還是社會科學家）的第一信條。這信條是不可動搖的！它才是科學家心目中的「上帝」！它莊嚴、肅穆、神聖；它無所不包，又無時無處不在。

科學家的最大快感和滿足便是把某種現象發生的原因揭示出來。這便是「世界觀的滿足」，比飢、渴和「飽暖思淫慾」的滿足要高一個層次，因爲這是「自我實現」的滿足。

只要我們還活著，還在呼吸，我們就能覺察到因果律的無時無處不在。即使你在夢中，也逃脫不掉「原因—結果之鏈」。比如你昨天晚上之所以夢見你一個人在荒野中拼命地跑，逃避一頭雄獅的追捕，最後你掉落了一個萬丈深淵……這裡頭肯定有個做此夢的原因，儘管它很隱蔽，很複雜，很微妙。

當然，尋找、解釋夢的原因一直是門大學問，比如弗洛伊德和榮格的成就。科學家經常是從事物的結果去追究原因的，而不是相反。比如：

在任何時候，只要有電流，磁針就會偏轉。「在任何時候」這一附加，這一前提，是非常重要的。因爲它把因果律和偶然巧合區分了開來。這一前提說明：因果律或因果關聯之所以成立，只是因爲這一現象（事實）可以被重複地觀察到。否則就沒有關聯性。比如A先生乘坐的飛機於四月十三日失事，機上乘客無一生還。迷信命運的人會解釋說：A先生之所以遇難，是因爲十三這個日期不吉利的緣故。

這一解釋的荒誕就在於它是不可重複的。如果每逢一個月的十三日飛機都出事，那麼，空難和十三這個日子便有必然的因果關聯了。

人的一切行爲也是有其原因的。

比如，E先生之所以愛上F小姐，有好多原因：第一，F小姐的父親是新加坡大富豪。E先生一旦娶了F小姐，便可定居國外；第二，倆人政治信仰相同；第三，倆人宗教信仰相同；第四，倆人在事業上很相投，因爲F小姐是位鋼琴伴奏，E先生是小提琴演奏家；第五，F小姐長得很性感。她的胸部有一條很深的乳溝，兩腿修長，臀部上翹且豐滿，造型優美。E先生就是迷戀肉彈（性感）女人。

也許E先生之所以娶F小姐爲妻，主要是出於第五個原因，雖然它是隱蔽的，卻很可能就是最關鍵的深層原因。

某次戰爭爆發的原因也有類似情況。比如它是由以下綜合原因造成的：政治經濟原因；宗教信仰原因；民族復仇原因；此外還有一個沒有明確、具體的原因，即僅僅是出於好鬥的性格，出於攻擊性或征服慾的需要。這最後一個原因有個很外露，很強烈，有時又很隱蔽，很微弱。這好鬥性格是生物本能，它是一種獲得性遺傳。

我們確信，在人類每一次侵略性戰爭的後面，都有一個原因或一連串的原因。沒有原因的戰爭是沒有的。

西方有些社會心理學家如庫利❶說：「盎格魯・撒克遜人漫長的歷史浸透著這個民族固有的好戰性。」這「固有的好戰性」其實就是人類的一種原始本能，它還能遺傳給後代。

庫利的這一論斷自然也符合世界上其他不少民族的歷史，如日耳曼（德意志）民族，日本民族……

也許，好鬥性是一種普遍世界的生物現象。它或多或少存在於世界每個地區的民族身上。當然，有的民族表現得較猛烈，有的則較溫和些（即使是同一民族，個體差異也是相當顯著的）❷

在現代西方心理學史上有個叫「目的行爲主義」的學派❸。美國的托爾曼（E. C. Tolman，一八八六—一九五九）便是一位代表人物。一九三二年，他發表他的第一本、也是最重要的表述他的目的行爲主義體系的專著：《動物和人的目的行爲》（Purposive behavior in animals and men）。這本經典性著作給後人以深刻和廣泛的影響。（比如洛倫茲的研究思路便受他的影響）

托爾曼的學說並不是空洞玄想和抽象思辯的產物，而是三十多年實驗室裡的紮紮實實研究的成果，值得我們信賴和借鑒。

他最大的貢獻，是他所提出的中間變量這一概念。爲了把握它，我們先要交待幾句數學分析中的有關函數概念。

在我們所生存的這個世界上，有一些變量是依賴於另一些變量而發生變化的。比如三角形的面積（Y）是底邊和高（a和b）的函數：

Y＝f（a,b）

因變量Y（即函數）同自變量a和b的關係是依賴關係。a和b的變化引起Y的相應變化。

托爾曼主張，動物行爲的最初原因以及最後引起行爲本身，都必須是能對它們進行客觀的觀察（指在實驗室內）和從操作上加以說明的。他認爲，接受試驗動物（如白鼠）的行爲的最初原因是由五種自變量組合而成：

環境刺激（S）、生理內驅力（P）、傳遺（H）、過去的訓練（T）和年齡（A）。所以行爲就是這些自變量的函數：

B＝f（S,P,H,T,A）

此處B即Behavior（行爲）。在用動物當作被試者的情況下，我們能夠控制這些自變量。但若把人當作被試者，那麼，有些東西便難以控制了。托爾曼猜測，正是那些不能被觀察到的自變量中間變量，才是實際決定行爲的因子。

在整個生物界，人是最高等也是最複雜的動物。但我們有理由確信，人的一切行為，也是由某個或諸多個自變量決定的。人類戰爭是人的行為一種，即群體行為，它至少是這幾個自變量的聯合的函數：經濟（E）、政治（P）、宗教信仰（R）、生理內驅力，包括征服慾、權力慾和好鬥性格，以及嗜血、仇恨和報復等心理（H）……將它們寫成函數表達式就是：

Bw=f（E,P,R,H……）

這個函數表達式，正是讀者手中這本書要展開的主題。我們尤其著重探討其中的H同戰爭行為的因果關聯。H為男性荷爾蒙（Hormones）的縮寫。Bw中的w是戰爭（War）的縮寫。男性荷爾蒙在諸多個自變量中僅僅是其中一個，而且常常還不是最主要的一個，但卻是根深蒂固的。

《戰爭與男性荷爾蒙》這本書正是我們兩位目的行為主義者從行為主義（Behaviorism）的觀點探討人類戰爭起因和本質的一次初步嘗試。

近年來我們一直驚訝人類戰爭的頻繁和無比殘酷。而哲學思考正是起源於驚訝。我們一再說，只有把戰爭的原因或起因一一找出來，我們才有可能防止戰爭，把坦克轉化為拖拉機或挖土機。這是我們撰寫本書的目的。

目的行爲主義者的立場就是試圖把物理學的精確研究方法作爲自己的借鑒引進來，爲的是分析人類的行爲。

行爲主義者特別著重尋找事物的確定性和清晰性。研究動物的行爲，其最後落腳點當然是人的行爲（戰爭便是人的一種生死攸關的最愚蠢的社會行爲）。

我們兩位作者忘不了美國行爲主義心理學家魏斯（A. P. Weiss）在一九二五年出版的一部專著《人類行爲的理論基礎》（A Theoretical Basis of Human Behavior）。

洛倫茲更是推崇物理學的研究方法，在他的學術著作中，他一再提到德國偉大物理學家普朗克（一八五七—一九四五）及其《精密自然科學》這篇講演所提倡的方法論。洛倫茲把它看成是「行爲主義的哲學」（The behavioristic philosophy）。這哲學，也就是決定論。目的行爲主義者即哲學上的決定論者。決定論者迷戀因果鏈（原因—結果之鏈）。迷戀、追溯因果鏈的人是很男性荷爾蒙的。作爲體內一種驅迫力，男性荷爾蒙日夜強迫人去迷戀、追溯這鏈，恰如它迫使男人去追求性感的女人。這兩種平行的行爲有一個共同的生物化學基礎。

剛才我們在上面說過，研究動物的行爲，最後落腳點是人。洛倫茲是德國學派的科學家，或者說，他是一位進行哲學思考的動物行爲比較實驗研究專家。他有一段名言常常迴盪在我們的耳際：

如果不去追求崇高的目標，那麼因果研究便是無意義的。你的職業目標當是去幫助受苦受難的人們，是有助於人道主義。如果沒有目標，因果研究便是無意義的；不過要是沒有因果律的洞見，那麼目標的追求則是軟弱無力的。❹

我們自信，《戰爭與男性荷爾蒙》這本書是完全符合洛倫茲科學信條的。因爲我們的目標是找出戰爭行爲後面一個非常隱蔽、非常深層的生物化學原因男性荷爾蒙；我們的方法論又是因果分析，即對因果律的絕對信賴。

如果我們的書能爲防止人類戰爭作出百萬分之一的小小貢獻，那麼，我們的探索便不是完全白費的。這正是我們撰寫第六編（出路和希望——和平時期男性體內自由游離攻擊能量的釋放）的理由和動機。

沒有第六編，人類便會陷入戰爭不可避免的悲觀主義和絕望的深淵。

是的，人類最大、最頑固的死敵不是老虎、毒蛇和病毒，而是人性中的惡。戰爭、全球生態環境惡化的總根源都是人性中的惡造成的。

最後，爲了幫助讀者更好地把握我們這一章的思路，我們想列出六個關鍵性的術語。在我們幾千年的傳統的中國思想史上，是沒有這些術語的（關鍵性術語即基本概念）：

1.「The physiological processes on which their behavior is based.」（他們的行

爲所賴以確定起來的生理過程）我們感興趣的正是借助於因果分析去揭示戰爭這一人類行爲的生理化學過程；

2.「The behaviorists' way of thinking.」（行爲主義者們的思路）是的，讀者手中這本書便是我們兩位行爲主義者的思路的小小成果；

3.「Trying to analyse the causal chain from one to the other.」[5]（試圖依次分析因果鏈）；

4.「The necessity of causal and structural analysis.」[6]（因果和結構分析的必要性）是的，對戰爭的起源，我們要作些生理、生物化學過程的結構分析；迴避這一分析是不妥當的；過分強調這一生物化學基礎則是錯誤的。

5.「The origins of human behavior.」（人類行爲的起源）；

6.「The fundamental philosophy of behaviorism.」[7]（行爲主義者的基本哲學）。貫穿讀者手中這本書的一根紅線，正是這一哲學。所以我們才自白：我們兩個是行爲主義者。這一章算是我們的宣言或綱領。

以上六個術語對我們有種無法抗拒的誘惑力，恰如老鼠對貓、青草對乳牛、柔和的月夜對戀人有種本能的魔力。

有魔力的世界是個好的、值得探索的世界。

❶ C. N. Cooley，一八六四——一九二九，是美國社會心理學創始人。

❷ 據說，在本世紀六十年代，新幾內亞的有些土著還保留著「獵頭」習俗。這些原始部落的土著在戰爭中砍死對方，割下失敗者的腦袋，掛在一根根竹竿上曝曬。這種「獵頭」是至高無上、雄心壯志和威武善戰的標誌。掛的「獵頭」越多，就越表示這家主人的勇敢，愛人尊敬。

❸ 中國是個文明古國。不過在我們的學術園地中，一直有個最薄弱的環節，這就是心理學。直到今天，我們的研究水平同歐美、日本還有一大段距離。

❹ K．洛倫茲：「一位科學家的信條」，自他的《動物與人類行爲的研究》，英文版，一九七一年，第一卷，第十三頁。

❺❻❼ 同上，導言，第十四，廿三頁。

性的起源

——為什麼會有男性荷爾蒙？

追問人類戰爭的起源，在某種程度上，必然要追問男性荷爾蒙和性的起源，完全否認這兩者的相關性是不客觀的。

雄性激素（男性荷爾蒙）是雄性動物肌肉發達、長鬍鬚、聲音宏亮（低沉）和勇敢好鬥的生物化學物質基礎。這是現代科學得出的結論。所以在某種意義上追溯以下的邏輯鏈便是不可避免的：

戰爭起源↓男性荷爾蒙的起源↓性的起源。

關於性和男性荷爾蒙的起源，目前依舊是生物進化中的一個最大謎。所以我們只好借助於古代神話，或杜撰出一個當代神話來加以解釋。

很久很久以前，即在男女合爲一體的時代，地球上的人是兩性體，即沒有男女性別之分，而是一個完整的人（Circlemen），就像一個完整的全圓。他有四條腿。四隻手臂，兩顆心臟，兩副面孔。

這樣的人擁有很大的力量。上帝爲了便於統治，便下決心要削減人類的力量，於是將完整的人切割開來，一分爲二：男人是個半圓，女人則是另一個半圓。

後來，人的一生便爲愛所驅使；不管是男是女都要花費大量時間、精力和心血去尋找那原先屬於自己的另一半。愛是爲了渴望完整，渴望醫治所受到的元（原）創傷。或者說是爲了康復。性愛就是人的「康復情結」；是使兩個破損的半圓重新復元爲一個全圓。

這一半生生死死要去尋找那另一半。然後生育，繁衍後代。上帝覺得這樣一來地球上的人們總數會以幾何級數增長，對他的至高無上的權威和尊嚴依舊是個挑戰或威脅。

原先，上帝在造男人的時候只賦予男性荷爾蒙具有一種功能：生育。後來爲了控制地球上的人口爆炸，他還再賦予男性荷爾蒙的另一種新的功能：好鬥。上帝企圖通過戰爭手段來控制人類總數。上帝讓人類相互殘殺，削弱其力量，爲的是不對自己的統治構成威脅。

以上便是我們杜撰出來的一個現代神話，爲的是滿足我們的好奇心，滿足我們身上那個打破砂鍋問到底的「追問爲什麼情結」，形而上的情結。

我們只有用這個現代神話才能解開性起源和男性荷爾蒙的起源這個大謎。我們確信，科學是有限的。不管將來科學發達到什麼程度，我們都無法回答這類問題：

質量和引力是怎樣起源的？時間和空間是怎樣起源的？

有一點是現代生物學所肯定的：男性荷爾蒙既使男人有性衝動和其他生殖功能，又使他勇敢好鬥。

這是一條法則，一條普遍的自然哲學原理。（讀者手中這本書的主題正是將該原理作一展開）

它普遍適用於地球上的動物世界。

比如，將雄鷄去勢（閹割）後，它便不再好鬥。若再注射雄激素，好鬥行爲又東山再起。

（當然，今日的科學還不能解釋爲什麼雄激素會引起凶猛好鬥的行爲。下個世紀的科學或許能做出說明）

＊　＊　＊

在動物世界，雄性動物勇猛好鬥是非常普遍的、同時爲東、西方人所知曉的基本事實。十八、九世紀的生物學家（包括達爾文）都作了詳盡地描述。當然他們僅僅是羅列了形形色色好鬥的現象，而沒有用「雄性激素」這樣一個統一的科學觀念作出劃一的說明。因爲發現「雄性激素」這種生物化學物質還是二十世紀的成就。

用一個統一的觀念來概括說明紛然雜陳的世界現象，從中整理出科學秩序和哲學秩序，便是我們所說的得到「世界觀的滿足」。

比如，用「能量」這個觀念概括無數的自然現象。

與此相彷佛，我們也試圖用「雄性荷爾蒙」這個觀念去概括下面的基本事實：雄的海狸經常鬥毆，爪牙並用。沒有傷疤的海狸皮幾乎一張也找不到。

在上個世紀，達爾文在南美帕塔哥尼亞就親眼目擊過公駝羊的酣鬥。在這個駝羊身上，幾乎都留下了一生搏鬥的傷疤。❶（在達爾文的論著中還沒有出現「雄性激素」，這個現代術語。同樣，達爾文的先輩克勞塞維茨將軍也絕不會知道這個術語。這都是時代的局限。如果克勞塞維茨知道了，他也許就要在他的《戰爭論》一書專門新闢一章：「戰爭與雄性激素」）

雄性抹香鯨和雄鹿都是好勇鬥狠的動物；在地球各地所發現的鹿骨骼，常有兩副雄鹿頭角難解難分地交鎖在一起的情形。當年這搏鬥最後同歸於盡的場面眞是觸目驚心，悲慘得很。

公牛、公鹿、公羚羊有角，是雄性激素所致。凡是備有特殊鬥爭武器的公的動物都有凶狠好鬥的行爲。這行爲是種本能。它的深層生理（生物化學）原因，正是雄性激素所致。

爪、牙和角，都是公的動物進攻性武器。

從海上打撈上來的鯨，它們的角難得有不破損的。這說明海戰的激烈：

一百多年前的達爾文曾對此迷惑不解：

如果公的備有武器，而母的沒有，這就幾乎沒有疑問地說明武器是用來和其它公的進行戰鬥的；也說明它們之所以取得是通過了性的選擇，而且在遺傳之際，只傳子不傳女。母的爲什麼沒有取得這類武器呢？是因爲對她們沒有用處、多餘而累贅、甚至反而有害嗎？❷這大概不是，至少就大多數的例子來說不是。我們應該反過來想，因爲，即使在公的，用處也往往不止一端，同類相鬥之外，主要是用來招架異類的敵人，保衛自己。不過，母的難道就不需要自衛嗎？因此，我們應該覺得奇怪的是，爲什麼在許多母動物身上這類武器是如此得不到發展，或甚至幾乎完全沒有呢。❸

達爾文的納悶（這性質上是「世界的納悶」）是受時代局限產生的。當時不可能用「雄性激素或荷爾蒙」去作出統一的解釋。

不過，即使是今天，這個問題依舊沒有得到完滿解決。一九八九年五－六月，世界著名綜合性雜誌《科學》（Science）發表了邁科（R. E. Michod）的文章，提出了達爾文當年提出過的問題：對雄鹿來說，長了一副龐大而有椏權的角會浪費很大精力。不僅如此，鹿角對於它的生存不僅沒有優勢，相反，當它逃跑，通過灌木叢，還會礙手礙腳，簡直是個累贅。

也許，一對角就是專門爲了好鬥。雄性荷爾蒙引起好鬥。好鬥是壓倒一切的使命。雄性動物之所以有角，全然是爲了戰勝其他雄的動物，比如在所有野生的山羊和綿羊身上，公羊的角都比母羊的角大。有時候母羊的角幾乎小到沒有。公羊一旦被閹割，長出的新角就小不少。有的經閹割過的公羊，新角幾乎不再生了。有的公牛的角則會變細變長。這都是斷絕了雄性荷爾蒙的緣故。但是爲什麼斷絕了該激素之後便會引起這種變異呢？

今日的科學還無法作出解釋。任何一位偉大的科學家都經不住一連串的三個「爲什麼」的追問。

銳角和長牙❹的用處有三：第一，主要作爲進攻同類雄性的武器；第二，同性（Sex）功能分不開；第三，招架異類之敵的攻擊。（公牛常用銳角刺進敵人的身體；雄鹿的單一角則比分權角更爲有效）

公的四足類動物比起母的有更大的勇氣和更強的好鬥性。（當然，體力和身材都勝過母的）歷來享有盛名的狗都是公狗，因爲它們凶猛。

爲了爭奪同一隻母海豹，兩隻公海豹常發生戰鬥。這使我們想起過去幾個世紀西方人的決鬥傳統。

雄昆蟲因體內有雄性荷爾蒙的關係，所以好勇善鬥，非常凶狠。就這一點而論，它們同許多高等動物沒有什麼兩樣。

雄蝶因同雄蝶互相廝打，常發生折斷翅膀的悲劇。

在整個動物界，在調情求偶的過程中，一般來說總是雄性更爲主動，因爲雄性荷爾蒙永遠意味著勇敢的進攻進攻再進攻！

至於雄鮭魚、雄絲魚的性情也是好惡鬥的。

在春夏之交，兩隻成年的雄蜥蜴只要碰到在一起，必凶狠地鬥一場。雙方的尾巴因憤怒而左右搖擺，兩眼也炯炯發光。然後彼此猛衝過去，用牙緊緊咬住對方。有許多種雄鳥在繁衍季節特別好勇鬥狠，這同樣是由其體內雄性荷爾蒙造成的。

在整個動物界，上述例子是不勝枚舉的。人只不過是動物的一種；或者說，人是會製造工具的一種動物，所以人類戰爭便必然是擁有武器的戰爭。軍隊歷來都是當時工具製造最尖端成果的密集點。海灣戰爭便是一場很典型的現代工具，二十世紀八、九十年代高科技戰爭。

這使我們想起僅在一條河的某段便有幾百條鮭魚因相互狠鬥而死亡的情景。一條除外，其餘都是雄的。它們的武器不過是牙齒，而今天的人類則擁有重型坦克和各種先進的導彈、飛機……比起動物的爪、角、牙，人類的武器不知要凶狠多少萬倍！

當然，人類戰爭的起因和性質已遠遠脫離了鮭魚間的原始本能的狠鬥，但在其深層動力的結構中，是否隱隱約約還保留了雄性動物好鬥的雄風呢？

自古以來，地球上的幾乎所有民族都有愛看鬥牛、鬥雞的嗜好。我國廣西融水杆洞的苗家便有鬥牛的風俗。參鬥的牛都是水牛，或自養，或購買。草、糧、酒、蛋等飼料由寨民分擔，供給從優。（用酒、蛋供養是培養牛的決鬥膽量）挑選參鬥牛的標準是兩角尖銳對稱，頸項粗

短，四肢健壯。（用今天性激素研究的成果來看，鬥牛這些強悍的外表特徵都是雄性荷爾蒙所致）

即將格鬥時，牛主端來一桶鷄蛋甜酒給牛喝。接著兩頭參鬥的牛各自從鬥場兩邊進入。在尾隨助陣者的一片吶喊聲中兩牛向前猛烈攻擊，雙角力抵，額頭對撞。雙方都想設法戳穿敵方的眼睛、下頷和脖子，鬥得鮮血直流也不退卻。鬥敗的牛拼命逃，勝利的一方則奮勇追擊，即使懸崖峭壁也跳下去，結果兩敗俱傷。

獲得桂冠的牛由主人牽引，繞場跑三圈。人們高呼，自豪、喜悅聲浪山回谷應，經久不息。

這一風俗盛行於雲南、廣西邊界一帶的苗寨。

關鍵在雄性荷爾蒙。公牛格鬥是「本能能量」的釋放。這格鬥是自然界（生物界）的戰爭，是一種原始本能。

人類喜愛看鬥牛這種刺激場面，也是人作爲動物的「本能能量」的釋放。這是和平時期男性荷爾蒙能量的釋放，這釋放是人類戰爭的代用品。對於人類，這代用品是安全的。和平時期的男性荷爾蒙通過鬥牛這一途徑得到了釋放。

用兩頭公牛的鮮血替代千萬人的流血是可取的一條途徑。這是戰爭與男性荷爾蒙的和平轉化或轉嫁。（當然，這也是拳擊運動的實質。人們愛看這種殘酷、好鬥的運動，是借此來釋放自身男性荷爾蒙的「進攻能量」）

除鬥牛外，苗族同胞還喜愛鬥馬。四面是山坡，中央是平地，是最佳鬥場。先將一匹雌馬牽進場，再由另兩名騎手牽來兩匹雄馬。騎手鬆開繮繩。爲爭奪雌馬，兩匹雄馬時而互立抓鬥，時而騰空彈踢，尋機咬住對方要害處。觀戰的人群擊鼓，助威聲援。從這裡我們不難看出以下雄性荷爾蒙的行爲結構：

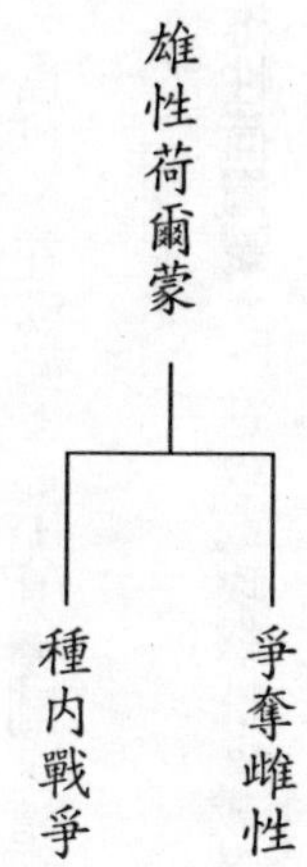

在種內戰爭和爭奪雌性之間存在著一種相關性。雄性荷爾蒙常表現爲兩種平行的行爲：爭奪雌性和在種內發動戰爭。而這一行爲的結構是可以遺傳的。該行爲結構生理遺傳學是我們這本書賴以確立起來的基石之一。

寫到這裡，其實我們還是在提問題，並開始觸及到本書的核心或主題。科學有三個目標：

理解，解釋，預言。

現象（比如戰爭）是怎樣發生的，大致的起因是什麼，以及現象各部分之間的聯繫究竟是怎樣的？這便是理解。

所考察的現象爲什麼是這樣而不是那樣？這是解釋。

預言就更確定了。

我們寫這本書只是希望能理解、解釋人類戰爭究竟是怎樣發生的。努力將人類本性深處那些騷動的東西揭示出來正是我們的目的。

是不是有條「好鬥的快樂原則」在支配整個雄性動物界呢？比如雄蜂鳥便是最愛互相攻擊的一個鳥科。兩隻雄的只要碰頭，幾乎總要發生一次空戰，相互咬住不放，舌頭往往要裂開也在所不惜！

好些鳥科，在繁殖季節尤其愛鬥，這一事實更加強了這一相關性：

進攻或攻擊性。或者寫成：

雄性荷爾蒙

生殖荷爾蒙 攻擊性。（事實上，在自然界的戰爭中，雄性動物經常是爲了爭奪一個雌的才進行你死我活的攻擊。比如雄的膜翅目昆蟲。雌蟲總是漠不關心地站在一旁觀戰，但最後總是同戰勝者一道回去。所以，戰勝者總是能得到較多繁殖的機會，並把它的不屈不撓的勇氣、強壯的體格和好鬥性遺傳給雄性後代。雄性鱷魚在爭取同雌體交尾的時候，總是叫囂繞轉，很像美洲印地安人的戰爭舞蹈。）

當代避孕藥研究成果（見《Science》雜誌，一九九四年十二月二日）表明，對於男性，避孕關鍵是生殖荷爾蒙（性激素）和精子。

對於人類戰爭，關鍵是不是社會、政治經濟原因和男性荷爾蒙的混合呢？

當然，我們在本書中所說的戰爭一般指的是非正義的侵略性戰爭，即嗜血、凶殘和好鬥行爲。這一非正義的侵略戰爭便是世界許多民族神話中的凶神。

比如南美印地安人的阿爾韋奧（Alveo）。他是降災魔鬼；是生命和一切造物之敵。他帶給人的是死亡。當然，罪惡的侵略戰爭也是古波斯神話中的阿赫里曼（Ahriman）。在巴列維語的宗教典籍中，阿赫里曼是極端邪惡的、給塵世帶來無窮災難的入侵者；是人世間殘暴和死亡的象徵。阿赫里曼是原始之初惡的本原。借用古波斯神話的用語，讀者手中這本書的書名便是《阿赫里曼與男性荷爾蒙》。

的確，如果我們追溯生物進化的漫長歷史，人和其他動物便有著許多共同或相似的地方。除非我們從動物世界著手研究，否則我們就不可能對我們自身的所作所爲有個透徹的理解和解釋。

在我們看來，人類戰爭的本質和起因是受這樣兩組因素或自變量支配的：

社會因素和本能的遺傳。

社會因素即克勞塞維茨的論斷：「戰爭是一種政治行爲」；「戰爭無非是政治意圖通過另一種手段的繼續」。

本能遺傳即男性荷爾蒙。本能行爲遺傳學是本書的基礎。

在原始部落和古代社會，戰爭（或軍隊）的力量型式是「體能型」，即靠膂力過人來戰勝敵人。「膂力過人」的前提是肌肉發達。當代生物化學研究表明，睪丸中含有一種比尿液中所含更有效的雄激素因子——睪酮。

這睪丸提取物可增強性功能和肌肉力量，包括攻擊性的增強。❺

在女子體內也有一定比例的雄性荷爾蒙。雌性荷爾蒙和雄性荷爾蒙的平衡狀態對婦女是很重要的。今天睪酮製品（男性荷爾蒙）常用來治療許多婦女病，如胸部疼痛、月經過多、痛經和由雌激素引發的乳腺癌等，因爲睪酮可以起到中和雌性荷爾蒙的作用。（給婦女施用睪酮的結果之一表明，男性荷爾蒙還能恢復或增進多數婦女患者的性慾）

南美有個傳說給我們深刻印象：

一女子成了一名武士，她想成爲神弓箭手，但她的一對高高的豐乳總是妨礙她開弓，於是她下決心把乳房割平。

當然，這只是個象徵。它說明女子要成爲一名勇敢好鬥的武士，一定要打破原先體內雌、雄性荷爾蒙的正常、和諧比例，強行把男性荷爾蒙調整到突出的位置。

當然，人類戰爭史不同於動物界的相互攻擊史。

如果我們避開社會、政治經濟學的原因，把人類戰爭的本質和起因加以簡化，把好鬥的原始本能直接、簡單地同戰爭行為掛鉤，而不進一步去分析曲折、複雜的社會進程和社會秩序，那就會不可避免地犯片面性的大錯誤。

❶ 達爾文《人類的由來》，一九八三年，商務印書館，第七六五頁。
❷ 可見，在達爾文身上，「追問為什麼的情結」有多濃烈啊！
❸ 達爾文《人類的由來》，第七六八頁。
❹ 野豬使用長牙相鬥。
❺ 見《科學美國人》（Scientific American），一九九五年二月。

自然界的戰爭和人類戰爭

達爾文提出了「生存鬥爭」這一重要概念。他是從廣義上來使用這一術語，理解這一概念的。

比如在飢饉的時候，兩隻狗類動物彼此爭奪食物，便是眞正的生存鬥爭。同種動物爲了爭偶，常導致傷亡、流血。

達爾文說，最劇烈的鬥爭差不多總是發生在同種的個體之間，因爲它們居住在同一地域，需要同樣的食物，遭受同樣的威脅。（尤其，在繁殖過剩、食物奇缺和生存空間不足時）

比如亞洲小蟑螂進入俄羅斯境內後，它到處驅逐同屬的大蟑螂。自蜜蜂輸入澳洲後，當地的無刺小蜜蜂便宣告滅絕。爲了概括自然界的這一普遍事實，達爾文用了這樣一個術語：

「自然界的戰爭」❶

在植物界，這戰爭也是劇烈的，殘酷的。這尤其表現在同種的變種之間。比如把小麥幾個變種的種子混合播種，其中最適宜於該地的土質或氣候的，或是自然生殖率最高的變種，將戰勝其他變種。因爲它結實最多，所以幾年之後，它會把其他變種排擠掉。

再就是一種野芥菜會排擠掉另一種田芥菜。於是達爾文驚嘆：「在每年各自散播成千種子的樹類之間，曾經進行著何等激烈的鬥爭；昆蟲與昆蟲之間，進行著何等激烈的鬥爭……」

不過，這種激烈、殘酷的程度，比起人類戰爭畢竟是小巫見大巫。

比如越南戰爭。一九七〇年，美國對越南最後一次使用了一種除草落葉劑（橙劑）。它能使樹葉大量掉落，使游擊隊無法利用叢林藏身。現在大片樹林已恢復了生機。但橙劑還在繼續置越南人於死地。同北越人比較，南越人的自然流產要高出九倍；怪胎多出一倍。病人有免疫系統紊亂的症狀。肝炎、肝癌、肺結核和先天性缺陷的發病率遠高於其他地區。這將影響三代人。如果考慮到染色體受到了破壞，影響還會持久。

當年負責噴洒橙劑行動的美國指揮官表示，他並不對此感到後悔，因爲使用了橙劑，美軍的死亡率開始大幅度下降。

如果達爾文目睹了越南戰爭，他又會發出什麼樣的驚嘆呢？人類戰爭的殘酷性還遠遠不止這些。比如，在動物身上都有一種抑制攻擊的機制。在狼同狼互相攻擊的時候，只要戰敗者表示認輸，夾著尾巴逃跑，戰勝者在這種時候大體上總是立即停止進攻。要知道像狼這種凶殘的動物只要一口就能把對手的頸動脈撕裂開，致敵方於死地。

可是作爲高等哺乳動物的人，在他身上雖然也有抑制攻擊的機制，但它經常不起作用，尤其是在萬惡的侵略者身上。

在人類戰爭史上，大批屠殺戰俘的事件是屢見不鮮的。比如侵華日軍的暴行，以及日軍攻占新加坡後對待英軍俘虜的凶殘。菲律賓的美國戰俘慘遭滅頂之災尤其典型。自一九四二年四月至一九四五年八月，日軍屠殺美軍戰俘事件就有十四件之多。比如一九四四年十二月廿四日，被關在菲律賓巴拉淪島戰俘營的一五〇名美軍士兵慘遭殺害便是其中一起。那天中午，日本當局故意響起了空襲警報，日本士兵連喊帶打將戰俘趕進防空洞。他們將一桶桶汽油潑向洞內，讓大火燒進去。日軍向衝出洞口的美國人猛烈射擊。有幾個戰俘雖然衝了出來，但不是被刺刀挑死，就是被一陣亂棍打死。（最後只有五個美國人逃進了原始森林）

一九四五年二月廿八日，美軍在巴拉淪島登陸。在防空洞內，他們發現不少骷髏仍然保持當時被活活燒死的恐怖姿勢兩隻手臂向前伸出，扒著洞壁。

日軍瘋狂屠殺美國戰俘出於以下原因：

第一，爲了報復美軍飛機的轟炸（復仇、仇恨是開戰的最主要感情）；

第二，爲了取樂。比如，日軍用刺刀在戰俘身上亂刺，然後將汽油潑在他腳上點火取樂。美國人痛苦地扭動，在地上翻滾，日本士兵則狂笑不已。這便是克勞塞維茨所說的「戰爭要素原有的暴虐性」，即盲目的仇恨和自然衝動，這是一種原始的、野性的窮凶極惡的衝動，就像男孩子用開水燒、用火燒螞蟻窩那樣殘酷。

第三，給養供應困難，戰俘成了日軍的負擔，所以決定把美國人乾脆殺掉。

二戰期間，一九四〇年發生的震驚世界的「卡亭」（Katyn）事件，是另外一個例子。一九四〇年三月五日，當時蘇聯的克格勃首腦貝利亞向斯大林報告說，有大批前波蘭軍官、前警察局和知識分子團體骨幹、反革命民族主義黨派成員……目前正作爲戰俘關押在蘇聯NKVD集中營和烏克蘭、白俄羅斯西部地區的監獄。「所有這些人都是蘇維埃政權的死敵」。（這當然是欲加之罪）

根據斯大林的命令，這些波蘭戰俘全部被蘇聯當局秘密處決。地點就在「卡亭森林」內。被害總人數爲二五七三六人。其中被俘波蘭軍官遭槍殺的就有一二〇〇〇人。❷

在人類文明戰爭史上，像這樣大規模地屠殺戰俘的暴行還是罕見的。其實，當時的蘇聯和納粹德國都站在各自的立場，幾乎在同一時間對波蘭進行了武力瓜分。計有廿四萬波蘭軍人做了俄國人的俘虜，被分別關押在三個戰俘集中營。我們想起美國總統林肯說過這樣一句話：「道德上站不住腳的行爲，它在政治上也不可能站住腳。」（說得多精闢！）

是的，男性荷爾蒙作爲一種本能的生物化學能量，它有善和惡、建設世界和破壞世界這兩個截然不同的方向之分。頌揚善，譴責惡，是讀者手中這本書的主題。

不錯，戰爭是政治的工具。但僅用這個單一觀點還不足以解釋以上暴行。

人類無數次的非正義侵略戰爭比起自然界的戰爭（即使是狼與狼之間的戰爭），不知道要凶殘多少倍。當然，最殘酷的人類戰爭還要數動用核武器、化學武器和生物武器。那將是世界的末日。但願這不是廿一世紀人類的結局。

❶ 達爾文《物種起源》，謝蘊貞譯，一九七二年，科學出版社，第五二頁。

❷ 《卡亭，種族滅絕文獻匯編》，一九九三年，俄、英文對照本，波蘭科學院研究所主編。一九九五年，上海電視台播出了從卡亭森林掘出成堆骸骨的記錄片，令人毛骨悚然。

指揮荷爾蒙的司令部：視床下部

——「快感原理」的生物化學基礎

拿破崙生平身經百戰，作戰無數；他同女人的風流艷事同樣也多得數不清。我們驚訝地發現，好鬥和性愛這兩大行爲的軌跡原來是兩條相對應的平行線！拿破崙的活動能量之大，令人吃驚。據說，他可以同時向幾個秘書口述內容全然不同的文件，使秘書們手忙腳亂，而他自己卻泰然自若，有條有理，游刃有餘。在攻打奧地利戰役的指揮間隙中，他仍然能寫火熱的情書。在炮火的轟隆聲中，他依舊可以悠然地抒發他渴望同情人幽會的相思之情。

所有這些活動能量的來源，無不來自男性荷爾蒙的作用。荷爾蒙是由腦的視床下部產生的一種內分泌物質，它通過腦下垂體和甲狀腺的作用，使全身的交感神經處於興奮狀態。（睪丸內分泌與腦下垂體前葉的促性腺激素具有交互的影響）在這樣高度興奮的狀態裡，人就會心情舒暢，幹勁十足。（荷爾蒙的作用極其複雜。內分泌腺的活動必須直接或間接受神經系統特別是受高級中樞的控制）

視床下部本身是控制「食慾」與「性慾」這兩個人類最基本、最重要慾望的大腦解剖部位。在這裡使我們不得不欽佩的是：早在兩千多年以前，我們中國的孔夫子就以他的哲學家的推測力和洞察力，說過「色、食，性也」的話，他的意思是說，食慾與性慾是人的本性。雖然到今天我們才知道，管理這個「人的本性」的生理部位是在人腦裡的視床下部。

視床下部被稱爲「動物腦」，同管理人的情感、人的喜怒哀樂的大腦邊緣系統聯接在一起。因此，當人餓極時會「發怒」，接著會產生強烈的攻擊性。相反，吃飽喝足，人的情緒就會快活，洋洋自得，進入「飽暖思淫慾」的狀態。

同視床下部聯繫著的A10號神經（其實它本身就是由荷爾蒙進化而來的神經細胞），又被稱爲「快感神經」（Pleasure Nerve）。由於它的存在，人的生命才充滿了甜酸苦辣種種滋味。當A10號神經受到刺激，它的神經纖維就會產生妥巴敏、恩特爾芬等分泌物，此時，人的精神會感到非常興奮，心情非常舒暢，處於「神清氣爽」的狀態。海洛因之所以被稱爲「興奮劑」，就是因爲強烈地刺激A10號神經，使之產生大量的妥巴敏之類的分泌物的緣故。因此，這些分泌物也可以叫做「腦內麻藥」（據腦科學家的研究，這類被發現的「麻藥」在人的腦內已經有廿五種之多，它們的麻藥含量是鴉片的一〇%。）即使不使用海洛因之類的興奮劑，人本身的行爲，也會刺激A10號神經，產生腦本身的興奮劑，替他帶來快感。比如：有的人喜歡跑馬拉松。據說，在跑到一定的距離和一定的時間之後，他會感到非常的舒服，心情舒暢。現在我們明白，這是A10號神經受到了刺激，開始分泌腦自身的興奮劑的緣故。

有的人喜歡玩麻將。據說，只要一上牌桌，精神會特好，甚至連小病都可以治好，所以他們玩麻將，戲稱爲「衛生麻將」。因爲它有益於身體健康。也許我們可以說「麻將即麻藥」，因爲「牌骨一響，眼目清亮」。麻將在此時此刻起到的是麻醉作用，A10號神經一旦受到刺激，妥巴敏就開始活動起來……

還有的人喜歡寫作。只要稿紙一攤開，筆就會不由自主地活動起來。平時沒有想到的靈思妙想都會自動跑到筆尖，不擇地而湧現出來，越寫越歡暢，幾乎到了欲罷不能的程度。因爲，A10號神經受到刺激後，替他帶來的是極大的快感、興奮。

有的人喜歡耽於空想，什麼事也不幹，在幻想中過日子，沉浸在「白日夢」裡。如古代印度哲人在恒河邊上散步，瞑思玄想，他們同樣也會獲得絕妙的、自得其樂的快感。

這樣的例子舉不勝舉。我們也許可以這麼說，人的許多行爲，都受這個「快感」作用所左右。問題是人與人之間的接受刺激的方式或者說獲得快感的途徑是各不相同的，存在著所謂的「個體差」即「個性」。

在此，我們發現有兩個值得注意的地方：

一、人的行爲往往在追求快感。所以弗洛伊德說，人生的目的主要是由快感原理（Pleasure Principle）所決定。

二、追求快感的方式是定型的。

我們知道，對A10號神經的刺激烈以有種種內容。但「性慾」與「食慾」（即「飽暖思淫慾」）始終是最強烈的兩個因素刺激源。

是的，我們在這裡提出了「刺激源」這個新概念。在人類行為裡，「刺激與對刺激作出反應」這一生物基本機能起著很大的作用。作為人類這一群體，其成員是既有共性又有個性。

就人類的共性來說，比如人基本上都有求生存的慾望；也希望在綠州中生活，而盡量遠離大沙漠（除非迫不得已，或者負有使命）；無論是誰站在老虎的面前，都會有一陣恐懼和緊張感。就是對美、醜、善、惡，大體上也有相同的要求，正是由於這一共性的存在，作為人類的群體的社會才能得以成立並維持下去。

所謂個性的差異就是表現在各自對同一「刺激源」作出不同的反應，以及對不同「刺激源」的追求。

比如，有的人喜歡聲色犬馬，而有的人卻非但不喜歡，反而避之唯恐不及；同樣聽音樂，有的喜歡古典音樂比如雄壯的貝多芬《第三英雄交響曲》。而有的人則愛聽傑克遜的節奏強烈的《眞棒》（Bad）。這就說明人對同一刺激源的不同反應，而正是追求快感、熱衷於能使自己特別興奮的刺激源，才形成了大千世界中的形形色色的個性。

比如，香港的億萬富翁李嘉誠、霍英東，他們做生意幾乎已不是單純為了賺錢，因為他們的財產多得連自己擁有多少也未必清楚，而是做生意這樣的行爲活動過程本身，使他們興奮，刺激，替他們帶來快感，儘管我們也可以把它稱之爲「成就感」或者其它什麼。

再比如，在第二次世界大戰後的紐倫堡審判席上戈林等戰犯受到審判，當時的新聞報紙稱這一夥戰犯爲「戰爭狂人」。「戰爭狂人」，也許不單純是一個簡單的名詞，今天我們從生物化學角度來理解，他們是一群以「戰爭」作爲「刺激源」的怪人或罪犯。因爲只有戰爭行爲本身才會替希特勒及其一夥帶來刺激、快感和興奮。

在文化革命中，我們也遇到過不少以「整人爲樂」的所謂的「運動痞子」。電影《芙蓉鎮》便刻畫了這樣一位女領導。只要是搞運動，他們的耳朵就會伸得特別的長，眼睛會發出一種特殊的光亮，看見善良人們在遭殃，他們就會幸災樂禍，既興奮又滿足。這是典型地「把自己的快感建築在別人的痛苦之上」的行爲。在政治上他們是可惡的虐待狂，而在生物學意義上卻是變態的可憐蟲！

因此，我們有充分理由可以這麼說：「刺激源」的不同，決定了人的生活方式（Life Style）的不同。或者說，你的「刺激源」是什麼，你就是什麼樣的人。正是「刺激源」從一個側面將人劃分、區別了開來。人類的行爲會執拗地朝自己喜歡的地方運作，這就是「快感原理」在起作用。

當我們一旦明白了人在很大程度上是按「快感原理」在進行活動的時候，我們也就不難明白，爲什麼許多文明人在走向戰場以後，會變成「嗜血成性」機器的一個零件。因爲「戰場」這一特殊環境給侵略軍會帶來特殊的刺激源。在一旦嘗到了殺人的「快感」後，就會陷入爲殺人而殺人的罪惡惡性循環中，就像近年來犯罪心理學家所發現的許多「無明顯目的殺人」的殺人犯一樣。（Murder without apparent motive）我們也可以把二戰時期的德國黨衛軍和侵華日軍稱爲「殺人快感」的迷戀者。

由此可見，杜絕戰爭，對人類「快感刺激源」的和平管理和控制，是多麼重要！它不但是人類行爲主義者的一項艱巨任務，也是人類所有成員所必須正視的現實。當我們知道「人心」這架大機器的秘密越多，就越應該學會怎麼去安全、妥善地使用和管理它，駕馭它。

＊　＊　＊

在這裡，我們再補充說明一下荷爾蒙同A10號神經的關係。「荷爾蒙」起初只是許多內分泌物質中的一種名稱，後來所有的內分泌物質都被稱爲「荷爾蒙」。而以其中控制性的荷爾蒙，比如本書的主角「男性荷爾蒙」，便成了最爲出名的一種。它又被稱爲「分子語言」，這是在一九七五年挪威學術會議上所決定的名稱。

爲什麼科學家們把「荷爾蒙」又叫做「分子語言」呢？

如果說我們把人理解爲一個完整的信息系統的話，而「荷爾蒙」本身起的作用就是交流信息的作用。在地球，最初產生的是單細胞微生物，直到一、二億年以前，單細胞在水中把自身的一分子化解出來，它作爲分子之間的信息傳達者，從而進化爲多細胞。它是由體內分泌的流動性的物質，荷爾蒙則是由荷爾蒙細胞分泌出來在像血液一樣的體液裡活動著。隨著生物從海洋走向大地以後，爲了應付複雜的環境，內分泌物質本身也在進化，它由荷爾蒙分泌細胞進化成神經細胞。如果用傳達電波的電線來比喻，那麼，荷爾蒙分泌細胞的傳遞速度就是：每秒一英里，而進化成神經細胞後的速度則爲：每秒一〇〇英里。但並不是所有的荷爾蒙分泌細胞全部都進化爲神經細胞。在人的大腦存在著這樣三種細胞形態：

1.有髓神經細胞　主管「知」的功能；

2.無髓神經細胞　主管「情」的功能；

3.荷爾蒙分泌細胞　主管「意」的功能。

而A10號神經細胞是屬於無髓神經細胞這一類。它本身仍然同荷爾蒙一樣產生分泌物質，如妥巴敏等，對人的精神產生作用。如果是由性刺激產生的分泌物，那麼它就是男性荷爾蒙。

由於A10號神經伸向大腦新皮質的前頭連合野，它又在人的「創造性行爲」中發揮重要的作用。我們知道，前頭連合野是專門負責人的「願望」、「創造」和「幹勁」（即想幹些什麼的衝動）的。由視床下部產生的「性慾」刺激A10號神經，使之分泌大量的男性荷爾蒙；接著便刺激前頭連合野，產生強有力的活動能力，無論幹什麼事情，都精神百倍，效率極高。這就是拿破崙之所以「既愛江山又愛美人」的生物化學秘密。

我們中國古人觀察到許多事業成功者同「性」有關聯的現象，所以有「英雄難過美人關」這樣的說法。但是在腦的秘密漸漸被破解的今天，我們明白了「英雄」與「美人」之間的因果關聯是非常密切的。「英雄—美人情結」大體上是對的，這是人性的情結。因爲人的行爲構造是：視床下部的「性慾」先發出指令，A10號神經受到強烈的刺激，大量的具有麻醉作用的物質被分泌出來，刺激前頭連合野，然後才會產生巨大的活動能量。比如西班牙鬥牛士和比賽場上足球運動員的幹勁倍增。（詳盡實例見本書第六編有關章節。）

* * *

下面，爲了進一步了解「英雄美人情結」，讓我們再從「搶婚」看暴力與性行爲的平行關係：

在未開化的部落裡有一種「搶婚」的風俗。我們知道，所謂男性荷爾蒙表現出來的「雄風」，原是在顯示一種強健的體魄，一種剽悍，一種野性，原始的野性。而充分施展其原始的攻擊性，掠奪女人也許是最適合表現男性荷爾蒙的一種形式了，而且也是最直接了當的、最刺激的一種方式。

唯有通過「搶奪」，才能把男性的攻擊性發揮得淋漓盡致。在我們的意識中，也許只有「搶奪」來的女人，才是屬於自己的女人，是完完全全屬於自己的戰利品，當他握有這個戰利品的時候，他的征服慾望才達到了登峰造極的地步。

現在，我們從蒙古人「賽馬」風俗中還可以看出當時的遺風：年輕的小伙子騎著馬，爭奪「標羊」。如果誰奪得「標羊」，誰就是最勇猛的騎手，應該得到榮譽和姑娘們的青睞。其實，今天的「標羊」便是由「搶親」演變而來。

在古代印度，也有類似讓青年男子顯示「雄風」的體育競賽大會，其運動項目包括：射箭、鬥劍、馬術等。佛教創始人悉達多・釋迦牟尼在離家修道前就曾是個體育健兒，參加競賽，成績優秀，就像今天的「十項全能」冠軍那樣出類拔萃。他同精通十八般武藝的表兄提婆達多相拼搏，而終於勝過他，贏來了王國裡最美的女人。

雖然沒有採取直接搶女人的形式，可是最漂亮的女人應該屬於男性荷爾蒙最強的男人，這在世界各民族的意識中，顯然是天經地義、理所當然的事。

在現代文明社會，我們當然看不到「搶婚」的現象，但在影視上和小說中卻常可以看到「佳人有難，英雄救美」的驚險情節。在這裡，男性荷爾蒙的最佳表現不是反映在「搶」的活動上，而是在「救」的行爲上，這同樣也要求強健的體魄與對手作頑強的搏鬥。（美國好萊塢「西部片」就永遠地、反覆不變地表現這一扣人心弦的主題。據說，斯大林就很喜歡看這些「西部片」，儘管他的意識形態同美國人簡直就是格格不入）這類情節成千上萬次的重複，正反映了在當代青年男女的心裡潛伏著對「英雄美人情結」的原始崇拜和嚮往。

再比如史特龍和阿諾・史瓦辛格的強悍過人，還有羅傑・摩爾的「〇〇七」既風流倜儻又機智善戰，都引起了全世界女子的仰慕；而「佐羅」的出現，則使中國大陸許多談情說愛的小伙子平添了一個共同情敵：啊蘭・德隆。在影片中，他主持正義，殺富濟貧，又饒勇善戰，風度翩翩，無疑成了整個一代少女最崇拜的偶像。

文革期間，許多有文化修養的女人嫁給了喜歡在外面打打殺殺的流氓，究其原因，依我們看，一則在動亂的年代，身邊有個強壯的漢子，確實可以給女性以相當的安全感；二則，好鬥的男性本身對女人天生就具有性的吸引力。這一現象也是對本書書名《戰爭與男性荷爾蒙》的一個小小的注腳。

我們是新腦定位主義者

——動物攻擊行爲和人類攻擊行爲的神經生理學基礎

要了解人類的一切行爲，必須先了解腦基礎解剖部位和神經系統生理學。每個部位負責指揮、管理、支配某個或某幾個動作和行爲。我們確信，在部位和行爲之間存在著對應關係或因果關聯。

一、我們推崇「實驗哲學」

中醫所說的「中風偏癱」，就是西醫所說的腦栓塞。其後遺症是半身不遂，行動不利，失去肢體功能。這是衆所周知的事實，此外還有這樣一些基本事實：若頭部嚴重受到外傷，其人格會發生變化；對事物進行概念抽象的能力會有所減退，患者的軀體會出現很明顯的不靈活動作，如僵化、重複和刻板行動。野戰外科處理過許多腦外傷傷兵便是些實例。所有這些說明人的某個行動、動作是受大腦某個部位指揮的。大腦器官和內分泌學基礎研究成果，是我們這本書的「地基」，如果我們把《戰爭與男性荷爾蒙》這一論著看成是一幢四層樓高的建築物的話。

在西方，早在十七、十八世紀，一些科學思想家（比如偉大的笛卡兒）就在猜測、探索精神或靈魂活動同大腦某個部位的對應關係。當時，這些思想家提出來的學說不是依靠臨床觀察和實驗，而是靠哲學思考的大膽推測確立起來的（比如笛卡兒猜測：宇宙總能量是守恒的。這一推測是何等大膽，又是何等的氣魄！它越來越得到現代物理學的證實）。

早在莫札特時代，歐洲就風行一門叫骨相學的學問。骨相學學者認爲，人的心理活動同人腦的各個部位（比如總共分四十二個部位）是有關聯的。人腦係由許多獨立部位（或器官）組成。每個器官控制一種本能行爲。圖表三便是十八世紀骨相學的精髓（自K. W.沃爾夫《神經心理學》，科學出版社，一九八四年第十五頁）。

從今天的腦科學成就來看骨相學，它無疑是幼稚的，有些地方甚至還是牽強附會的，可笑的，純屬猜測的。

不過，我們的笑可不能過分，更不可加以嘲笑。人類所有的科學技術都有個穿開襠褲的幼稚童年階段。十九世紀末的自行車、汽車和二十世紀初的飛機是多麼幼稚啊！再過一八〇年，當我們的後代回過頭來看我們今天的波音飛機和汽車，肯定也是很滑稽的，可笑的。但不會嘲笑，也不可以嘲笑。

骨相學的圖表畢竟引起了我們的極大興趣。大腦第十二、廿七、四一和三五部位分別主管情愛、好鬥、破壞性和建設性行爲。因爲人類這四種行爲正是《戰爭與男性荷爾蒙》一書要分析的對象。

十八世紀的骨相學家在哲學上是決定論，他們信奉因果律。他們是舊的腦定位主義者，舊的目的行爲主義者。

骨相學說裡面有合理的內核，有黃金的細小顆粒。今天我們的任務就是「披沙探珠」，把泥沙披去，挖出閃爍相對眞理的珍珠。

骨相學是今日腦科學研究的先驅，是它的前奏，是第一個「燒餅」。有個笑話說，從前有人吃燒餅，一連吃了三個才飽，他後悔不該吃第一、二個，只要吃第三個就行了。這個人犯了一個大錯誤：沒有一點科學的歷史意識。

一八六一年布羅卡（Broca）的發現是舊定位主義向新定位主義邁出的重要一步。這年他檢查了一個叫「Tan」的病人的大腦。該病人在一天前死去。生前他喪失了語言功能，只能說「Tan」這個字。病變位於腦左額葉後部。不久，布羅卡又查出了一個類似的病例，證實了他的因果見解：因為腦額葉發生病變，所以有失語症（因果律的邏輯結構是：「因為，……所以……。」其實，我們撰寫讀者手中這本書，也是根據因果律：「因為人體內有男性荷爾蒙，所以有好鬥行為。」）。

後來，布羅卡還陸續發現了類似的病例。作為一位嚴謹的科學家，他很慎重，說：「我不敢作出結論，我要等待新的發現。」不過其中有一點使他驚訝不已：

所有這些病例的病變部位，都在腦的左側！

終於在一八八五年，布羅卡發表了他的一篇令世界震驚的科學論文，說：「我們是在用左大腦半球說話。」

這是一句充滿了自然哲學智慧的格言，它來自對許多實驗事實的概括。

我們喜歡聽到這類格言，恰如岸邊的貝殼喜歡聽到太平洋的波濤聲。這是來自精神故鄉的呼喚。

每一聲於我們都是一種靈魂的安慰。再比如以下類似於格言的定律：

「電荷產生的磁場與電荷的速率成正比。」

「動物在其發育還沒有達到極度的時候，器官愈是常使用，便愈發達。它的能力的進步是同使用它的時間成正比的。」

其實，我們倆人攜手合作撰寫《戰爭與男性荷爾蒙》這本書的最高目的，也是想使這一格言變得有血有肉些：

戰爭作爲人類的一種暴力、攻擊行爲，它同體內男性荷爾蒙是有著一定的因果關聯的。（而荷爾蒙同腦又有千絲萬縷的聯繫，以致於一九八〇年David de Wied等人主編了一本三三七頁的論文集，題目就叫《荷爾蒙與腦》，英文版。的確，在下丘腦、腺垂體和性腺之間存在著相互聯繫、相互控制的複雜網絡）

我們並不過分誇大這種關聯的作用。我們僅僅把它看成是對克勞塞維茨這一戰爭哲學論斷的一個小小的但決不是可有可無的補充：

「戰爭是政治通過另一種手段（即暴力）的繼續。」列寧曾多次引用這句格言，並說：「馬克思和恩格斯一向就是從這個觀點出發來考察各種戰爭的。」（見列寧：《社會主義與戰爭》）

現在若是再加進一點點男性荷爾蒙的觀點來重新考察人類歷史上的各種戰爭，那麼，我們便能看得更全面、更深層些。因爲它更符合客觀實際情況（注意，我們說「再加進一點點」，並非出於什麼主觀願望，並非出於對杜撰的偏愛或是心血來潮，而是出於客觀事實存在的壓力，無法迴避、抗拒的壓力）。

事實上，二戰後，近半個世紀的比較行爲生理學（Verhaltensphysiology）、行爲生理學（Ethophysiology）、行爲解剖學（Ethoanatomy）和神經行爲學（Neuroethology）的基礎研究發現表明，動物的行爲同腦的某個部分是存在著嚴格因果關係的！正是這些基本事實的發現才引起了我們多年的活躍思索。最後，我們把這些事實同人類的戰爭行爲用因果鏈聯結起來，也是邏輯的必然。我們相信，我們這樣做絕不是牽強附會。

我們尤其忘不了赫斯等人（Hess和Bruegger）用電刺激貓下丘腦觸發有動機的行爲研究，以及西加爾（J. Segaar）研究了三棘刺魚腦額部損壞後對先天運動行爲的影響。赫斯（W. R. Hess，一八八一—一九七三）是蘇黎世生理研究所所長。一九四八年他發表《間腦的機能組織》；一九五六年出版專著《下丘腦與丘腦》。他用弱電流刺激動物（比如貓）的下丘腦某一部位，發現可使動物恐懼而逃跑；刺激另一部位，可使溫順的貓發怒；再換個部位刺激，又可使貓表現出冷漠，蜷縮成團而入睡。一九四七年他榮獲生理學及醫學獎。（我們特別關注能使貓發怒的那個下丘腦部位，因爲我們聯想到人的憤怒，憤怒是戰爭的最主要感情之一）

神經行爲學淵源於腦生理學；它的可靠性在於對行爲進行定量分析。（不過對人腦這一非常複雜系統的研究，想要得出詳盡的、定量的回答尚有一大段距離）

金（Kin）於一九七〇年發現，損壞海馬（即邊緣系統中最顯著的一個結構）後的動物，其攻擊性動作（Aggressive acts）會減少。這使我們聯想到人：人的攻擊性行爲是否也受到海馬結構的指使或支配呢？

一批動物的腦損毀實驗，證明侵略行爲同腦部位的確有因果關聯。在動物腦內有一種抑制侵略（攻擊）行爲的機制，如果使貓、猴或狗大腦皮層同腦幹（腦分三個主要部分：大腦半球、腦幹和小腦）部分地或完全地分離，那麼，這種抑制機制便會消失，動物即刻會處於激怒狀態。外界只要有一丁點刺激，它們即作出反應。

是的，在動物的腦結構中，有一種阻止、抑制攻擊和侵略行爲的機制。西班牙神經科學家德加多（Delgado）的電刺激實驗表明，他能用搖控刺激阻止公牛衝向紅布，並使其變得溫馴下來，不再攻擊，退出戰場。他說：「通過腦點電刺激來控制人的運動、感情和行爲，使人像機器人那樣活動，是完全可以辦得到的。」

這一實驗報告給了我們許多自然哲學智慧的啓示。我們又一次領悟到：人是動物的一種。人的攻擊、暴力和侵略行爲是受人腦某個解剖部位的支配的。在人的原始部落階段，這一關聯很露骨。在現代人身上，這一因果關聯則被文明的重重外衣掩蓋了。我們撰寫這本書，正是試圖揭示這層層外衣。

是的，用點電刺激一隻安靜貓的下丘腦，貓會大怒、豎毛、拱背、張牙舞爪，甚至對無害目標也會施行瘋狂的進攻。（這是無任何明確、具體目的的攻擊，更引起我們兩位筆者的重視）

如果事先將下丘腦和中腦區破壞，那麼，刺激便不再發生作用。

一九六〇年，西德《自然科學》（Naturwissenschaften）雜誌載有著名學者荷斯特（E. von Holst）的實驗報告：一隻公鷄站在一隻已經剝製的臭鼬旁邊，牠沒有任何反應。只要電刺激其腦幹特殊位點，那麼，公鷄便會立即攻擊剝製的臭鼬。電刺激一停止，公鷄即刻停止攻擊行爲，僅略示威嚇（恫嚇）姿勢而已。

我們撰寫《戰爭與男性荷爾蒙》這本論著，不可避免地要提到哺乳動物腦的一些部位如額葉，杏仁核，海馬和下丘腦，目的無非是想尋找覓食、飲水、攻擊（侵略）、防衛、逃避和性活動等行爲的神經基礎。（注意，攻擊行爲只不過是這許多行爲中的一種行爲罷了）

比如，若用凝結法把腹內側核（HVM）破壞掉，那麼，貓或大白鼠便會出現猛進食物的行爲，以致於它們最後會吃得太飽而撐死。若毀壞外側核（LHA），則會出現完全相反的效應：動物會拒食，最後又會活活餓死。或者說，動物下丘腦外側區一旦被損毀，動物便不食不喝。可見，該解剖部位是「飢餓中樞」。當然還有猛進食的「飽食中樞」。本世紀六十年代，一批西方學者應用化學刺激方法對下丘腦的「飢餓中樞」（Hunger center）和「飽食中樞」（Feeding center）進行了一批經典實驗，給我們深刻印象。比如一九六〇年愛普斯坦（Epstein）用五%高滲透鹽溶液注射到動物下丘腦外側區，便會引起動物進食。可見HVM和LHA這兩個部位是調節動物攝食的。

由此不難推測：人的好鬥、攻擊行爲和性衝動行爲，也是受大腦某個區域支配或管理的。要知道，性快感的中心在大腦而不在（男女）生殖器！所以有人說：「性快感在雙耳之間，而不是在兩腿之間。」（說得多形象，多精闢！）我們特別看重這種對動物和人的行爲作出「因果性的生理解釋」（Causalistic physiologicalexplanation）。

用性激素（性荷爾蒙）刺激腦的實驗，更引起了我們的關注。對現代神經生理學的一些精密儀器和實驗裝置，我們表示由衷的敬佩。把有關人性的研究建築在這樣一些實驗基礎之上是值得大家信賴的。我們偏愛這樣的「實驗哲學」。

比如，若用精巧的注射儀器和微管，把睪酮（一種雄性荷爾蒙）注射到雄性或雌性大白鼠「視前區的中央部位」（位於下丘腦前方），雄、雌兩種性別的大白鼠在令人吃驚的短暫時間內都會表現出母愛行爲：作窩，並把爬散在四周的幼鼠拉入窩內！如果沒有幼鼠，則雄、雌成年鼠都會成爲替身。

若把睪酮注射到同一腦區中央部位稍微偏外側一些的地方，那麼，雄、雌大白鼠均有雄性性行爲發生：試圖同任何夥伴交配。[1]

K．洛倫茲在他的名著《動物與人的行爲研究》一書中曾多次論述過「好鬥行爲」或「侵略行爲」。他多次提到荷斯特的「神經生理學」的成果。

在洛倫茲的術語中，有「Aggressive drive」（侵略內驅力）這一術語。（見第二卷，第一三四，一四九，一六二，一八四，一八五，一八六，一九二，一九三）在近代西方心理學文獻中，「內驅力」是一個重要概念。它有一種生物本能能量的意思。「侵略內驅力」相當於「侵略本能」。有「侵略內驅力」，就有「逃避內驅力」、「社會內驅力」和「生殖內驅力」。

洛倫茲的一生致力於研究行戊（ogic），尤其是動物行爲學。該學問的對象是動物和人的行爲。他建議研究動物行爲學的人務必要到動物生長的環境中去了解牠們，而不要把牠們關在實驗室去進行研究。至於對人的行爲研究更是如此。有機系統是人的社會行爲的基礎。

分析該系統是最艱難的但也是最誘人的一項任務。因爲人作爲一個有機體系是地球上最複雜的一個體系。

在美國常有許多犯人被假釋，但在獲得假釋期間，犯人必須定期地向指定的假釋官報到。由於人的行爲由腦決定，美國科學家提出建議：即通過在假釋犯人的腦中移植幾十根電極，用以刺激大腦控制犯人的行爲。比如，某個犯人原先是個強盜，被假釋後，有一天夜間路過商店，歹念又陡起，這是搶劫的衝動。這時候他體內被移植的電極就把他肌肉緊張、呼吸增加和心跳數的加快等生理反應信息通過電波，迅速傳遞到警察局。警察局立即通過電波刺激人腦內的電極裝置，抑制他即將要去作案的衝動。這種做法被稱爲「生理上的監視」。（見加利福尼亞大學出版的《犯罪學雜誌》，一九七八年七月號第廿九頁，作者是英格拉姆（B. Ingram）和史密斯（J. Smith））這些犯罪學的生物學事實是當代科學的成就，令我們驚訝！我們不由想到人性改造這個課題。

二、評克勞塞維茨《戰爭論》

他寫這部經典專著可謂是「吾道一以貫之」。他的「道」就是：

「一切戰爭都可以看作是政治行爲」；「即使政治眞的在某一種戰爭中好像完全消

失了，而在另一種戰爭中卻表現得很明顯，我們仍然可以肯定地說，前一種戰爭和後一種戰爭都是政治的。❷

一百多年來，全世界的政治家都喜歡讀到並且極力推崇這段論述。只有現代人類行爲學家或神經行爲學家覺得它有點小小的欠缺或美中不足。克勞塞維茨繼續寫道：「由此可見：第一，我們在任何情況下都不應該把戰爭看成是獨立的東西，而應該把它看成是政治的工具。只有從這種觀點出發，才有可能不致於和全部戰史發生矛盾，才有可能對它有深刻的理解；第二，正是這種觀點告訴我們，由於戰爭的動機和產生戰爭的條件不同，戰爭必然是各不相同的。」（第四五頁）

說得很精闢！果然是位戰爭哲學家啊！它對讀者非常有啓發性。不過恰恰是他把人類歷史上的全部戰爭都看成是政治的工具，才同全部戰史發生了一點小小的矛盾，而無法達到更深刻更全面的理解。

正是因爲覺察到了這點小小的矛盾，這點同全部事實不完全符合，才激發了我們最後拿起筆來撰寫《戰爭與男性荷爾蒙》。（愛因斯坦在他半個世紀的物理學創造之餘，在他對戰爭的本質的起因作深層思考的時候，也領悟到了把人類戰爭都歸結爲是政治的工具這一哲學論斷還不足以概括戰爭的全部原因，尤其是隱蔽的原因）我們只有加進了、補充了「男性荷爾蒙」和腦的某些部位，克勞塞維茨的觀點才不致於和全部戰爭史發生矛盾。

但克勞塞維茨畢竟是西方的智慧；畢竟是位善於深思明辨的德國的「戰爭哲學家」。（他同黑格爾是同時代人）在第四六頁，他好像覺得光用「政治的工具」還不足以概括戰爭的全部本質，所以他作了些意味深長，但仍然是非常模糊不清的補充：

「因此，戰爭不僅是一條眞正的變色龍，它的性質在每一具體情況下都或多或少有所變化，而且，透過戰爭的全部現象就其本身的主要傾向來看，戰爭還是一個奇怪的三位一體，它包括三個方面：一、戰爭要素原有的暴烈性，及仇恨感和敵愾心，這些都可以看作是盲目的自然衝動；二、概然性和偶然性的活動，它們使戰爭成爲一種自由的精神活動；二、作爲政治工具的從屬性，戰爭因此屬於純粹的理智行爲。

這三個方面中的第一個方面主要同人民有關，第二個方面主要同統帥和他的軍隊有關，第三個方面主要同政府有關。戰爭中進發出來的激情必然是在人民中早已存在的；在概然性和偶然性的王國裡，勇氣和才智活動範圍的大小取決於統帥和軍隊的特點；而政治目的純粹是政府的事情。

這三種傾向像三條不同的規律，深藏在戰爭的性質之中，同時在起著不同的作用。任何一種理論，只要忽視其中的一種傾向，或者想任意確定三者的關係，就會立即和現實發生矛盾，以致毫無用處。

因此，我們的任務就在於使理論在這三種傾向之間保持平衡，就像在三個引力點之間保持平衡一樣。

這便是克勞塞維茨有關戰爭性質的「理論上的結論」。儘管裡面有不少含糊處，但畢竟有許多哲學智慧的洞見。我們尤其對他的「盲目的自然衝動」感興趣。這仇恨感和敵愾心涉及到群體被（壞政治家）煽動起來的群體。因爲一個或一小撮政治家是打不起一場戰爭的。戰爭是群體行爲。

腦科學、內分泌學、神經行爲學和犯罪生物學基礎研究只是在最近四、五十年才取得重大突破。所以，只有到今天，戰爭哲學家才能把克氏的「盲目的自然衝動」賦予較詳盡的、較紮實可信的科學實驗的背景。當年的克氏是猜測；今天則得到科學實驗的支撐。是的，男性荷爾蒙深藏在侵略戰爭的性質之中。它代表了三種傾向、三條規律的第一種。過去，我們論述戰爭性質和起因的時候，總是閉口不談「盲目的自然衝動」。今天，我們就是要來專門、系統的論述一下。於是便有了讀者手中這本書。本書副標題「對戰爭起因的某種成分作深層分析」，指的就是對「盲目的自然衝動」作深層分析。只有加進這個「引力點」，戰爭哲學才不會和現實發生很大矛盾，而變得更符合昨天、今天和明天的實際情況。因爲我們相信當代腦科學和神經生理學的實驗報告。人是動物的一種。比如動物的腦有個解剖區叫「隔區」，如它受到毀損，其攻擊行爲會減少，比一般動物會表現出較多的和平友好相處的傾向。於是我們想到：如果對人類每個新生嬰兒做「隔區」手術，也許能根絕人類的戰爭。當然我們這樣做首先要弄清：人類攻擊行爲也受「隔區」支配。因爲不同種系的動物，隔區損毀的反應是不同的！❸

❶ J. P. 依沃特《神經行爲學——行爲的神經生理學基礎概論》，一九八六年，科學出版社，第二三四頁。
❷ 克勞塞維茨《戰爭論》，一九七八年，商務印書館，第四五頁。
❸ 唐仲良等編著《神經系統生理學》，一九九一年，復旦大學出版社，第二六八—二六九頁。

戰爭與大腦基底核

——從腦結構看男女行為的差異

人性同獸性的搏鬥，歸根到底是「人類腦」和「動物腦」之間的生死較量。

一、鱷魚腦→猿人腦→人類腦

筆者在日本半工半讀六個春秋寒暑，最感興趣的課題之一就是令人驚嘆的當代腦科學研究成果。日本學者在腦科學領域所取得的成就是舉世公認的。其出版物之多，質量之高，令人激動。人腦對人腦感興趣是符合邏輯的。否則他就不是人。因爲人永遠喜歡追問：「我是誰？」

腦的秘密，當是人的最後秘密。

用腦科學去解釋人類的行爲是廿一世紀的一大趨勢。本書兩位作者基於這同一認識才走到了一起來，攜手合作，打算撰寫一系列專著，重新梳理一下有關人類的陳舊故事。

不錯，我們是生物進化論者加上大腦新定位主義者。因爲造物主偏愛用漫長的時間不慌不忙地來創造大自然，包括星星、月亮、太陽、植物、動物……以及最複雜、構造最精微的人腦。

人腦是生物進化的產物。它不是突變，而是漸變（分階段）的結果。時至今日，人腦依舊處在極緩慢的漸變進化階段。它是個正在進行式，而不是完成式。

現代腦科學指出：「腦」是由三重構造所組成。這三種構造是按生物（人類）進化順序而來。千百萬年生物進化的歷史檔案便直接刻劃、記錄在人類的腦結構中。這眞是一大發現，也是生物進化論的最新成果之一。

在人腦的最深處是「大腦基底核」。它是爬蟲類的腦。這是「動物腦」，非常原始，且富有野性。其中鱷魚腦的大腦基底核最爲典型。這種動物最凶殘，攻擊性衝動非常強。

然後向前進化，成爲「大腦邊緣系統」，它是哺乳類的腦，其攻擊性便大大減弱，但也屬於「動物腦」。在最近三十多年，邊緣系統深受神經生物學界的重視。人腦再進化便形成了最上面一層的解剖構造：「大腦新皮層」。這才是「人類腦」❶。它是人類理性、建設世界或創造世界力的源泉。

於是我們不難得出下面這個鏈（它由三個環節組成）：

大腦基底核（類似於鰐魚腦的東西）↓大腦邊緣系統（類似於猿人腦的東西）↓大腦新皮層（人類腦）

這條經歷了幾百、幾千年和上億年的進化鏈才是我們今天人腦的眞實。這是誰也不能迴避的一個生物學的基本事實。

我們驚訝地發現，該進化鏈同弗洛伊德的「三個我」是一一對應的：大腦基底核（即鰐魚腦，也就是動物腦）對應「本我」，所以本我最接近獸性的攻擊和凶殘，它代表人格結構中的最原始本能那部分；大腦邊緣系統對應「自我」，它代表人格的現實部分。最後，大腦新皮層則對應「超我」。超我在人格結構中位居最高，它代表人格的理想、道德和良知部分。在孔子、孟子、佛陀、康德、羅素、愛因斯坦和甘地……的人格中，超我占絕對優勢。他們的腦是人類腦的樣板和驕傲。

爲醒目起見，我們用箭頭標出以下對應關係：

大腦基底核↓大腦邊緣系統↓大腦新皮層

←　　　←　　　←

本我↓自我↓超我

「三個我」是弗洛伊德的精神分析學說精華。它是個工作假設。世紀初，腦科學像神經系統生理學和內分泌學一樣，尚在幼稚階段。弗洛伊德的理論不可能建立在大腦進化的科學成果上。

今天我們才知道，「本我」對應的腦解剖部位原來是類似於鱷魚腦之類的器官！人類大腦的成長方式不是革命，而是進化或修正；不是全部推翻舊的，建立新的；而是採用新老並存的方式。於是就有了不息戰火的可能。

俄國大作家托爾斯泰經常描寫人性與獸性的搏鬥；中國古代哲人經常討論人性本善還是性本惡的問題。其實這個問題可以歸咎到動物腦和人類腦並存，共生在一起的腦生理結構的緣故。

大腦基底核是動物的暴力和攻擊行為等盲目、自然（原始）衝動所在地。❷（看來，人的暴力和攻擊行為來源有好多處，而不單單是一處，不單單是男性荷爾蒙）如果大腦基底核失控，人就會陷入好戰的瘋狂狀態。（今天新納粹分子從搖滾音樂會走出來，見土耳其人和越南人就打，就放火燒其屋，正是搖滾樂的鼓點挑動了這些二十歲上下青年大腦基底核和刺激了他們的男性荷爾蒙的惡果）

愛因斯坦強調人類在原始部落時期，戰爭行為是他們日常生活或原始本能的一部分，其實正是因爲在這個時期大腦基底核殘存在原始人的腦中較爲發達的緣故。

人類進入文明時期以後，按理說，理性發達了，不再容易起「盲目的自然衝動」，其實不然。戰爭依舊頻繁，以致於造成了人類文明史即是一部凶殘戰爭史的悲劇。

以理性、良心、道德爲主要功能和特徵的「大腦新皮層」（人類腦）是新近進化的產物。它的歷史不過三萬五千年到九萬年之間。❸同幾百萬年、上億年比較，它的歷史是多麼短！一般來說，它的構造還不夠強大到足以壓制、鎮壓鱷魚腦原始野性的攻擊衝動。很遺憾，時至今日，人類的腦尚未進化到完完全全替人類造福、完完全全是致力於建設世界的和平結構！

應該承認，人體其他器官的進化也不是十分理想的。比如女子的月經來潮現象。它給婦女帶來了多少麻煩和不便啊！

按道德倫理、應用科學的觀點去評價人體其他結構，不夠人類理想的，遠不止是女子的月經。痕跡器官又是另一些例子。痕跡器官（Vestigial organ）係指在生物體上已經作用不大，但仍然存在的一些器官。比如人的退化耳肌、盲腸和闌尾。這些器官的存在說明人類起源於動物。

大腦基底核也可以說是個痕跡器官。不過退化的耳肌於人類無害。大腦基底核則是大禍根，是人類自殺的惡魔，是人的攻擊性和暴力行爲的根源之一。當然「左腦之爭」也是一個根源。

二、P←P→P說法和男人們的「左腦之爭」

這說法當然也是個工作假設。它非常俏皮、幽默，恰好涉及到讀者手中這本書的主題。前衛派文學評論家史文格（P. Schwenger）寫了一本有關二十世紀文學和男子（大丈夫）氣概的書：《鋼筆與男性生殖器》（Pen and Penis）❹。史文格在這裡提出了兩個P，筆者突然靈感附身，認為必須再加上一個P。於是我們就有以下這個生死攸關的圖式：

Pistol ← Penis → Pen

（手槍）（男性生殖器）（鋼筆）

這是有關男性荷爾蒙能量釋放出路的大問題。它事關廿一世紀世界和平還是戰爭。如果當年十八歲的希特勒考取了美術系，拿起了畫筆，那麼，二十世紀的人類歷史就要重寫。很遺憾，希特勒沒有拿起Pen，而是拿起了Pistol。這兩個P代表了兩種不同的力。Pen是建設世界的方向；Pistol是破壞世界的方向。

婦女沒有Penis，一般來說，所以她不存在Pistol的方向問題，打仗總是男人們的事。

關於男女之間的差別，一向有很多議論。從馬克思主義者倍倍爾的《婦女論》到被女權主義者奉為《聖經》的西蒙·德·娃的《第二性》，眞是衆說紛紜，不一而足。但是在這衆多的議論裡，日本作家太宰治的說法實在是很大膽而且令人吃驚！他說：「我認爲，從猿人進化到人類這樣的說法未免太過簡單，正確的分類應該是：猿人，女人和男人。」❺他認爲女人同男人之間的差別非常大，中間甚至存在著生物進化程度上的差別。女人是介乎於猿人和男人之間的一種中間環節的動物。

這樣的話，乍一聽似乎是危言聳聽，令人難以置信。按一般的常識來說，男女之間縱有差別，也只不過是由於社會文化要求的不同。比如女人應該溫柔，男人應該剛強、勇敢、大度之類。主要是些後天因素造成的區別。波娃《第二性》一書有句被廣泛傳誦和引用的名言：「女人不是天生的，而是被製作成的。」她的觀點很有代表性，大部分人可能都這麼認爲：女人同男人的區別，是以男人爲中心的社會有意造成的。她們甚至常被認爲是男性「壓迫」之下的產物。

因此，任何一種社會改革運動，婦女解放問題始終是中心內容之一。當年德意志婦女得不到重視，倍倍爾才寫了有名的《婦女論》，強調婦女在社會中應有的地位。在中國，「時代不同了，男女都一樣」更是一句常見的口號，其意義亦在於強調社會的變化，會替婦女帶來新生。

其實關鍵在於腦：男腦和女腦是有差別的。

由於男女之間腦的本身構造有所差異，所以男女在行爲上的表現也有很大的區別。因爲存在決定意識。我們甚至可以把按男腦行爲方式活動的情況稱爲「男性原理」，而符合女性特徵的稱爲「女性原理」。

在男性原理中蘊含著暴力與攻擊性；而女性原理則提供了一種溫和的感情，比如「愛羅斯」（Eros）傾向，即愛慾傾向，就對男性荷爾蒙起到中介與緩解作用。作爲「生的本能」，她具有防止人類自我毀滅的建設性功能。而與之相對抗的破壞性衝動，則往往表現在男性原理中。

至於女性原理的文學象徵，我們已在歌德《浮士德》的結語中讀到「永恒的女性，引導我們上進！」，我們只須把這「永恒的女性」理解爲一種化解、消除男性荷爾蒙暴力衝動的和平力量就可以了。這種力量確實同女性柔和的原理有關。

「永恒的女性」（Das ewige Weibliche）是高貴、賢慧的女子。可惜世上這種類型的女子不多。她的對立面是壞女人、貪婪的女人，比如江青之流。

全世界各民族都有「嚴父慈母」傾向。這同男女腦和雄性雌性荷爾蒙的差異有關。女性常有消除、化解男性荷爾蒙攻擊力的功能。「公關小姐」、「夫人外交」或「陪酒女郎」之類現象都能由此得到生物學解釋。

女人在弗洛伊德的人格學說中，好像扮演了「自我」角色。她能調解「本我」同「超我」的衝突。

「自我」的主要功能是：

第一，獲得基本需求的滿足，以維持個體生存（這是因爲大腦邊緣系統畢竟是動物腦，只不過比大腦基底核進化一些而已。它對現實的要求仍然非常強烈）；

第二，調節本我的原始衝動，以符合現實環境的要求（比如，一般來說，女人談戀愛多半是從現實利害原則出發，考慮男方的收入和房子；而男人則多半是由本我的原始性衝動來決定的）；

第三，管制、壓制原始性的盲目自然衝動。超我是不接受這種衝動的。自我擔負起「三個我」之間的協調、平衡、和諧關係。

女性作爲一種社會現象或者作爲一個問題提出來的本身，已足以說明男女之間確實存在著很大的差別。當代「性差文化」研究的應運而生，就是力圖從多角度來探索男女之間差異的奧秘。在這方面腦科學家的發言自然更值得傾聽。

其實，在腦的進化方面，男人與女人之間確實存在著巨大的差別。據日本腦生理學者千葉康則的研究❻，以腦重量而論，男性腦重量比女性平均重二百克左右。因此，在生態學意義上，我們也許可以說，女性腦的進化程度比不上男性，也就是說更不成熟一些。但是，就腦重量同人的體重比例來說，男性腦同體重的比例還不如女性來得重。

正因爲女性腦不夠成熟，其接受刺激和發展的可能性也就更大。比如對於環境的適應性，女性比男性要強得多。一般來講在生理方面女性承擔的痛苦也要比男性多，比如經痛，生孩子的種種折磨。而女性的承受力卻要強得多。在歐洲中世紀，有許多殘酷的刑罰，只有女性能夠熬得住。男性剛而脆，只有爆發力，缺乏忍耐力。對外來壓力，非常脆弱。所以說，女人像柳條，男人像鐵條。

最近出國大潮，使男女面臨一次適應新環境能力的大考驗。中國男人到海外，常常牢騷滿腹，處處感到不稱心。相反，還是女性適應新環境的能力比男性強得多。她們一踏上新土地，就沒感到有什麼不習慣的。就如同在國內她們出嫁時一樣，離開生活十幾、二十幾年的老家，到處處陌生的男家去，並沒有太大的不安或困惑。這同她們的大腦本身具有無限的伸展性、適應性有關。

人的大腦由左腦和右腦組成，其間有橋腦以溝通左右腦。我們知道，左右腦的功能各有所司：

左腦	右腦
理性	感情、情緒
邏輯性思考	類型認識
分析判斷	直覺感受
語言能力	圖象

否定思維	肯定思維
局部深入	全面把握
保守性	創造性

在這兩者之間擔任溝通、交流的是「橋腦」。它由兩億根神經纖維組成。橋腦的後部有個膨脹部分，被稱爲「膨脹體」。從這一部分也可以看出男女之間的差別。從解剖學上來看，女腦膨脹體是球狀，而男腦則是棒狀。球狀面積遠遠大過棒狀。因此，女性的靈活性強，反應快。這是因爲橋腦發達，左右腦之間溝通迅速的緣故。

因此，男腦容易形成片面化，即要嘛左腦特別發達，要嘛右腦特別靈活（一般來說，男腦是左腦強化的情況居多）。

正是男腦功能的左腦片面性強化（左腦化）才造成了人類戰爭的一大生物學根源。原始時期的格鬥和戰爭，我們發現其起因主要是來自盲目本能衝動的難以控制；而文明時期人類衝突多半來自「意識形態」和「觀念」的不同。比如歐洲中世紀的「十字軍東征」，就是「觀念之戰」、「信仰之戰」。共產主義同資本主義的冷戰又何嘗不是這樣的戰爭？

男腦的左腦化是人腦不健全的象徵（同樣也蘊含著無限發展性）之一，它所造成的觀念的強化、僵化，也是形成人類種內不必要的衝動的原因之一，而且還是一個非常重大的原因。

在生活中常見到非常固執的男人，死抱住一個觀念不放，寧願在一棵樹上吊死。而女性則一般淡薄觀念，在觀念問題上沒有那麼固執，這是由於女腦「大腦邊緣系統」發達的緣故。大腦邊緣系統也充當了調節人的鱷魚腦的暴力衝動的角色。所以一般來說，女子遠離戰爭，同戰爭無緣，至少有三個原因：

第一，她沒有男人那個Penis；

第二，她的大腦邊緣系統較男人發達；

第三，沒有男人們「左腦之爭」的狂熱。

要知道，這三個源或許就是構成人類戰爭的生物學背景的三要素。（當然還不止這三個生物學要素）

她們甚至對觀念根本就不感興趣，這也就是女人身上有薩福而沒有柏拉圖的原因。對觀念毫無興趣，當然也就不會爲觀念而爭論了。所以一部西方哲學史，都是清一色的男腦的積極參與；中國先秦時期的百家爭鳴，也全是男人在那裡大吼大叫，看不見女人的影子，也聽不到她們的聲音。可見對於男性的這些爭議、辯論，古今中外的女性全都是置之不理的！在佛教哲學，說教大多針對男性。這是因爲女性「我執」太深、難以覺悟的緣故。既然女腦反應靈活，那又爲什麼不能「開悟」呢？這是因爲女性本身容易受生理和情緒的影響，難以有穩定而富於理性的精神狀態。比如每次月經來潮，女人的情緒就極不穩定。孔子說「唯小人與女子爲難養也」，也是指女性在理性上求得健全發展較爲困難的意思。

如果男腦不那麼片面化，左右腦之間的交換性更靈活些，也許我們這個星球就不會有那麼多的戰火不斷了。如果不是固執己見，無謂的「左腦之爭」就會少一些，人世間也許就能更多地聽到和平的鐘聲。是的，男人們之間的「左腦之爭」的確是人類文明時期戰爭的一大起因。

女性重感情，但是容易失去自我控制能力；男人富有理性，可又容易走極端。這兩種情況都是引起犯罪或戰爭的原因。而兩者的圓滿結合，顯然是最好的出路。這叫陰陽調和。以女性的靈活性、彈性來寬解男性的固執，緩和男性荷爾蒙；以男性的理智和沉著穩定給女性以依靠、安定、信賴和安寧。

饒有趣味的是，有一本眞僞不明的《埃及福音》，其中記錄了基督同一位女信徒的對話，說到「當兩人合爲一體，男人和女人既非雄性又非雌性。」榮格的女弟子哈婷認爲這句話暗示著心理的男性和女性的一種結合，通過這結合，兩個個體將成爲一個整體。同時她還說：「如果我對這段教義的理解是正確的話，那麼主的回答將意味著內部結合會導致內心兒童的產生，他的降生會解除死亡的力量。」[7]因爲陰陽調和，常能化解男性荷爾蒙的攻擊性和暴力，可能將Penis從Pistol的破壞世界方向轉向Pen這個建設世界的方向。同時女性的焦躁和不穩定也可期望得到糾正。不過，對陰陽調和的作用切勿估計過高。因爲一部人類戰爭史畢竟是鐵一般的事實。

今天在我們看來，男腦與女腦的互補，男性原理與女性原理的交融，或許是人類擺脫戰爭和死亡的出路之一。當男性與女性通過結合，擺脫了他和她各自的動物性（雄性和雌性）之日，也就是地球上和平陽光普照、太平吉祥之時。當然這僅僅是筆者的善良願望。它適用於今天的阿富汗和非洲地區嗎？

最後，關於男人們之間的「左腦之爭」，我們還想起中國近代思想家熊十力先生。因為他也曾力陳爲觀念而爭的大禍害。他說：「若乃固執己見，便憎他見。如程朱派之學者，詆陽明以洪水猛獸。西哲康德之學，當時亦有人詈爲狂犬妄吠。印度人辯論，動以斬首相要。諸如此類，不可勝數。……凡人恒是已見，憎他見，方且自謂事理本如是，而不自承爲憎他也，故甚隱。見嗔爲害之烈，足以障眞理、起鬥爭，人類之不幸，莫大乎此也。」❽可見人類文明史上男人們固執地爲政治觀念和宗教信仰之爭實爲人類戰爭的一大起因。六十年代初中蘇論戰便是一個例子。

＊　　＊　　＊

作爲本章結語，我們還想重複一遍三個主題。這三個主題將在本書中不斷變奏，編織成一部「戰爭與和平鋼琴協奏曲」。這三大主題便是：

第一，大腦基底核（爬蟲類動物腦）→大腦邊緣系統（哺乳類動物腦）→大腦新皮層（

人類腦）；

第二，Pistol←Penis→Pen（即三P說）；

第三，男人們的「左腦之爭」。

其實，在本書後面的有關章節，我們還指出了第四個主題：人類戰爭行爲起源於他的語言符號系統！讀者手中這本書正是這四大主題的展開和變奏。它們像四根紅線糾結在一起，貫穿全書。

---

❶ 大腦新皮層係由前頭葉、頭頂葉、後頭葉及兩側的側頭葉組成。前頭葉前部的三分之二同側頭葉在一起被稱爲「前頭連合葉」，人的精神活動就是由這一部分創造出來的。大腦新皮層因此被稱爲「人類腦」。見《我們所了解的腦》，大木幸介著，第三八頁，光文社，一九九一年；日文版。

❷ 《腦之不可思議》，博學俱樂部編，第一一八—一一九頁，青春出版社，一九九二年；日文版。

❸ 《談談切身有關的腦：來自腦與心研究者的報告》，品川嘉也編，第一五頁，「人的進化與腦」，講談社，一九八五年；日文版。

❹ 《The Pen and Penis in Phallic Critique:Masculinity and Twentieth Century Literature》. Peter Schwenger, 1984 Routledge and Kegan-Paul. 轉引自《現代思想：特集—男性論》，青土社，一九八七年；日文版。

❺ 轉引自《女人的心》島田一男著，第六頁，芝麻書房，一九八七；日文版。島田一男是聖心女子大學教授，心理學專家。他也同意太宰治的說法（見第七頁）。

❻《腦、人與社會》千葉康則著，第二二頁，法政大學出版社，一九八九年；日文版。

❼見米德《無與倫比的發明家赫耳墨斯》第一三五頁。轉引自《月亮神話：女性的神話》第二五七頁，〈美〉M·艾琴·哈婷著，蒙子等譯。上海文藝出版社，一九九二年。

❽《佛家名相通釋》熊十力著，第三四頁，中國大百科全書出版社，一九八五。

從犯罪生物學的原動力觀點看人類戰爭行爲

——什麼原因驅使犯罪

我們對戰爭性質和起因的思考，不僅僅是出於好奇心，更是出於一種嚴肅的責任感、對世界的痛苦感和人生的使命感。

一、愛因斯坦的思路：戰爭是群體犯罪

愛因斯坦深受奧地利偉大物理思想家馬赫的影響。他是這樣讚嘆馬赫的：「他是一位具有罕見獨立判斷力的人。他對觀察和理解事物的毫不掩飾的喜悅心情……是如此強烈地迸發出來，以致於到了高齡，他還以孩子般的好奇的眼睛窺視著整個世界，使自己從理解其相互

聯繫中求得樂趣，而沒有什麼別的要求。」

許多年，我們同這段話一直發生強烈的共振。

現在，我們學著以兩雙好奇的、憂慮而沉重的眼睛觀察形形色色的人類犯罪世界，並力爭把握它後面的複雜原因。

戰爭也是犯罪行爲；而且是最大規模、最殘酷、對人類社會破壞最大的犯罪。按其本質，戰爭行爲當屬於犯罪範疇。侵略戰爭總是群體性質的犯罪，是集團犯罪，是暴力團犯罪。（比如第二次大戰，德國群眾對納粹運動的狂熱支持，以致於演變成了一種可怕的日耳曼病，德國病。十年文革，中國大陸不也泛濫過類似的病嗎？）有一種怪現象：在和平時期，你若謀殺十個人，那便是天大的新聞，遭到全社會的猛烈譴責；若是在一場侵略戰爭中，你若用一顆炸彈殺死一百人，你反而是英雄。這是爲什麼？這是什麼邏輯？

愛因斯坦是位偉大的、對世界極度敏銳的思想家。他對人類戰爭的起因也緊張地思索過多年。因爲他親身經歷過第一、二次世界大戰，又是猶太人，被希特勒驅逐出境，又目睹了六百萬猶太同胞慘遭殺害的悲劇。戰後，即一九五一年，愛因斯坦寫信給友人：

> 很明顯，對於人民實際上是怎樣行動的，你一無所知。他們總是受激情的支配，而這些激情中間主要又是仇恨和鼠目寸光的自私自利。你認爲我們所面臨的一切

艱難困苦都完全要由少數政治領袖來負責，而群眾感到興趣的全是好的和合理的東西。不錯，雖然總的說來，人民是害怕戰爭的，但由於他們天生的心理結構，他們會很容易被驅使去冒無論哪種危險。我的同事們曾經試圖通過教育上的努力來避免這種可能來臨的災難。可是這種努力並無成效。那些宣傳反對所謂外來敵人的人，卻贏得了群眾的支持。政治上的愚昧已經泛濫成災，甚至連通情達理的人也會覺得難以發現使他們回到明智的外交政策去的道路。要是人民眞像你們想像的那樣，他們就會拒絕服兵役。但這種苗頭一點也看不出來。❶

請讀者注意，這封信同《戰爭與男性荷爾蒙》的主題是很有些關係的。其實，愛因斯坦是在論述群衆的盲目激情同戰爭起因的隱蔽關係。

一個或幾個政治冒險家是無法打起一場戰爭的。在發動侵略戰爭的背後，總有那麼一大批抱著盲目仇恨心理和因為鼠目寸光而變得極端自私自利的群體。

愛因斯坦是物理學家，而不是生物學家或神經行爲學家。不過，在探討戰爭起因的時候，他的思路已經走到了「男性荷爾蒙」的大門口。因爲他看出了日耳曼群體被一種原始的內驅力、原動力牽著鼻子走而變成了壞政治家（戰爭販子）的盲從者。

愛因斯坦在信中用了「激情」、「天生的心理結構」，這同「男性荷爾蒙」和「原動力」

只相差一步之遙！

多少有點小遺憾，愛因斯坦並沒有乾脆使用「男性荷爾蒙」或「犯罪的生物學原動力」這樣的術語或概念。不過，他卻非常了不起地用了「天生的心理結構」這一概念，這已經是很深刻、很深層的分析了。其實，《戰爭與男性荷爾蒙》這個書名也可以叫《戰爭與人的天生心理結構》。

侵略戰爭是一種群體犯罪行爲。這是愛因斯坦的弦外之音，儘管他沒有直接用「群體犯罪行爲」這一概念。

愛因斯坦把戰爭同群體受激情（主要是仇恨和鼠目寸光的自私自利）的支配和他們的天生心理結構聯繫起來考察，正是讀者手中這本書的思路。（思路是決定性的東西）

這一思路絕不是他單純沉思默想的結果，而是得自他的耳聞目睹和痛苦的親身經歷！

三十年代，當納粹分子在德國一些大中城市街頭當衆毆打、侮辱和迫害猶太人的時候，不是有許多德國人在那裡站腳助威、甚至激昂慷慨、內心充滿了一種民族的偏見和仇恨，去目擊眼前所發生的一切嗎？這個群體中的不少人抱著袖手旁觀、聽之任之和明哲保身的態度。因爲他們想保全自己，保牢自己的飯碗。然而，對犯罪行爲一千、一萬個沉默、默認，將這些鼠目寸光的自私自利和明哲保身的沙子堆集在一起，便是一座罪惡之山！這便是戰爭群體犯罪行爲得以實現的社會心理學背景。（十年文革不也是這樣嗎？）

這才是最可怕的，比希特勒和東條英機更可怕！這裡頭有個生物學和社會心理學結構問題；當年有那麼多德國、日本青年抱著對世界滿腔仇恨的心理開赴不義的戰場，的確有個「天生的心理結構」在那裡作祟。

一九四八年底，愛因斯坦公開拒絕同德國一切科學組織和團體恢復關係。他說：「德國人的罪惡，眞是記載在所謂文明國家的歷史中的最令人深惡痛絕的罪惡。德國的知識分子作爲一個集體來看，他們的行爲並不見得比暴徒好多少。」

是的，大多數德國知識分子在納粹統治時期採取了明哲保身的態度。有的著名人物還成了納粹分子，成了戰爭幫凶。所以說，侵略戰爭常常是一種群體犯罪行爲。這就是愛因斯坦思路得出的結論。

讀者一定還記得，克勞塞維茨的猜測和觀察同愛因斯坦的思路是多麼接近和相似！克氏說：「戰爭要素原有的暴烈性，即仇恨感和敵愾心，這些都可看作是盲目的自然衝動。」這正是愛因斯坦所說的群體「總是受激情的支配」。本書關注的不是戰爭的其他要素，正是這「盲目的自然衝動」，即生物學範疇的原動力，儘管它的比重、成分同其他（如政治經濟）成分相比較並不總是很大。

關於戰爭的性質，愛因斯坦考慮得很多，儘管不系統，也沒有這方面的專著，但很接近本書主題。一九五二年他寫道：

我認爲，在戰爭中殺人並不比通常的謀殺更好些。❷

是的，侵略、不義的戰爭比通常的謀殺更壞，壞幾千、幾萬倍。因爲謀殺只是殺一個人，戰爭販子則是殺成千上萬個人。人類同種間的殺戮大致上可分小規模的（殺人犯罪）和大規模的（戰爭）這兩種。兩者的根據有生物學上的聯繫。我們業已指出過，世界上有這樣一種奇怪的論調：「殺一個人是犯罪，殺很多人是英雄。」這種論調不僅是病態的，而且還是非常非常危險的，說不通的，卻欺蒙了兩次世界大戰像德意志這麼一個具有高度科學文化的民族！

一九三五年，愛因斯坦是這樣說起希特勒是怎樣上台的：「……他對於環境和天資比他好的一切人，都妒忌痛恨到極點。……但是眞正使得他取得領袖資格的，是他惡毒地仇視一切外國的東西，特別是歧視一個沒有自衛力量的少數民族，那就是德國的猶太人。」❸

要知道，妒忌、仇恨已經不單單是政治、經濟學範疇的東西，而是犯罪生物學和心理學研究的對象。

二、希特勒身上爲什麼有那麼多、那麼強烈的仇恨？

在犯罪者的心理結構中，至少有以下特點：

A、內心隱藏著對世界的強烈憤怒、敵視、怨恨或仇恨；

B、幸災樂禍；

C、對別人缺少利他主義和溫暖的感情；

D、對權威，不是怨恨就是否定；

E、把自己看成被害者，而不是攻擊者。（在希特勒身上，這五大特點都具有）

比如，在世界各地幾乎都有這類報導：因升學競爭而犯罪。A的學習成績比B好，因此B動了謀殺之念。B在日記中懷著無比妒忌和仇恨心理寫道：「不幹掉他，我的人生道路便永遠不會有光明、出頭之日。」

有比如C謀殺了D，因爲D在運動會上總是C的對手，同他爭奪冠軍。

妒忌、仇恨是一種生物化學和心理能量。許多年，在希特勒身上所積累起來的這種能量最後不是用來謀殺一個人，而是去大規模、有組織地殺向歐洲。是的，他對這個世界充滿了妒忌和仇恨。爲了分析他後來的所作所爲，我們可以從這五個方面著手：犯罪人類學、犯罪神經行爲學、犯罪心理學、犯罪社會學和社會心理學。

希特勒對人間滿腔妒忌、憤懣和仇恨的性質，至少是由這五個方面聯合組成的；它是一個混合物；是一個大雜伴，從而構成了他那病態的、不達目的絕不罷休的鋼鐵般的意志。這「意志」的背後少不了有行爲的神經生理基礎。它是一種心理能量的匯聚，足以穿透一塊三十厘米厚的鋼板。希特勒的邪惡意志則把歐洲投入到了一片火海之中……日耳曼民族自身也遭到了空前的大災難。

在青年時代，希特勒曾夢想成爲一個偉大的畫家，但維也納藝術學院卻沒有錄取他。他一直流落街頭，成了一個十足的「浪人」，到處做臨時工，飢寒交迫，心裡卻深深埋藏著對世界的極度憤懣和怨恨，認爲世界屈了他的才，使他不能有成就。

在第一次世界大戰，希特勒負過傷。英軍施放的毒氣使他的雙目一時失明。他臥病在醫院。德國戰敗的消息傳來，英、法的勝利，使他更加熱愛德意志祖國。他發誓要爲德國報一箭之仇，要把日耳曼民族必定做世界主人的民族帶領到她久已注定了的命運軌跡中去。（於是，第二次世界大戰的種子在一戰剛結束之日就已經播在溫床之中了。國家、民族的報仇心理能量常常是發動下一次戰爭的原動力、內驅力）

要知道，一般來說，一個高明的政治家就在於利用民衆的「積怨」心理。他十分清楚，當這種「怨氣」一旦爆發出來，其破壞力將巨大無比；而且越壓抑，越積年累月，就越危險。因爲能量統統累積在那裡。因此，他的邪惡政治藝術就是爲他們找一個「發洩口」（Outlet），讓這些具有巨大破壞性的能量釋放出去。他所做的一切就是有目的地把這股群體的「怨氣」引向他的政治對手。（希特勒視猶太人爲敵人；四人幫視走資派、五類分子爲敵人）很明顯，當民衆「積怨」一旦被引發出來，它便勢如雷霆，無堅不摧，任何一種力量都不足與之抗衡。當然，爲了引發民衆的「怨氣」，還必須給他們一個「正當化的、合理化的」理由（它必定對引發者或發動者有利）。這樣，在一面罪惡的旗幟下，各種破壞性的情緒都得到最大限度的凝集和發洩。

美國醫生對人的「怨氣」作了化學實驗，即把人呼吸的氣息收入玻璃試管中，通過減壓蒸發並降溫到零下二一七度，人的氣息就會結晶成粒狀物質。他發現：「怨氣」結晶的顏色是棕色的；悲哀時的顏色是灰色的，而後悔時的顏色則是淡紅的。若把這股「怨氣」結晶注射進天竺鼠體內，天竺鼠立刻會煩躁不安，神經過敏；幾分鐘後即死去。據計算，一個人一小時「怨氣」結晶所含的毒素量，足以殺死八十人。華盛頓心理學家埃爾默·蓋茲說，這種從人的「怨氣」提煉出來的毒素，是迄今爲止科學家所能發現的毒素中毒性最烈的一種。（在我們看來，在探索人類戰爭起因的時候，切不可忽視被壞政治家故意煽動起來，並將它引向邪惡目的的群體「積怨」和「仇恨」）

希特勒身上對人間抱刻骨大仇恨的另一個來源則是對猶太人的病態偏見。

希特勒爲什麼如此仇恨猶太人呢？

這個問題涉及面很廣，它至少牽涉到歷史、宗教、民族學、社會學、政治學、生物學和心理學等因素。希特勒則把它紐結在一起，再將它推向荒誕的極端。根據希魔滅絕人性的命令：「在德國不但不允許有一個猶太人的存在，而且還要讓整個猶太民族在地球上消亡」，納粹德國殺害了近六〇〇萬猶太人，約占歐洲猶太人總數的三分之二。這一空前絕後的暴行至少有以下根源：

第一，歐洲反猶思潮由來已久。在德國訪問期間，筆者經常在民間調查這個問題。一些德國學者告訴筆者，幾百年來，德國是不容許猶太人擁有土地的。有許多行業對他們是禁止的。猶太人只能販賣牲口和經商，以及從事工業和腦力勞動等。

沙俄時代，猶太人也普遍遭歧視。在許多城市，猶太人只能住在被劃定好的特殊區。沒有許可，不得擅自離開，遷往別處。

直到今天，德國不少老百姓在他們的潛意識中對猶太人依舊或多或少有歧視心理。筆者問過不下三十個普通德國人（其中還有農民）：

「如果你們小鎮上來了三、兩戶猶太人定居，你們會歡迎他們嗎？」

他們中的絕大多數都不作正面回答，只是聳聳肩，眼睛裡流露出一種尷尬的神態。

第二，希特勒把上述思潮白熱化，就像用透鏡將陽光束成一個焦點，把物體點燃。這同他早年在維也納街頭流浪、窮愁潦倒的經歷有關。據說，他經常同野鷄鬼混，以致於被一名猶太妓女傳染上了梅毒，使得他後來失去了性功能。這也許是他仇恨猶太人的原因之一。（當然，這一推測不很可靠。據他的私人醫生說，希特勒的性功能是正常的）

但不管怎樣，他早年在維也納度過的一貧如洗又一事無成的不得志的日子，以及他的一些隱蔽的情感上和心理上的創傷，估計是形成他日後仇恨猶太人的根深蒂固的心理因素或「

情結」。比如某個猶太人欺騙過他，後來他就把這些個人的恩恩怨怨上升爲對整個猶太民族的仇恨。更重要的是他嫉妒一些猶太人的顯赫地位和成就。維也納大批傑出畫家、音樂家、學者、建築師和戲劇家都是猶太人。大作曲家兼指揮馬勒便是其中一個。一八九七—一九〇七年他擔任維也納歌劇院院長。一九〇六年十七歲的希特勒在維也納逛了兩個月，也許他還買了一張站票，欣賞過馬勒的指揮藝術，而內心卻是不平衡的，也不願看到日耳曼的樂壇被「猶太鬼」雄霸。

少年時代希特勒就是個反猶太主義者。到了維也納，他的反猶情結更激烈。在二〇〇萬維也納居民中，猶太人就有二〇萬，他恨民族混雜現象。當時他讀了好些反猶報刊和書籍。後來在馬路上只要他一聞到穿黑色長袍猶太人的氣味，他就感到嘔心。

是的，希特勒嫉妒那些比他有成就的猶太人。愛因斯坦的分析是對的。也許他曾暗中發誓：日後一旦掌握了政權，便要報復。（希特勒是個報復心很重的人）

在分析許多歷史人物的時候，忽視其心理因素的份量是不對的。比如江青在文革中的所作所爲便同她早年在上海灘當三流演員的經歷有關。她妒忌當年比她有成就的大藝術家。後來她便利用文革來滿足她的報復心理。

第三，出於鞏固納粹政權的需要，希特勒也要大張旗鼓發動一場反猶運動。希特勒上台執政的時候，地位並不穩固。好些人對納粹獨裁政權持懷疑和抵制情緒。納粹爲了轉移八千萬日耳曼人的注意力，便竭力煽動民族主義情緒，說在第一次世界大戰中德國之所以戰敗是因爲被猶太人在背後捅了一刀的緣故。於是德國公衆輿論便對猶太人的「罪行」大肆攻擊，而希特勒則乘機鞏固自己的政權。

由於共產主義運動許多領導人（如馬克思、羅莎・盧森堡、季諾維也夫、托洛茨基等）是猶太人，波蘭又擁有許多猶太居民，美國總統羅斯福身上也有猶太血統，希特勒便大造德國正在遭到猶太國際陰謀的暗算這樣的輿論，爲日後德國發動戰爭找到政治藉口。

第四，歧視、虐待猶太人既然成了納粹德國的國策，一些納粹頭目便火上加油，心理上發生激烈變態。要知道，在這些頭目中有不少人身上帶有猶太人血統。戈培爾的妻子就有一半是這種血統；秘密警察副首領海德里希的祖母則是正宗的猶太人。至於納粹黨的中下層官員身上含有八分之一猶太血統者就更多，因爲好幾個世紀日耳曼同猶太人通婚的現象是比較普遍的。這些人爲了保自己，往往比純日耳曼人還更瘋狂、更凶殘地迫害猶太人，爲的是以此來表白自己對「元首」的忠誠，掩蓋自身的家史。於是反猶運動便越演越烈。

這一心理變態使筆者想起文革時期有些黑五類出身的人表現得特別「左」，他們對待批鬥對象非常凶狠，其實質都是爲了保自己。如果把這些人的攻擊行爲分類，則可以歸到「怨恨攻擊」、「轉移性攻擊」和「爲克服自卑感發起的攻擊」。

這些心理變態者感到被害而懷恨在心，卻又不敢向原來所恨的對象攻擊，而向對象以外的人發起攻擊。不可否認，十年文革在某種意義上也是一種群體犯罪行爲。

的確，只有人的參與，戰爭才能爆發。納粹德國和軍國主義日本，都是有組織的暴力團。注意：有組織的暴力不是個人攻擊性的算術和，不是1+1=2，而是遠遠大於2！這種暴力以有效的軍事機器爲前程，並以軍事形式表現出來。愛因斯坦的話是對的。他認爲納粹德國是一幫有組織的殺人犯，「德國人作爲整個民族是要對這些大規模屠殺負責的……站在納粹黨背後的，是德國人民，在希特勒在他書中（指《我的奮鬥》）和演講中把他的可恥意圖說得一清二楚，而沒有一點可能發生誤解之後，他們把他選舉了出來……」[4]

三、女子月經來潮與犯罪行爲

如前所述，在本書中我們力圖爲人類的行爲尋找出它的生物化學的原因。由於習慣上過分強調社會影響和個人思想作用，對於事物本身可能具有的諸多因素，往往忽略。比如，在女性犯罪行爲中，「月經」所起的作用就是個很有意思的例子。

德國精神病學家克拉夫特—埃賓（Kraft-Ebing，一八四〇—一九〇二）是精神病理學方面的先驅人物，他的代表作《基礎精神病學》作爲教科書，在當時曾引起很大的爭議，但影響也很大，例如在精神分析領域取得劃時代成績的榮格，就是早年讀了這本書才立意選擇把精神病學作爲自己的主攻方向。

「月經精神病」就是克拉夫特—埃賓所提出的一個至今仍在發光的概念。但無論在當時，還是稍後，都沒有引起人們足夠的重視，它幾乎已經成了一個死亡了的術語；只是當內分泌學以及婦產科研究取得新發現以後，人們才回想起這位十九世紀精神病學家的眞知灼見。

日本的中田修教授是專門研究「月經—精神」之間關係的專家。他發現，有的婦女在月經期間會有在超級市場、百貨公司「偷竊」的行爲。他曾經爲一位中年婦女作精神鑒定。這位婦女的家庭經濟狀況很不錯，可是在每逢月經來潮前就反覆地去偷竊。從內分泌檢查鑒定來看，並無異常。在通過臨床檢查和心理測試後，發現在月經來潮前她的精神陷入極度的不安寧、情緒惡劣、衝動性強和自制力差的狀態。根據內分泌學和婦產科學，從排卵後到月經開始這段時期被稱爲「黃體期」的狀態，在這期間，由於黃體荷爾蒙的過量和其它荷爾蒙會造成不平衡，於是產生了表現爲精神性症狀、自律神經症狀和精神身體症狀的月經前緊張綜合症（Premenst-ural tension syndrome）。它在女性精神上的反應就是情緒波動、難以控制自己的行爲，興奮而衝動等等。有的就有犯罪活動。

當然不是每個婦女在月經來潮前都表現出反社會的傾向。每個人的表現方式是不同的。但對犯罪者來說，她的行爲具有生物學基礎這一點是不容懷疑的。❺克拉夫特—埃賓當時鑄造的術語「月經精神病」，至少在精神病理學和犯罪心理學裡仍得到廣泛的應用。

四、異常染色體：是「遺傳的犯罪因子」嗎？

最近在人類遺傳學方面已取得很大的成果，尤其是對異常性染色體的研究，使我們發現了許多饒有興味的現象。

我們知道，一切生物都是由細胞構成的。在細胞核裡有核仁和染色質。染色質在細胞增殖時凝縮形成透明的形體。這就是染色體。染色體根據其種類，數量是固定的。人類通常的染色體是四六個，由四四個常染色體和二個性染色體構成。正常女性的染色體爲XX，正常的男性染色體則爲XY。

但是現在發現的性染色體有「XXY」和「XYY」等異常情況。在「XXY」的狀態中，人就同時具有被動性、依存性與攻擊性兩重人格；而處於「XYY」狀態的人，則充滿了攻擊性，具有強烈的暴力傾向。[6]

早在一九四二年，醫生克拉因菲爾脫發現有位男性具有「XXY」性染色體，染色體總數爲四七個，取名爲「克拉因菲爾脫綜合症」。在犯罪者當中，這類人不在少數，他們是一般人的四倍。據報告，這些人智力低下、依從被動、沒精打彩、缺乏信心等等。所犯的罪行一般是對幼童進行性違法行爲、偷盜等。

一九六一年在美國發現了一位男性具有「XYY」性染色體，後來在一九六五年的蘇格蘭保安院、一九六七年在澳大利亞的墨爾本監獄裡，都相繼發現這類犯人。據報告，「XYY」的人是超男性的，身體修長，具有攻擊性，屢屢進行殺人和性犯罪，完全失去自制力，而犯罪的時期也很早。在收容的犯人中，這類人是一般人的六倍。

由於生物學上的異常現象出現，我們現有的法律受到了「挑戰」。這些人天生具有容易犯罪的染色體，他們的行爲沒法由自己來控制，而這些「遺傳的犯罪因子」也不是他們自身選擇的結果，因此，他們到底能不能爲自己的行爲負責呢？是不是有必要對他們減刑呢？❼

我們在一種雄性的動物身上也可以發現一個很有趣的事實，那就是它的染色體構造有「XY」和「YY」兩種，由「XY」構造染色體者很明顯地缺少攻擊性。由此可見，異常染色體在動物與人的行爲中都起著不可忽略的作用。

五、殺害嬰兒現象：生產的悲劇

母親照理是最愛自己的孩子的，母子關係也應該是天下最親密的關係之一。可是誰會想到，許多嬰兒都是由自己的親生母親所殺害的呢？

我們中國人的出生之日，又被稱爲「母難」之時。因爲在古代，母親生產嬰兒是非常危險的，稍有不當，母子都有生命危險。因此，在生日紀念的慶祝活動中有一項向母親敬酒的儀式。據《左傳》的記載，鄭莊公是倒著出生的，當時使他母親的生命非常危險，母親後來就始終不喜歡他，對他恨之入骨，甚至到支持她的小兒子推翻他王位的地步。

在歐洲，《殺害嬰兒法》（Infanticide Act）制定得非常早，美國在一九二二年就定了有關法律。因爲由於生產的原因，母親經受了巨大的生理變化和心理的衝擊，常常出現「殺害嬰兒」的現象。法律是對人的行爲作懲罰性的限定。正因爲存在著大量殺害嬰兒的情況，才會有嚴禁的法律出現。

一般來說，殺害嬰兒，英國和日本是指出生一年未滿的嬰兒；而德國卻是指出生後二十四小時之內的孩子。在正常的情況下，只要生產本身順利，平安降臨的孩子總會受到大家的祝福。但是有的是私生子，母親會有很大的精神壓力，躲躲閃閃，憂心忡忡，出現對生產的不安、羞恥、困惑、痛苦和恐懼等心理狀態，同時還必須由她一個人來面對一切。因此，當正式分娩的時候，一旦身體遭受巨大的變化就會產生急性情緒麻痺症狀，那就是人性、人的感情處於癱瘓階段，在意識模糊之中，很容易做出把親生的兒子扔掉等瘋狂的舉動。這其實是精神錯亂的結果，屬於產褥精神病或生殖精神病。在當代，許多未婚媽媽把嬰兒留在產房裡不辭而別的情況很多，雖然沒有親手殺害嬰兒，但對嬰兒置之不顧的做法本身就說明爲母者已失去基本的人性了。

此外還有一種產後憂鬱症（Post-partum blue），就是在經過激烈的生產活動後，精神上經不住壓力，慢慢地把不愉快的心情投射到嬰兒的身上，誤以爲是嬰兒害了她，造成她目前的悲慘處境。當這種想法日趨強烈、日趨定型的時候，就有可能做出危害嬰兒的舉動來。[8]

作爲女性犯罪，殺害嬰兒是非常重要的狀況之一。神經錯亂的母親之所以會做出殺害嬰兒的舉動，其中有個很重要的原因是來自母親的心理錯覺，即「嬰兒是屬於我自己的東西」。因爲通過十月懷胎，又是從「我」的身上產下嬰兒，所以嬰兒是我的東西。在著名的希臘神話裡，美狄亞爲了向拋棄自己的丈夫報復，親手把兩個兒子殺死，在她的感覺中，就從來沒把孩子看成是兩個獨立的小生命，而是作爲自己的東西，輕易地毀了他們。[9]

因此，生產本身是一件生理和心理同是發生巨大變化的活動，殺害嬰兒這一罪行卻正是這兩方面的原因同時在起作用的結果。

六、自然犯罪的原動力

它是一種本能的衝動，或叫生物能量。它的生物化學物質基礎正是男性荷爾蒙。它引起攻擊，引起強姦和殺人。

人的許多行爲都與性慾有關：明顯的或隱蔽的，直接的或間接的，即使是商業行爲，也是如此。比如，今天「穿」這種需要並不是服裝行業繁榮的眞正基礎。它的眞正基礎是男性荷爾蒙。

服裝行業的老闆自然懂得，他們的任務是使千百萬女子永遠不滿意她們掛放在衣櫥裡面的那些現有的衣服。「我們務必使她們不滿意到這樣的程度：她們的丈夫或男朋友由於一時出於節約的考慮，不但不能得到幸福，反而得不到安寧。」老闆說。

男性荷爾蒙和女性荷爾蒙的量若是過多，則性慾亢進。

在猴的大腦，有個叫「攻擊中樞」的部位。若刺激它，猴便有攻擊行爲出現。若將該部位破壞掉，即使刺激了「攻擊中樞」，猴也只是畏縮不前，不發動進攻。

人是動物的一種，他的攻擊行爲必定也有個腦科學、神經行爲學和內分泌學的生物學基礎。

希特勒和他的同夥以及日本一大批戰犯，在他們死後，我們都沒有對他們進行屍體生理解剖，否則，我們或許可以從中得到一些有價值的東西，作爲他們罪惡政治行爲的一點小小的補充說明。

---

❶《愛因斯坦文集》，第三卷，第二九八頁。

❷❸ 同上，第三〇六，一三二—一三三頁。

❹ 同上，第一九八頁。

❺ 中田修《月經與犯罪》，載金剛出版刊物《犯罪精神醫學》，日文版。

❻ 淺香昭雄《染色體異常》，載《神經進步》雜誌，一六卷一〇六一頁，日文版，一九七一年。

❼《犯罪心理學》森武夫（日），邵道生等譯。一一一一三頁，知識出版社，一九八二年。

❽ 福島章《現代人的攻擊性》，太陽出版，六八—七〇頁，日文版，一九九一年。

❾《希臘神話故事》施瓦布（德），劉超之、艾英譯。一二三頁，宗教文化出版社，一九九六年。

力比多·性能量·男性荷爾蒙

——用男性荷爾蒙重新梳理弗洛伊德學說

我們這個時代充塞了太多的現成「眞理」，以致於取消了我們自己能動性的思考，封閉了我們的情感，使我們成爲只會接收指令的機器人。相反，我們兩位筆者則喜歡「工作假設」❶，它是邀請我們登上思索之旅的請柬，令我們生機勃勃，勇往直前探索。須知，人性原是自由的，它愛好具有主體性的行爲，渴望把握世界的主體快感。

同愛因斯坦、克勞塞維茨一樣，弗洛伊德（一八五六—一九三九）也經歷過戰禍。戰爭逼使他們三個人都對人的本性進行了迫切的反思。第一次世界大戰爆發（一九一四），弗洛伊德曾這麼寫道：

這場戰爭把我們野蠻的本能赤裸裸地暴露了出來。我們把隱藏在心靈深處的惡魔給放出來了。

這個惡魔究竟是什麼東西?它的眞相究竟如何?這個人類生死攸關的問題曾苦惱過弗洛伊德。

他習慣把自己對這個充滿痛苦的世界的所感、所思,以及自己對人類深層心理的探索所獲得的心得都寫進他所創建的精神分析這一思想體系。他那段時期的世界苦悶和探索就結晶在《自我與本我》(一九二三年)一書中。

研讀弗洛伊德,我們發現,他並不像某些充滿激情的哲學家(如黑格爾、尼采)那樣把自己的理論和體系宣稱爲「眞理」。他只是很謙虛地、也很客觀地稱自己所創建的「精神分析」學說只是一個供研究用的「假設」(工作假設),是一個可以藉此接近人心結構(內部精神狀態)的門徑。正因爲是「假設」,所以就意味著可以讓後人去修正、補充、發展乃至將它推翻。

我們感謝「假設」的盛情、大度和對世界眞理的開放胸襟!它引起了我們積極的參與,在對人心深層結構這個問題的考察過程中,有關戰爭與男性荷爾蒙這個主題多次迫使我們產生了試圖用男性荷爾蒙這個觀念去重新梳理弗洛伊德學說的興趣。當然我們所做的一切也是個工作假設。要知道,弗洛伊德在創建他的學說的時候,國際內分泌研究水平尚未提出荷爾蒙這個觀念。一九三五年合成出主要由睪丸分泌的男性荷爾蒙睪酮之後三年，弗洛伊德即在倫敦逝世。如果他活到一九四五年，他會有時間用男性荷爾蒙這個觀點去重新刷新、修正一下自己的學說，使它獲得一個更堅實的現代生物化學基礎，把其中猜測和假設成分削除到最低限度。

「精神分析」學說的出現，一開始就有一個明顯特點：它不同於一般的書齋理論，不是某位飽學之士面壁九年竭思殫慮的結果；它是一種「治療法」，是臨床應用的一門技術，也是一門經驗科學。作爲一個精神病的臨床醫生，弗洛伊德每天面對很多精神病患者，接觸人性的種種黑暗面；同時他又作爲一個嚴謹的科學家，面對不斷發現的新現象、新素材，他必須認眞地勤奮地思考、探索和研究。他的理論是建立在實踐的需要之上的，因爲他必須將他的病人治癒。因此，他的體系不是一座封閉的金字塔，一旦建成，就只能供後人瞻仰和憑弔；而是一條開放的地下鐵道，歡迎隨時不斷地開拓、不斷地向前伸展……

到今天，凡是想對人性作些了解的人，幾乎誰都繞不開弗洛伊德，因爲他提供給我們的概念（術語）是一串串對號的非常有用的鑰匙，幫助我們去打開人性深層結構一道道神秘的大門。由於歷史的局限，他的理論也許會顯得有些古怪和艱澀❷，但遵循他的思路，用我們這個時代的語言和術語去重新梳理他的學說，賦予它嶄新的意義，正是我們兩位筆者撰寫本章的動機。

弗洛伊德在《自我與本我》一書中明確地揭示，在人性裡有兩大領域，一是起支配作用的野蠻感情，另一個則是在蠕動著的文明觀念。這是一本有關精神地理學的著作，他試圖在人類精神內部探尋出這兩種東西的確切位置。儘管他沒有也不可能看到今天腦科學的新成果，可他的探索方向，即處處爲人的精神活動探尋其生化基礎，卻是非常正確的❸，也是極富啓發意義的。在這裡，我們可以看出他的努力方向同達爾文、愛因斯坦和洛倫茲等學者是一致的。

「精神地理學」，是的，我們在這裡正式提到它！這對我們讀書界也許還是個陌生的名詞。可是它明確地表示：人的情感、思想、意願和行爲等所有的精神活動，都同人的身體的某個解剖部位有一一對應的關係。新大陸是哥倫布的發現。當無數探險家在地球的每個角落尋找「未知的土地」（The land unknown），弗洛伊德也在尋求，不過他尋求的是精神的新大陸。在人類精神研究史上，弗洛伊德已經是不折不扣的哥倫布，因爲他發現了「無意識」這個迄今爲止不爲人知的精神領域。這就是他在「精神地理學」上的劃時代的貢獻！

根據弗洛伊德的見解，在人類的內心存在著原始的願望和衝動，這是些屬於動物性的要求，他把它稱爲「本我」（Id），是片黑暗的叢林（請注意，這是個地理學名詞）。當人類還處在原始時代，文明的思考尚不存在，只是率性而動，像森林裡的動物一模一樣，爲了食物和滿足性慾可以隨意殺人。而且是亂婚，即憑藉暴力，同自己的女兒也會性交。

隨著生物進化過程向前推進，經過幾百萬年的漫長時間，人類爲了生存、繁榮和安全，只好群居。群居即是社會生活。要群居就必須壓抑個性。正是這一個壓抑過程創造了人類文明史。就像在濃密的叢林裡開闢出一處空地一樣，弗洛伊德把它稱爲「文明的開拓地」（又是一個地理學詞匯！）。幾千年的文明史，就是幾千年人類本性的壓抑史。這片文明的開拓地或拓荒地，弗洛伊德把它稱爲是「自我」的活動。文明的「自我」與野蠻的「本我」同時寄宿在我們的人心，而且是以互相對抗的兩種力的形式存在著。德國偉大詩人歌德因受不了這兩種力的板塊巨大擠壓和撕裂，所以吶喊出這樣的詩句：「哦，兩個靈魂同時寄宿在我胸中！」其實，他的波瀾壯闊的一生都在這兩種力之間尋找一種和諧的平衡。蘇東坡也憎恨這兩種力對自己的撕裂：「長恨吾身非我有，何時忘卻營營！」（這營營就是「本我」！）

而戰爭正是人類野蠻的「本我」占上風的行爲。當一九一八年第一次世界大戰結束時，計有七百萬青年陣亡，一千八百萬人殘廢。戰爭的風暴過去了，可人心中的惡魔仍然在活動，比如，希特勒正在滿懷仇恨，開始下決心，準備不做畫家或建築師，而做個政治家，並把他的野心一一寫進了《我的奮鬥》一書。也是在這時候，成千上萬的人們在跳著充滿原始野蠻氣息的爵士樂舞：那激烈而有誘惑力的節拍在呼喚著叢林時代獸性的躁動和攻擊慾。弗洛伊德悲哀地嘆息：「在我們所有人的內心都有一個野蠻人的存在。」（其中以希特勒心中的野蠻人最凶惡、露骨）

弗洛伊德擔心文明力量的微弱，爲人心的墮落而擔憂。他曾預言，只要心中惡魔不除，戰爭還會爆發。果不其然，弗洛伊德在他垂老的晚年又遇上一次戰爭，而且它的規模更大，更殘酷，連他本人也不得不走上逃亡之途，而最終客死他鄉。

當時，在他的診所裡聚集著許多來自世界各國的名流，他們的精神支離破碎，行爲稀奇古怪。弗洛伊德由此可以更深入、更詳盡地窺探到人心內在的種種奧秘。他在這方面的努力探索和活動，超過了世界上其他任何一位思想家。因此，他對人類深層心理的關注，對「野蠻」與「文明」的衝突的焦慮，早已超出了對男女關係「性慾」問題的關心。其實「性慾」問題始終只是一個爆破口，因爲在這個環節上，人類的「野蠻」與「文明」這兩種力的交戰最爲激烈，最爲白熱化。

對於「性」在精神方面所起的障礙作用，弗洛伊德也是通過臨床才有所發現的。在對歇斯底里病人的催眠療法過程中，病人常常會發現過去在性方面所受到的傷害及其對精神的影響。他發現，在這些病人的內心往往有一股難以控制的力量在躁動。

這就是在野蠻叢林裡活動著的那股活生生的怎麼也壓不垮的力量，那是人類與生具來的原始性能量。弗洛伊德在同精神病人的對話中，他時時驚訝地感覺到了它的頑強生命力，以及它對人類文明意識的激烈衝擊。

由於受當時「能量守恒」理論的影響，弗洛伊德假設在人身上具有一種心理生物學的能量，即一種性能量，他稱之為「力比多」（Libido）。他把人的精神活動看成是這種能量（Energy）的消耗、積蓄、增加、減少和轉移等活動。這樣就為人的精神活動尋找到了一個物理力學的基礎。精神分析學說把這樣的觀點稱之為「動力—經濟」理論（Dynamic-economic theory）。

弗洛伊德認為「力比多」是來自野蠻叢林的「本我」的一種「內驅力」。在精神分析學說裡，這「內驅力」❹概念，另有一種意義。弗洛伊德用它把人的心理活動同生物學的過程統一起來把握。「本能」（Instinct）這個概念一般是生物學的意義，而「內驅力」則意味著生物學的本能同心理能量結合在一起的合力。

力比多是一種性能量（也許榮格的看法更合理，他把它看作是一種「生命力」）。這種原始的性能量釋放，弗洛伊德認為只有兩個去處，一個就是性本身的滿足；另一個是性願望在直接得不到滿足的情況下，通過「昇華」（Sublimation）的方式才得到滿足。比如，但丁失去心中的愛人，就在作品《神曲》裡同愛人幽會，同她一起升天入地。這昇華在人類文化創造中的作用是巨大的。它安頓了科學家、藝術家和哲學家的靈魂。愛因斯坦聲稱：「要不是全神貫注於客觀世界，那個在藝術和科學工作領域永遠也達不到的對象，那麼，在我看來，生活就是空虛的。」（《我的世界觀》）十九世紀英國詩人華滋華斯則用鏗鏘的詩句寫道：

我還覺得
有一種力量縈懷，
生出思想的快意，一種崇高的感覺。

其實在希特勒的胸中也有這力量在日夜縈懷，不過，他把它引向了惡，引向了破壞世界。要是當年他十八歲考上了維也納藝術學院，那情況又會怎樣呢？

「力比多」追求快感，當它受遏時，就轉化爲一股蠻橫的攻擊力量（破壞慾），它就變成弗洛伊德所說的「惡魔」。比如嬰兒吮吸乳汁，當母親的乳汁流暢時，嬰身會很滿足，很恬靜；而當吮吸不出，嬰兒就會煩燥不安，甚至發出攻擊性行爲：嚙咬母親的乳頭。

弗洛伊德的「性」是個被擴張了的概念，因此每每引起誤解。「力比多」作爲性能量也是一種廣義的說法。力比多淤積過多，就會造成「憂鬱症」、「躁動症」等神經病狀。因爲基本的生命能量得不到應有的釋放，就會尋找機會興風作浪。

我們注意到，弗洛伊德關於「力比多」的概念只是一個工作假設。他在一九〇五年出版的《性三論》（Drei Abhandlungen zur Sexualtheorie）中說：「關於性興奮的化學基礎，爲了同這樣的觀察相一致，也爲了把握住性生活中的精神表現，我特別鑄造了『力比多』這一輔助概念。」（很巧，也是在一九〇五年法國著名生理學家朗・塞卡德正式把從狗和豚鼠睾丸中提取的內分泌液

命名爲雄性荷爾蒙）

弗洛伊德通過觀察，意識到應該有個適當的概念來統攝某一大堆現象時，才創建了「力比多」這一概念。而我們今天則更清楚地知道：性興奮的生物化學基礎正是性荷爾蒙！因此，我們完全可以用更爲醒目、更符合當今科學水平的「男性荷爾蒙」直接了當地去替代「力比多」，至少在本書中可以這麼做。

力比多↓性能量↓男性荷爾蒙，這個概念的歷史沿革，是本書兩位作者的工作假設。我們相信，它是一種更爲接近事實、概況事實的假設。

男性荷爾蒙是一種原始的生命力，它的整個身體傳遞生命的信息，是位化學信使。它本身是股頑強的力量，無所謂善，也無所謂惡，就看人類怎樣去運用它（須知，「善惡」的概念本是人類進入文明期後才產生的一種哲學、倫理道德概念。就男性荷爾蒙本身來說它是非善非惡、亦善亦惡的）。它既是最直接的慾望（性慾），同時也是一種創造力（衝動）。（它使我們想起火，想起諾貝爾發明的高強度的炸藥。該炸藥可以用來開礦、修鐵路，又可以用來製造炸彈）

由於男性荷爾蒙是一種自由游離的攻擊能量，它對人的情緒起著極大作用。我們可以看到，戰爭是起因於人類感情中的激怒（Rage）、憤怒（Anger）和仇恨（Hate）這些最強烈的激情。戰爭的目的可能在於經濟、政治等，可戰爭的行爲本身卻一定是由一小撮人發起的，儘管後來是群體的形式。這一小撮人必須充滿狂熱的激情，才會有不屈的鬥志，才會舉刀揮劍，點起戰火。

在一組定量的測試中，西方學者普魯奇克於一九八〇年發現，在人類感情中有幾種強度最大的感情，這就是憤恨（Fury）、恐怖（Terror）、激怒（Rage），其點數分別爲：一〇·一三，一〇·一三，九·九〇。要知道，這些感情都是發動侵略戰爭、破壞世界的原動力。而愛（Love）、信任（Trust）和寬容（Tolerance）分別是：九·七三，五·〇〇，四·五〇。其他如好奇心（Curiosity）、愉快心（Cheerfulness）、容納（Acceptance）、心平氣和（Mindfulness）、滿足（Cratification）和期待（Expectancy）則分別只有五·五〇，五·七〇，四·〇〇，四·三六，六·〇〇，六·七六。❺這些有利於建設世界的人類感情強度都遠遠在破壞世界的感情之下！（當然這些定量的數據只有參考價值）

在這裡，我們可以看出人類是多麼容易爲破壞世界的感情所左右！親愛的讀者喲，料你已經同我們一起看出，我們的人性原是何等的脆弱！恐怖使我們逃避，放棄做人的正義、道德良心和責任；而憤恨卻又使我們盲目地衝動，幹出最愚蠢的事情：文革時期打派仗，以及毀滅人類自身的戰爭。

今天在馬路街頭，我們常看到被一點鷄毛蒜皮的小事而激怒起來的雙方，他們恨不得用刀捅死對方，其時雙方的寬容和信任感情已經降低爲零。

二十世紀的晚鐘正在敲響，我們之所以選擇「戰爭與男性荷爾蒙」爲我們研究的專題，就是因爲有感於人類爲自身的愚蠢付出的代價已經太大太大（本世紀的兩次世界大戰將會令我們的後代吃驚！）我們痛定思痛，該是拿出自己的同情心、智慧和勇氣來面對人心中惡魔的時候了！

也許我們的嘗試一開始就走錯了方向。不過在當代先進的企業策畫中，「試行錯誤」❻是每份Project（計畫）所必須付出的代價，它本身就是規劃的一部分，而且是非常重要的先導部分。我們的嘗試也許正是這麼一種「試行錯誤」，它也是不可缺少的。況且對照日後的科學研究成果，不僅我們的努力是「試行錯誤」，就連愛因斯坦、弗洛伊德的成就也是「試行錯誤」。不過，這是些光榮的令後人尊敬的「試行錯誤」！因爲錯誤是正確的先導。因爲絕對眞理是相對眞理的沙粒序列一致逼近的極限！

---

❶ 一九九六年六月九日，由中日兩國學者參加的《東方思想研討會》在上海花園飯店舉行。筆者有幸同日方著名的學者梅原猛教授進行了交談。梅原先生在哲學領域的研究具有原創性建樹，以致於他的研究成果在日本被尊稱爲「梅原學」，在他的著作裡，我們發現他對「假說」的觀點，同我們的意見基本上一致。這理由其實很簡單，正如梅原猛先生所說的那樣：「一切學問都是從假設開始的。」（見《阿伊努族是原始日本人嗎？》梅原猛、埴原和郎著；第一九六頁。小學館，一九九三年，日文版。）

❷ 我們甚至覺得，這也只是因爲我們並不了解它的緣故。其中譯文的質量也負有責任。在中國，再也沒有哪一位科學家像弗洛伊德那樣既廣被人知又不被人所了解的了。人們一提起他的名字，就會帶著神秘兮兮的一笑，笑得很猥褻，很不健康。

❸ 他對這方面的關注，甚至引起他的女弟子荷奈（Karen Horney）的非議，稱他的「生物主義」傾向太過嚴重。詳見《精神分析新道路》（New ways in psychoanalysis，一九三九）一書。

❹ 「內驅力」，弗洛伊德使用的德語是「Trieb」。當它被譯成英語時，曾被譯爲：instinct, drive, instinctual drive, drive impulse等等（Strachey, J.，一九六六）。對於這個概念，弗洛伊德曾作過如下說明：「……內驅力（Trieb）這是個處於精神和肉體之間的邊界概念（Grenzbegriff），即有機（身體）能量的精神表現。」（一九一二）

❺ 《感情心理學》，福井康之著：一〇七頁。川島書店，一九九一年，日文版。

❻ 「試行錯誤」又名「試行錯誤學習」（Trial and error learning），是實驗心理學和行爲科學的一項內容，詳見《現代心理學入門》，本明寬等編。第九四，一三四，一三六，一三八，一四二頁。實務教育出版，一九八五年，日文版。其實通俗的說法，就是我們平時常說的「摸著石子過河」，允許犯錯誤的意思；還有「付學費」等說法。

兒童破壞世界的本能

——從精神分析觀點看兒童的不安→攻擊鏈

兒童究竟是「天使」還是「暴君」？我們回答：當他的慾望被滿足時是「天使」，不滿足時則爲「暴君」。而慾望的滿足與否正是人類愛憎的根本起源。這是有關人的哲學的一條重要原理。

一、從出生體驗到鏈式裂變反應

一般人總以爲，兒童是最純潔的天使，永遠不會傷害他人。在日常生活中人們常說「像孩子那樣純潔，像嬰兒那樣天眞無邪」。甚至古今中外的先賢大哲也有這樣的看法。

比如，東方智慧的象徵老子就說過，爲人處世，要像初生的嬰兒那樣無邪無慾，才是最好的處世方法；他把達到這種境界的人，稱之爲具有「赤子之心」，有修養、有智慧的聖人。

近代德國哲學家尼采也是如此。在論治學時，他把一個人的治學過程分爲三個境界：第一時期是吸收、積累的境界，勤勞努力，多多益善，一聲不響，就像駱駝一樣，處於這個時期的精神特徵是「忍耐」；第二時期是勇於提出自己的觀點和看法，敢冒天下之大不韙，哪怕做出驚世駭俗之舉，也要向讀書界作獅子吼。它的特徵是「勇氣」；第三時期，被他稱爲「赤子時期」，到了這個境界，把創造當作遊戲，天眞無邪地開創一切，能幹出獅子所不能幹出的成績。從這樣的比喻，我們可以看出尼采也把兒童看作是沒有攻擊性的象徵。

老子把嬰兒當作「無欲」的象徵，可是他錯了！嬰兒非但有慾望，而且有強烈的慾望，並且要求他人無條件地滿足他的慾望；尼采認爲赤子是「無攻擊性」的生命，其實他也錯了！儘管嬰兒活動從表面看上去不可能像獅子那麼凶猛，但他的啼哭、他對母親乳頭攻擊性的嚙咬，無一不是攻擊本能的表示！

由於不懂得道德和文明，也沒有良心上的壓束（因爲他還沒成熟到有良心和理智的地步），兒童也許是世界上最無情、最殘酷的一種攻擊性動物。無奈他手中除了啼哭和咬母親乳頭外，再也沒有什麼致命武器。

兒童之所以給人以一種沒有攻擊性的錯覺，可能是這麼兩個原因：

第一，因爲他弱小。他一旦離開父母的照料，顯得是那麼無助，孤苦無告。

第二，因爲他的一切行爲和活動離不開大人，似乎顯得都在大人的控制之下，沒有什麼危害性。即使有些什麼舉動，後果也不嚴重。

因此，如果一個嬰兒狠狠地咬了母親乳頭一口，你也許不會感到這是一種攻擊；如果有個成人拿了刀狠狠地砍人一下，你就會馬上認爲他在施行暴力，是在犯罪。其實這兩種行爲的起因在本質上是一樣的，都是由於自己的要求得不到滿足，向他人作出凶殘的攻擊。

老子和尼采的錯誤是在於不了解今天精神分析學說所發現的種種基本事實。這是時代和歷史局限了他們。

當代精神分析學家通過大量的臨床觀察和研究發現：兒童生來就有強烈的慾望和攻擊性傾向，並在成長的各個時期都有鮮明的表現。現在我們把它概括爲「兒童破壞世界的本能」。讀者手中這本書力圖要表達這樣一個主題：人類的暴力行爲和攻擊性，同動物的攻擊性一樣，都是出自原始的本能。它是遺傳來的。文明人類的行爲是兩大合力的結果：環境（後天）造成的；遺傳（先天）造成的。戰爭也是這合力的結果。克勞塞維茨在《戰爭論》一書提到人的原始、盲目衝動，其實就是一種動物的原始本能。

我們在這裡需要說明的是：攻擊性是一個中性的概念，不存在「好」或「壞」的涵義。我們提到「攻擊」和「慾望」之類術語，只是在作現象性的描述，沒有褒貶的意思。因爲「攻擊」和「慾望」的存在與否是科學上的眞與假，至於這種「攻擊」和「慾望」本身是好還是壞則是倫理道德上的善惡問題。當然我們「求眞」的最終目的還是爲了探尋「向善」的道路，但在整個過程中這兩者是不可等同的。

「攻擊」這個詞匯，誰都知道，可誰都不容易講清楚它的確切涵義。根據英國精神分析學家斯托（A. Storr）在《人的攻擊性》（Human Aggression）一書的說法，心理學家、精神科醫生對這個詞是在人類行爲的廣泛意義上使用的。他說，當嬰兒大聲地哭叫著要哺乳瓶時，這便是攻擊行爲了；爲了奪回丈夫的愛而自殺或企圖自殺的老婆也是在施行攻擊。❶

我們再補充以下事實：失戀的女子匆忙地找個她並不愛的男子結婚，是報復，也就是攻擊行爲；在古代科舉屢試不中，故作超脫，笑罵官場，發憤著書，是攻擊的變形。爲父母所溺愛，沒有個人自由，向家庭反抗，處處對著幹是攻擊的表現；反過來扼殺自己的意志，竭力做得比父母要求的還要好，寧可壓抑得自己生病，抹殺自己個性也要努力做個「好孩子」，這也是一種攻擊。不過前者是陽性攻擊；後者則是陰性攻擊：即通過自我傷害，來引起父母的焦急不安，作爲自己痛苦的補償，並在暗中將它視爲快樂的源泉。其實，魯迅筆下的阿Q，便是陰性攻擊的典型。跳樓自殺也是陰性攻擊。

在精神分析領域對兒童心理分析做出了較大貢獻的是克萊恩（M. Klein，一八八二—一九六〇）。她是弗洛伊德的女高足，長期從事兒童精神病的治療，關於兒童「幻想與分裂」的理論就是她的重大建樹。有關兒童的攻擊性，她提出了一個「不安→攻擊原理」。

我們且來作個假設：試想嬰兒原來在母親的子宮裡，沉浸在女性荷爾蒙（即所謂的「羊水」）中，陰涼、潮濕，人有種元安全和安心感。從母體吸取營養，無憂無慮，也很少消耗能量。一旦懷孕期滿，他就要被拋到世界上來。突然要離開那無限舒適的五星級子宮（這其實是嬰兒的天堂，嬰兒的桃花源），中間又必須經過狹窄的產道（這使他破天荒第一次遭到壓迫、壓抑）才能呱呱落地。如果是難產，他稚嫩的頭部也許會碰上一個巨大而野蠻的產鉗（根據統計，由產鉗產生的嬰兒容易成爲不良少年）❷。他就是這樣經過一次「暴力體驗」被凶狠地、不由自主地拖出了原來的逍遙宮。被產下後，皮膚立即受到空氣的壓力和氣溫的刺激。這就是我們每個人都要經過的「原（元）創傷」階段。（中國的朱子關於「元」說得很精闢：「元者，乃天地生物之端。」）被拋到的這個世界是個陌生、令人不安的、甚至充滿了「敵意」的世界。

這就是在精神分析理論中極爲強調的「出生體驗」。根據弗洛伊德的說法，「出生體驗」是今後人生一切不安狀態和掙扎的雛形。從出生體驗產生的不安是對死亡的恐懼（Fear of annihilation）；這是第一意義上的被害意識。（晚年的斯大林便有被害意識）

既然降臨在一個陌生而令人不安的敵意世界，兒童出於一種自我保護的本能，就會對外界保持著警惕和敵對態度。在原始細胞那裡，我們也可以看到這種本能的表現。比如在水裡最原始的單細胞草履蟲，如果有人在水的一端放進一點點酸，那麼草履蟲就會朝沒有酸的一端游去。這是很明顯地通過逃避本能在進行自我保護。再比如植物向有光的地方發展，是植物的一種生存、發育的本能。自然界的動物保護色便是一種自我保護的本能。比如，沙地上的蝗蟲、沙鷄、沙狐和其它慣在沙地生活的動物，其身體顏色多淡色，或深褐如沙，爲的是迷惑敵人，逃避天敵的侵害。而作爲嬰兒、兒童用攻擊的方法來保護自己，也完全是一種本能的行爲。軍事家們常說，「最好的防禦是攻擊」。看來，兒童的行爲反應是很符合這條軍事原則的。因爲弱小無助的嬰兒面對的是一個巨大的充滿了「敵意」的世界！

根據克萊恩女士的研究成果，這種敵意會呈鏈式裂變反應，成百倍地強化攻擊本能。如果我們來做一個定量的推斷：假如一分的陌生會導至十分的不安，而十分的不安又會產生一百分的敵意，那麼最後，這一百分的敵意就會轉化爲一千乃至一萬分的攻擊力。回顧人類歷史，有些戰爭恐怕就是這麼打起來的。當然還有當今世界的新納粹現象和奧姆現象。在這些現象的後面，恐怕也或多或少有這種性質的不安→攻擊鏈在。

克萊恩女士生有三個子女，但她只對大兒子埃利希（Erich）作過精神分析。所謂精神分析，就是仔細地回答兒子提出的問題，同時記錄兒子行爲的古怪地方，不斷地尋找原因來解答它。在同他交流時，克萊恩甚至把爸爸、媽媽之間怎樣性交和怎樣懷孕也詳細地告訴了他。由於她的大兒子對周圍世界的了解，不陌生，他的成長就比較健康，能夠同外部世界進行交流。埃利希對這世界沒有不安心理和敵意，當然也就沒有攻擊行爲。因爲我們指出過，從語言符號系統的誤解，往往也會引出人類戰爭。

而她的另外兩個孩子發展情況就不太理想。比如小女兒做數學，解方程式，只要出現有兩個未知數的情況，她就沒辦法解。克萊恩後來發現原因所在。原來這小女孩就是因爲沒有搞清楚爸爸媽媽是怎麼回事，只要題目出現兩個未知數，她就聯想起潛伏在心理一直得不到解答的問題，爸爸和媽媽對她來說也是兩個未知數。她爲此苦惱而不安！❸可見「無知」會產生不安，而這種「不安」顯然成爲她學習的精神障礙，使她產生排斥學習的攻擊行爲。

二、「白日夢」

克萊恩精神分析理論中的精華「原型幻想」和「對立分裂」都是來自嬰兒同乳房的關係。克萊恩告訴我們，當嬰兒有吮奶慾望而沒得到滿足（具體地說，當他的嘴巴前面沒有可愛的乳房時），他會感到不滿，大哭大鬧，同時也會產生一種幻想：他想像有一隻豐滿的大乳房在自己的嘴巴前面。通過仔細觀察，你可以發現，即使沒有乳房，嬰兒也會作吮吸狀。年齡稍大一些的，就吮吸自己的手指頭。這就是嬰兒在「幻想世界」裡找到的補償性滿足。克萊恩稱之爲幻覺的滿足（Hallucinatory Gratification）❹。

這也是我們人類最早的「白日夢」（Day-dream）。由於「白日夢」的機制，才緩解了人類在慾望得不到滿足時的焦躁，也減輕了因此而可能發生的攻擊性衝動。今天沒有牛奶、麵包和兩室一廳，就幻想明天會有。「待業」比「失業」這個用語好，是因爲「待業」給人希望、期待、軟化、緩解可能會發生的對社會的攻擊行爲。Penis→Pen的實質也是白日夢。科學、藝術、哲學創作，甚至麻將、撲克，都是白日夢。宗教也是白日夢。

在電子遊戲機房裡，我們看到有許多孩子整天沉醉在那裡，內容都是打仗、格鬥之類的攻擊活動。這是因爲在現實生活孩子們有許多不滿和壓抑，現在都發洩到電子遊戲裡去了。電子世界既是想像世界，又是個可以發動攻擊的地方，所以孩子們尤其是男孩特別喜歡。這一半是因爲男孩的男性荷爾蒙所致，另一方面，投影（Projection）機制在這裡也起了極大的作用。在無意識中，孩子所攻擊的正是那些他所憎恨的對象。這也就是全世界電子戰爭遊戲盛行的原因。其實，大人看足球、看拳擊也是出於同樣的心理。逃離日常生活世界進入一個幻想世界，就是「原型幻想」。

當我們在外界不如意時，就會強烈地希望找一個可以寄託精神的地方，哪怕是個洞穴也好。這種強烈的衝動，就是一種向子宮回歸的衝動。古代的隱士，比如陶淵明的「歸去來兮」，是很好的代表。他的《桃花源記》，裡面沒有時間、沒有歷史、也沒有人世間的爭執，它簡直就是子宮生活的一個生動回憶！

根據克萊恩的觀點，在餵奶過程中，由於母親的奶汁不一定永遠是那麼豐富和流暢，於是就產生了有奶和沒奶兩種不同情況。當嬰兒想吮奶時，有奶的乳房對他來說就是「好乳房」；而沒奶的乳房就是「壞乳房」。「好乳房」是能夠滿足自己慾望的好（Good）東西，值得留戀與嚮往；而「壞乳房」則不能夠滿足自己慾望，是個可恨的壞（Bad）東西，成爲憎恨或仇恨情感的來源。這時候嬰兒的自我發生了分裂的過程（Splitting Processes）。在吸不到奶，因飢餓感而產生的「敵意」轉化爲攻擊衝動，並把這種內在的原始本能的攻擊衝動投影到壞乳房上面去❺。這同成人的心理一樣，當他對什麼進行攻擊時，往往先把「敵意」投影到對方，說成是由對方造成的，責任完全在對方。日本侵華戰爭（包括今天日本的中小學歷史教科書）也用了同樣的伎倆。今天的新納粹和其他暴力行爲亦如此。

---

❶ 《人的攻擊性》（英）斯托著，晶文社，一九九三年，日文版，第一二頁，日譯者高橋哲郎。英文原版：Human Aggression, 1968 by Anthony Storr. First published by Allen Lane, The Penguin Press Ltd. Harmondsworth, Middlesex, England.

❷ 《不良行爲心理學入門》，福島章著，中公新書，一九九一年，日文版，第三五頁。

❸ 《二十世紀女性精神分析學家》，（美）賽伊爾斯，晶文社，一九九三年，日文版，第三三一，三三三頁，日譯者大島卡奧利。英文原版：Mothering Psychoanalysis, 1991, by Janet Sayers. Hamish Hamilton Ltd., London.

❹ 《幻想的．分裂的世界》，（奧）克萊恩著，誠信書房，一九九三年，日文版，第十頁，日文譯者小此木啓吾等。英文原版：The Writings of Melanie Klein Vol.3:Envy And Gratitude And Other Works (1946–1955) 1975. The Hogarth Press Ltd., London.

❺ 同上；第七九頁。

人類攻擊性再探討

——對戰爭行為深層根源作進一步剖析

公鷄之間的廝殺是沒有理由、說法的，人類則不然。發動侵略戰爭總要有個理由、說法；沒有理由、說法的戰爭是沒有的。而理由、說法的前提是有了語言。於是我們得出一條因果鏈：語言→腦→發起攻擊→投入戰爭。這鏈便是本書要展開的第四個主旋律。

在許多戰爭主題的影片中，我們常常看到這樣的鏡頭：一方面是人類之間相互廝殺的場面，是那麼殘酷無情；另一方面又有生死相愛、難捨難棄、纏綿緋惻的情景。戰爭與愛情是人類永恒的主題，而死亡與生命的對立更給人以強烈的印象。殘酷的戰爭是屬於死亡、攻擊的範疇，而纏綿的愛情則是屬於生命、愛慾範疇。我們把前者稱為「破壞世界本能」，後者則爲「建設世界本能」。

對戰爭行爲深層根源的剖析也許要落實到對「破壞世界本能」的研究上。而對「破壞世界本能」作探討，又不得不把問題追溯到人類「攻擊性」上。

在所有的脊椎動物裡，人類除了會殺害同類之外，還會對殺害行爲感到痛快和滿足。在殺死成千上萬人後，還要舉行「慶功會」、授勛典禮和建立「凱旋門」這類炫耀武功的儀式，這種行爲只有人類才會獨有。

人類不僅同其他動物一樣具有攻擊性，而且還具有人類所特有的更爲殘酷的攻擊方式。爲深究這種行爲，我們特提出以下三個問題（克勞塞維茨的《戰爭論》遺漏了這些重大課題）：

一、所謂攻擊性是人類與生俱來的，還是後天產物？

二、所謂人類特有的攻擊性是什麼？

三、所謂具有雙向性的攻擊性，究竟指什麼？

一、對人類攻擊性起源研究的意義

關於人類攻擊性起源的問題一直是國際學術界爭論的焦點，人類的思維方式習慣於兩分法，對這個問題也是如此。一派學者認爲攻擊性是通過生物遺傳因子「與生俱來」的，而另一派則認爲人類攻擊性完全是由後天環境原因造成的。在這個問題上，西方學術界的爭議不休，就如同我國先秦時期關於性本善（「性善論」）還是性本惡（「性惡論」）的爭論一樣，意見總是對立，很難統一。

對人類攻擊性的起源的認識，有很重要的現實意義。因爲對人性善惡的基本認識，決定了對人類社會管理的方向和採取的基本對策。這在社會學意義上是非常重要的。

比如孟子認爲「人性善」。對人類在社會中行爲，他強調人類自身的精神修養，「我善養吾浩然之氣」，（《孟子．公孫丑上》）；即便對於不義之徒，也重在感化，喚醒他的良知，改過自新。喚醒良知的前提，是必須要相信有這麼個良知的存在。孟子是相信這一點的。因爲他說過「惻隱之心，仁之端也；羞惡之心，義之端也；辭讓之心，禮之端也；是非之心，智之端也。」（同上）在「仁義禮智」後面是善良的人心在起作用。

而荀子則認爲人性本惡。因爲他看到在社會活動中，人類有自己的慾望，所作所爲，無一不是爲了滿足這慾望。人有「私慾」，便有爭鬥。爲了管理好這麼一個爭端不休的社會，就必須用「刑法」。所以在中國政治思想史上就出現了繼承「性惡論」的法家思想。其代表人物就是韓非子，他的著作被稱爲「帝王學」，其中講述的都是如何針對人性「惡」而作種種對策和控制。

同樣，搞清楚人類攻擊性起源的意義亦在於根絕戰爭。

二、人類是自產生語言後才開始有攻擊性的

一九六五年，人們發現了一塊原始人化石。同其他原始人不同的是，在那塊化石上還發現了狗的牙齒和齒痕。這一發現，使人們提出了一種新假設。因爲根據原來的推斷，原始人是吃草的。可從那塊化石上，看出人曾經同鬣狗作過激烈的格鬥。由此推理，那格鬥時的原始人已經有了吃肉的習慣，因此才同鬣狗爭食。同時也養成了人擊倒動物、保存自己的鬥爭創造力。

正是基於這個想法，美國人類學者利基（L.S.B. Leaky）在加利福尼亞大學第五屆腦功能研究會（一九六五年）發表了題爲《史前期人類攻擊性的形成》的論文。根據他的說法，史前人類經歷了三個階段。第一，無攻擊性時期；第二，不被動物吃掉自己的自我保衛時期；第三，積極地製作武器，狩獵動物，這是人類具有眞正攻擊性的時期。同時他還提出，大約在三、四萬年前，人類是在發現並使用了火，且有了語言能力和宗教概念以後，才開始產生暴力的。❶

一九七二年，利基同劇作家、人類學家阿德萊（R. Ardley）對談，討論人類攻擊性的起源。利基強調人類是有了交流（Communication）後，才產生了敵意、巫術和信仰的，並對死亡有了認識。阿德萊也認爲，人類攻擊性同動物一樣，是保衛自己地盤的本能。由於語

言的產生，人類開始學會如何把自己非理性的衝動加以合理化，並通過雙手學會製造武器。人類特有的攻擊性也隨之而生。這同後來文明期的戰爭找種種藉口一樣，語言在人類攻擊性方面起著決定性影響。這一點，也是戰爭起源的關鍵問題之一。因爲只有通過語言作用，戰爭才打得起來。比如，軍國主義的日本，就是通過鼓吹「聖戰」，爲了抵抗西方英美的「鬼畜」，才把日本人民驅趕到戰火中去的。希特勒早在《我的奮鬥》一書中就把發動第二次大戰的種種理由寫得清清楚楚。

儘管利基先生不是語言學家，也不是心理學家；他把攻擊性看成是後天獲得的觀點，尤其是他強調語言同暴力的關係，畢竟開創了人腦同暴力之間關係研究之先河。

而我們則發現：發動侵略戰爭總要有個理由、說法。沒有理由、說法的戰爭是沒有的。而理由、說法的前提則是有了語言。在戰爭中，煽動性的宣傳對人之所以能產生巨大作用，是因爲語言操縱了腦活動（所謂「意識形態之爭」也是通過語言在起作用）。這正是希特勒、戈培爾重視講演、廣播的深層原因。納粹德國是通過一整套完備的語言符號系統來操縱八千萬德國人的。貝多芬、布拉姆斯和布魯克納（所謂三B）的音樂也被他們歪曲成了納粹的語言符號。偉大的貝多芬被利用，說納粹的語言，使納粹發動的侵略戰爭合理化，這的確是德國藝術史上最可恥的一章！

動物格鬥的規模和殘酷程度遠不如人類戰爭的規模和殘酷，是因爲動物的語言遠不如人類語言這樣發達的緣故。

三、腦、語言和意象：人類特有的攻擊性

按一般說法，勞動創造了人。但這個說法很含糊。這裡的勞動究竟是指什麼性質的勞動呢？須知在那個時候，人類不可能從事生產性的勞動。爲了活下去，他們只能搏擊動物，然後用火來烤著吃。因此，他們的勞動只是製作進攻武器的手工活動。人腦同其它動物腦的一大區別是在於人會製造並使用工具。手的運用促進了腦的發達。而腦在發展、發達的同時，攻擊性也在與日俱增。指出這一點，是很重要的。

對於原始人來說，活下去就是意味著必須不斷地進攻、進攻、再進攻！

正是出於攻擊的需要，手才會去製作工具，而製作工具又刺激了腦。我們還可以這麼說，正是攻擊性創造了腦，就如同第一和第二次世界大戰促進、繁榮了科學研究和工業生產一樣。這聽起來很難想像，而事實上確實如此。

根據科學家的研究，人腦本身潛伏著語言機能。由於人站立起來。手被解放出來以後，可以用手取食，並把它送到口邊。這樣把原來以嘴銜物的口也解放出來。「以嘴銜食」是口的第一功能。這個功能漸漸退化，向第二功能「以口發音」階段轉化。於是產生了語言。大腦皮層也隨之日趨發達。

一九六七年，美國人類學會召開了以「關於戰爭和攻擊性的人類學」爲題的年會。人類學家霍盧維（R. L. Holloway）發表了《人類攻擊行動》的講演。他認爲對人類特有的攻擊性應該分三個框架來談：

1.人類種類的獨特性：這獨特性表現在人類本能個體發展特異性和人類所特有的象徵化機能；

2.從心理方面來說，兒童成長過程必然伴隨的攻擊性；

3.集團性的感情構造。❷

在這裡，我們有必要補充說明一下「象徵」在人類生活中的作用。我們人類其實生活在腦、社會結構和象徵系統這三種構造之中。

我們的腦對世界具有感知能力。腦把它的所感所知，通過大腦中樞神經系統化，左腦形成了概念和語言，而右腦則形成了圖象（即意象）。語言則是經過理性處理過的象徵，而意象則是非語言的象徵。比如「此中有眞意，欲辨已忘言」。陶淵明在這裡所感覺到的東西就屬於非語言的象徵。「已忘言」不是想不起什麼話或者不知用什麼話來表達的意思，而是指一種「非語言性」，同語言沒有關係的細微、豐富的感受。這就是對右腦意象系統在活動的一個很好說明。

我們生活在一個象徵系統中。語言是源自左腦的抽象的「記號」（Code），而意象則是屬於右腦的形象化的「記號」，兩者都具有象徵功能。比如，國家的名稱是語言記號，而國徵和國旗則是意象記號。再比如，爲了紀念戰爭的勝利，立碑的作用就在於同時用語言和意象這兩套「記號」系統來表彰戰功。

人類把感覺到的、體驗到的東西以記號的形式儲存在大腦之中，並賦予它以一定的意義。對記號賦以意義，是人類大腦特有的現象。它既是人類文明和建設世界的源泉，也是人類破壞世界的根本原因之一。

因爲這套象徵系統就是人類內在的精神現實或靈魂狀態。比如，嬰兒當母親不在身邊時會哭，感到不安。他把「母親不在」這一事實翻譯成「母親丟下我不管」的記號意義，因此他感到極度不安。在這裡，我們發現有兩層意義可深入探討。

一、對「記號」的意義各人的領會是不同的。比如，日本人看到「日章旗」會感到激動或驕傲；而抗戰時期的中國人則把它叫做「膏藥旗」，恨之入骨。即便是今天，六十五歲以上的中國人依舊很反感。同樣是一面旗幟，但它被作爲一個「記號」來看待時，它的含義是因人而異的。

二、對「記號」讀解的同時，伴隨著強烈的情緒反應。如果嬰兒把母親不在身邊解釋爲「媽媽是爲自己去拿好吃東西才出去的，她馬上就會回來的。」那麼，也許他就不會號啕大哭，而會微笑著等待母親的歸來。

這兩種情況是人類大腦所特有的狀態。由於人類的大腦會對「記號」作反應，這就造成人類會出於抽象的原因而殺人和戰爭。動物的攻擊是出於滿足食慾的簡單需要，這是個很具體實在的低級原因。而人類卻會因爲「信仰」不同而造成「信仰之爭」（政治信仰之爭，宗教信仰之爭等）；人種、民族不同而造成「種族之爭」和「民族之爭」。在這背後起作用的就是每種信仰、每個民族都有一套它所特有的象徵系統，對同樣的事物，引起的反應和對此所作的解釋都不盡相同。當這種不同的地方在一定的時間和空間引起衝突時，就爆發了戰爭。當年「珍寶島」的中蘇武裝衝突正是一場意識形態之爭。

貓捉老鼠，有時不馬上把老鼠吃掉，而是反覆地逗弄它，放放捉捉。這樣做，貓可能是藉以練習自己的反應。我們很難想像貓會對老鼠有刻骨仇恨，或有信仰之爭而故意地去折磨它。

在自然界，動物的相爭，比如猴子爭大王，只要有一方服輸，另一方也就保住了自己的地位，絕不會一定要置對方於死地而後快，或者就是要盡情地羞辱對方、折磨對方，從中取樂。

而人類的行爲卻大不相同。在吉朋的《羅馬帝國衰亡史》中記載：巴基爾二世在打敗敵人以後，對那些死守彊土的敵方士兵非常惱怒，刻骨仇恨。於是下令把一萬五千名俘虜的眼睛統統刺瞎；但留下一百個人，只刺瞎一隻眼睛，讓他們做百人隊隊長，帶領其他俘虜回去。

因此，斯托說，「關於動物的殘酷性，往往只是民間的傳說；而人類的殘酷性卻是不容否認的事實。」❸我們認爲，這殘酷性是由於人類擁有發達語言的緣故。❹

正因爲人類有獨特的語言符號系統，才會把人類的殘酷行爲合理化。同時在人腦裡記錄著許多經驗，其中當然包括受挫折和受侮辱的記憶。因此被戰敗者會有強烈的復仇慾望。邱吉爾在《第二次世界大戰回憶錄》（第一卷）中早就精確地預言：「一個自豪的民族（指德意志民族）在戰爭中被擊敗，就必定力圖儘快重整軍備，這是很自然的。」當然這是政治家的預言，而不是一位腦科學家、內分泌專家或犯罪生物學家的預言。前者的預言是表層的，現象的；後者是深層的，本質的。不過根據直覺、經驗判斷，政治家的預言往往也是很精確的！深層預言的依據則是：因爲人類同動物有三個重要區別：

第一，過去的事情會對現在發生重大影響。比如兒童體驗到滿足的感覺時，他會笑。在受到挫折時，他會哭。我們成人往往把這些反應看得很平常，卻想不到這些活動將會對兒童帶來什麼重大影響。其實，人類不會輕易地忘記掉自己體驗過的經歷。兒童的挫折感往往潛伏在他的潛意識中，成爲後來攻擊行爲的種子。弗洛伊德精神分析法的精髓即在於重視人的早年精神創傷，把潛意識的內容意識化，這就好像推理小說家，通過嚴密的推理找出眞正的兇手。而這個兇手就是由挫折養成的攻擊性，它往往在我們的幼年時期便偷偷地鑽進了我們的心房。

第二，人類心理會有「投影」的習慣。所謂投影（Projection）就是把自己情緒、想法和態度等等投到對方的身上，理解成是對方對自己的態度，而事實上他人並沒有這樣的想法。比如，歐洲中世紀的魔女事件，村裡人把地方上的災難，如瘟疫流行，看成是幾個女孩子造成的。於是開始了一場捕風捉影的迫害事件。德國對猶太人的迫害就是典型的「投影」心理。希特勒除了認爲猶太人是劣等民族之外，他還揭發：猶太人有侵占整個世界的企圖。這樣就更激發起德國人的恐懼和仇恨心理（詳見第三編有關分析）。

第三，「同一化」心理。把個人的壓抑與不快，轉移到比自己強大的他人或集團身上，然後把他人或集團的思想和宗旨看成是自己的思想宗旨。這就叫「同一化」（Identification）。新興教團如奧姆眞理教等之所以有那麼多教徒盲目聽憑教主的擺布，就是因爲這些教徒都已完成了這個「同一化」的過程，把教團的利益看成是代表個人和世界的利益。像這種經過幾層歪曲的精神狀態和行爲在動物是完全不可能有的。因爲動物沒有發達的語言符號系統。人類戰爭規模和殘酷程度是同語言符號系統的複雜程度成正比的。「左腦之爭」的前提也是有了語言符號系統的緣故。公牛之間、公羊之間、公鷄之間……的攻擊和好鬥不是「左腦之爭」，因爲這些動物沒有發達的語言。它們發起攻擊是沒有理由和說法的。人則不然。人之所以有別於其他動物，是因爲人有了發達的腦和發達的語言。

因此，潛在的象徵系統（「攻擊種子」一旦被喚起，就伴隨著強烈的情緒活動）以及人類特有的「投影」和「同一化」心理，便形成了人類攻擊的獨特性。

四、慾望與攻擊性

人類是有慾望並力圖不斷滿足其慾望的動物。前面我們已經說過「慾望」得不到滿足會轉化爲「攻擊性」的道理。現在圍繞這一問題再作些詳盡的探討。

「慾望」得不到滿足或者受挫折，英語叫「Frustration」。人類生活在一個充滿慾望的世界。但並不是每個慾望都能得到滿足的；就算滿足了，又會產生新的更大慾望。這個對慾望追求—滿足的普遍世界的處境，確實正如叔本華所說，它使人類永遠搖擺在滿足與煩惱之間。

慾望得到滿足了，當然不會有什麼問題。但問題是慾望得不到滿足時人的反應會怎樣呢？一般來說，慾望得不到滿足，可能是出於兩種情況。一種是滿足個人要求的目標被關閉了，這被稱爲「要求受阻」（Thwarted need）。比如你正打算同你心上人結婚，可突然她跟別人走了。此時，你的目標便失去了。

另一種是滿足個人要求的手段受到妨礙，這被稱爲「目標閉塞」（Blocked goal）。比如你想擁有一台最新電腦，可是你每月收入所得全都要作爲家用。此時，你的目標儘管很清

晰，可是通往這目標的道路卻給堵住了。❺

人的一生無論是誰都會面臨這樣的處境。在這個使人煩惱的處境裡，人在生理上和心理上都會受到巨大壓力，造成心理的緊張感。這種緊張感很難受，而這種狀態，中文似乎沒有相應的詞語，用英語表達就叫「Frustration」（一種慾望受挫的狀態）。人們總是力圖用種種方法來消除這種不快的緊張感。

人面臨慾望受挫的狀態，一般有三個反應：

㈠、積極面對障礙（也就是我們常說的困境），直接消除障礙，來實現自己原來的慾求。比如，婚姻對象突然不見了，那麼，就是踏破鐵鞋也一定要去把她找回來。

㈡不採取直接的辦法，用別的辦法達到目的。還是用上面的例子，那就另外找個對象，培養感情結婚。問題也同樣能得到解決。

㈢另外找一個目標，通過努力去到達它，藉以獲得補償性的滿足。比如一旦被女人拋棄，覺得人生的幸福不應該操縱在別人手裡。就索性做個單身漢，另找一個崇高的目標，努力接近它，同樣可以享受人生的快樂。比如徒步走遍天涯的余純順。

我們把上面㈠和㈡稱爲「適應反應」或「適應活動」，而㈢則稱爲「補償行動」。在採取了以上三個行動中的任何一個之後，那種心理上不快的受挫感基本上便可以消除。此時人會感到痛快和幸福。我們從中可以發現，所謂幸福的滋味，往往並不是從外界得到些什麼的快活，而是自己內在消除了什麼（即緊張感、恥辱感等）所獲得的輕快感，解放感。在戰場上，古人有「哀兵不敗」的說法，因爲哀兵胸中有團「悲壯」的情懷，他們要「雪恥」，所以更爲勇猛，鬥志昂揚。

有許多戰爭都是因爲「報復」而打起來的。如果不打的話，這團受侮辱的情緒就會燒焦自己。就像得胃潰瘍一樣，只要不把「不滿」公開地表現出來，這團「不滿」情緒就會「攻擊」你的內部，在你胃壁上穿個空。德國發動二戰原因之一，正是爲了報復一戰的慘敗。

對「慾望↓滿足或得不到滿足」這組活動的反應，每個人是各不相同的。我們把各人的反應模式稱作爲「性格」。生活中，我們常見到形形色色的性格：有的人「不達目的不罷休」；有的人則「稍有挫折即廢然思退」。其實這都是他們處理、消解不快緊張感的方法。

消除不快的緊張感有很多方法，簡單地舉一些例子，下面都是常用的心理防衛機制。

壓抑（Repression）：把無法完成的願望壓抑到無意識中去。比如，婚外戀同社會道德有衝突，就把這個慾望壓抑下來，使它被遺忘。事實上，是不可能全被忘記的。在適當時候仍要浮現出來，冒出來。精神分析法就是著重開掘人的有害的被壓抑慾望。

倒退（Regression）：把自己從高慾求的緊張處境裡解脫出來。比如有的學生從來不遲到，可一旦遲到過一回以後，就非但常常遲到，有時還索性曠課。

逃避（Withdrawal, Escape）：當無法適應環境時，就通過逃避的方式來消解不快緊張感。所以有人迴避現實世界，躲在自己的小天地裡，這叫「自閉症」現象。嚴重的甚至通過自殺來逃避。也有沉浸在自我意識中，通過做「白日夢」來陶醉自己。

合理化（Rationalization）：通過改變對事物的看法來消解慾望得不到滿足的緊張感。比如幹不好一件活，強調客觀原因，把責任推到別人身上。狐狸吃不到葡萄說葡萄酸，就是最好的例子。事實上這是一種自我欺騙，而本人往往對此毫無自覺。

攻擊（Aggression）：通過攻擊性行爲來發洩當願望得不到滿足時的憤怒或憤懣。攻擊有兩種方法，一是直接攻擊自己願望的目標；另一種則是間接地轉移到其他地方。比如，有人失戀，直接殺死自己苦戀的對象，這是一種攻擊。或者失戀以後，並不對對象發動攻擊，而是轉而去破壞其他東西，比如損壞公共財產等等。

在所有這些心理防衛機制當中，其它的方法都沒有損害他人，唯獨「攻擊」機制危害性最大。爲什麼貧困地區容易產生暴動和械鬥呢？主要還是由於慾望一直得不到滿足，所以用「攻擊性」行爲發洩其不滿。

在對兒童的教育中，我們絕不能忽略培養兒童的忍耐力。當慾望得不到滿足，產生不快緊張感，就要讓孩子學會如何同這種不快的緊張感相處。

現代的家長往往盡量滿足孩子的要求，孩子想什麼，就立即滿足他們。這樣會造成孩子缺乏應有的忍耐力（Frustration tolerance），使他們無法適應陌生的社會。獨生子女往往不懂得，實現自己願望是需要無限的耐心和花很多汗水、心血和功夫的。

這些孩子不懂得如何學會正確地處理自己慾望，只會依賴他人；而依賴本身正是攻擊性的另一面。這樣的孩子身處社會會感到不安，因爲他們希望有人照顧他們。如果社會不能按照他們的預想那樣去照顧他們，他們就會對社會不滿，並通過「投影」心理機制，把自己的不滿投向社會，反而看成是社會對他們的迫害。於是便變成了心懷憤懣和不滿的「憤怒的一代」。如果遇上壞政治家的利用，就會非常自然地變成當代一個個黨衛軍惡棍。

人類只有在徹底地了解了人類本性以後才有可能控制自己、把握自己。社會發展日趨都市化，造成人類生存空間的過分密集，也是人類攻擊性產生的原因之一。洛倫茲在他的名著《所謂惡：侵略自然史》中提出攻擊的三大機能：

一、對同種間的個體保持適當的距離，使用疏散的方法（Spacing out）。

二、通過同性夥伴之間的鬥爭，弱小者被淘汰。

三、對無助兒童的保護。❻

他把攻擊看成是進化過程中的必然和必須現象。與他的看法相反，我們則認爲人類可以避免或根絕戰爭。

在本書中，我們努力尋找、發現並指出人類的弱點，爲的是提醒人類去注意、控制它。我們指出人類身上有潛在的、瘋狂的破壞性本能（戰爭就是這一破壞性本能的總爆發），就是想叫人類正視它，醫治它，根除它。因爲拯救人類，歸根究底要靠人類自己。

維生素C發現者、諾貝爾獎榮獲者賽恩特・杰盧奇（A. Szent-Gyorgyi，一八九三—）對地球文明所面臨的危機大聲疾呼：人類眞是發了瘋的猿猴！地球上再也沒有其它任何一種動物像人類這樣愚蠢到要存心毀滅自己和世界的地步。他指出人類有三條自取滅亡的道路：除了「環境污染」和「人口爆炸」之外，還有一個就是「軍備」的擴充。二次世界大戰，爲了所謂的「安全」，美國花費了一兆美元用於軍備，而事實上卻是買來的一張參加全球性毀滅（世界大戰）的入場券！❼

《聖經》上說，上帝創造人用了七天（其實用了六天，因爲到第七天上帝就開始休息了）。事實上，大自然在地球上創造人類這一物種整整花費了三十五億年的時間。可現在人類手裡擁有核彈的總數，不僅可以毀滅人類，就是連整個地球也都可以在一瞬間之內毀滅掉五、六次！

當我們站在二十一世紀的門檻上，我們是用和平的、吉祥的鐘聲去迎接新世紀的來臨呢，還是繼續用地雷爆炸聲和大炮聲把心驚膽戰的人類再一次拖進一個充滿災難的深淵？這難道不是我們每個有幸即將跨進二十一世紀的人，尤其是各國政治家，在夜深夢回之際，都應該捫心自問一下的問題嗎？

唉，好的壞的都怪人類有了高級語言！

人類攻擊性均來自他的語言符號系統：向善的方向是文明建設；向惡的方向是戰爭。沒有語言符號系統，人類文明和人類戰爭行爲都是不可能的。這就是人類攻擊的雙向性。我們的努力目標就是要把雙方性改變成單向性，改變成建設世界的和平取向。

---

❶《攻擊性》原俊夫、鹿野達男編，第一八八，一八九頁。岩崎學術出版社，一九七九年。日文版。

❷同上，第二〇〇—二〇一頁。

❸Gibbon, Edward, The Decline and Fall of the Roman Empire (London:Meth-uen, 1898), vol. VI, p.136-7.

❹《人的攻擊心》（英）斯托，第一三八頁，晶文社，一九九三年。日文版，日譯者高橋哲郎。英文原版：Anthony Storr:Human Aggression (The Penguin Press Ltd.) 一九六八。

❺《慾求不滿足的背景和表現》大原健士郎，見《現代精神》雜誌第四十一號第二十頁，至文堂，一九七〇年。日文版。

❻《攻擊》（奧）洛倫茲，分別見第三、第七章，Misuzu書房，一九九六年。日文版，日譯者日高敏隆、久保和彥。德文原版：Konrad Lorenz:Das Sogenannte Boese-Zur Naturgeschichte der Aggression (Dr. G. Borotha-Schoeler Verlag, Wien) 一九六三。

❼《瘋狂的猿猴》（美）杰盧奇，第一二七，一三九頁，Simul出版會，一九七二年。日文版，日譯者國弘正雄。英文原版：Albert Szent-Gyorgyi:The Crazy Ape and What Next? Copyright 1970, 1971 by Albert Szent-Gyorgyi.

第二編：人類原始部落的戰爭

原始部落的動物性戰爭

在這一章中，我們要提到「史前史」這個術語。英文叫Prehistory，德文叫Vorgeschichte。根據德國歷史哲學家、存在主義創世人之一雅斯貝爾斯的定義，「絕對史前史」（Die absolute Vorgeschichte）是指公元前四〇〇〇年以前的人類歷史。（參見雅斯貝爾的名著《歷史的起源和目的》，一九八八年德文第九版，第五十六頁）

不過在我們精讀了這部歷史哲學經典之後，我們才發現了它的一大欠缺或疏漏：幾乎沒有一處思考人類戰爭現象，包括戰爭的起源和它在人類文明史上的荒誕作用。

雅斯貝爾斯在這樣一本著作中居然沒有論及戰爭本質，這不能不是一個遺憾。當然這絲毫也不影響我們（本書兩位作者）對他的敬重，因爲他畢竟還寫了一部五〇五頁的巨著《原子彈和人的將來，我們時代的政治意識》。在我們的心目中，他依然是現代西方一位重要的戰爭哲學家，儘管他沒有從生物學的深層角度去剖析戰爭的根源。他早年學的是醫學，他若走上從生物學角度去論述戰爭這條思路，可謂易如反掌，而且也是研究邏輯的必然。

一、爲什麼女子不適宜打獵、打仗？

要從深層結構回答這個提問，必須探討男女不同的生理構造。因爲這不是一個社會學問題，而是個生物學問題。

的確，在原始史前史社會，只有男子打獵，女子做些採集和後勤工作。（相反的情形幾乎是沒有的）

因爲用弓箭、標槍（矛）打獵需要體力、速度、敏捷和凶猛。從生物學角度來說，這些都是女子的弱項，卻是男子的強項。

原始人打獵用的生產工具（弓箭和矛，還有石塊等），也是當時人類進行戰爭的武器。人同獸搏鬥的工具、動作和技巧，也是人同人相互撕殺的武器、戰略和戰術。一點也不會多，也不會少。生產工具＝戰爭武器。兩者是合而爲一的。這是原始時期戰爭的重要特點之一。

據最近美軍有關部門研究表明，女子作爲士兵，她在體力上僅及男子的六八％。若要完成非常吃力的軍事任務，只有三％的女子能夠勝任，而男子則有八〇％可以擔當此任。❶

所以，在原始社會，生產分工和打仗由兩大因素決定：

年齡和性別。

女子和年老的男子是不宜作戰的。

打獵、打仗幾乎都是青年男子的事。因爲這兩種活動或人類行爲都需要男性體內一團自由游離的進攻能量來完成。

二、原始人的動物性戰爭

在一些原始人居住的洞穴中，考古科學家很少發現什麼武器。只是一些濠溝和籬笆，多半用來防禦野獸的攻擊，而不是防禦敵人。但是後來，在遠古氏族聚落的遺址，也就是說，當人類從低級野蠻社會向中級、高級野蠻社會進化，戰爭現象才日益頻繁起來，因爲人們發現了大量作戰用的武器。

在成年男子的墓穴中，發現武器也是常有的事。這說明戰事已經很頻繁、普遍了。有的人類學家作過統計，當人類進入農業社會，其戰爭頻率遠比原始社會的戰爭頻率要高。❷

我們以爲其中一個重要原因是：人類語言符號系統開始形成了，發達了，戰爭也隨之頻繁了，殘酷了。生產工具發達的後果是：第一，語言也隨之發達了；第二，作戰武器開始從生產工具獨立出來。正是這兩個後果使人類戰爭不僅頻繁起來，而且也變得越來越殘酷。

在原始社會和早期的農業社會，搏鬥、廝殺多半具有心理上的替代刺激功能。或者說白一點：A部落同B部落廝殺一陣子，多半具有娛樂色彩，就像今天我們踢一場足球，把男性體內自由游離的攻擊能量釋放出來一樣痛快、過癮。

A、B兩個原始部落之間的廝殺動機主要是爲了在飽食之後，肌肉發脹，得到一種興奮，一種快感，❸而不是出於政治、經濟和社會學的原因。

其實，讀者手中這本書想要表達的只是一個主題：

從人類第一場戰爭到最後一場戰爭。其中或多或少恒有一個角色參與，這個不變的基本角色便是「男性體內自由游離的攻擊能量」。

注意，不是其他能量，而是人體內生理加心理的攻擊能量。（男性荷爾蒙是形成該攻擊能量「聯軍」的一個主力「師團」）

歐洲史前史的考古發現表明，在這個大陸的許多不同地區，原始部落與部落之間的戰爭還是時有發生的。中歐和西歐的大部分地區常被來自東歐的部落占領。❹

在這些原始部落，男性荷爾蒙的攻擊能量通常有兩個釋放的口子：性愛攻擊和打一仗。比如有的部落盛行同性戀。他們認爲，只有經過同性戀時期，柔弱的男孩才會成長爲具有凶猛攻擊性的、雄赳赳的男子漢。❺

幾乎所有的原始部落都認爲，理想的男子漢是軍事首領。（即使是今天，也有許多女子愛慕既英武又有文化的雄風十足的軍官）因爲在這些軍事首領身上具有下面這些素質：

驃悍、富有攻擊能量、野性和雄赳赳的男子氣概。更爲重要的是，他是帶頭羊，能領導整個部落朝著一個確定目標前進，把他們從不自覺引向自覺，用自己的堅強意志去點燃群體身上的熱情。

在原始部落，一個成年男子的唯一標誌是終於成了一名合格的殺手：打獵場上和戰場上的鬥士。這便是戰爭、經濟生產和宗教生活三而爲一的基礎。

這是人類原始部落動物性戰爭的顯著特點。

在原始部落，男子漢氣概（Masculinity）是至關重要的一件事。而戰爭永遠是男子漢氣概的一塊試金石。如果說，森林和戰場是男子漢的英雄用武之地，那麼，果園便是女子活動的範圍。

如果你把敵方的村落和居民都毀掉，殺掉，你的大丈夫男子漢氣概才算完成。當然不是一次性完成，而是一而再、再而三地通過戰爭來顯示男子漢氣概的強度，顯示男性體內自由游離攻擊能量的大小。

幾萬年的悠悠歲月過去了。人類建設世界本能是經線，破壞世界本能是緯線，這一經一緯才編織成了一部人類的歷史。

這兩種本能都是遺傳性獲得。只不過到了後來，通過戰爭（比如獵頭多少）來顯示男子漢雄風的原始觀念才漸漸隱蔽了起來，不那麼露骨。比如在「愛國者」和「飛毛腿」導彈的後面，你很難見出男性發達的肌肉，而是人類發達的智能。

看來，Masculinity（男子漢氣概）是一個很重要的概念。它不僅在人類原始部落戰爭中扮演了一個最重要的角色，而且它也像一根紅線，貫穿了人類全部戰爭史，即使是今天的戰爭。不同的，僅僅是今日的戰爭動物色彩變得非常隱蔽。它披上了很厚一層文明的外衣。

在本質上，所謂「男子漢氣概」並不是一個政治、經濟和社會學概念，而是一個生物學概念。用句科學的術語，該氣概就是男性荷爾蒙，就是男性體內一團自由游離的攻擊能量。氣概同攻擊能量是成正比例的。

體內攻擊能量越大，男子漢氣概也越盛。

「天寒日落愁無色，將軍一劍萬人敵」（宋朝，汪元量）這便是正宗的男子漢氣概。

「一身轉戰三千里，一劍曾當百萬師。」男子漢氣概的形象躍然紙上。

最後，我們也許可以得出這樣一條有關人類原始部落戰爭的哲學原理：在某種意義上，男人之所以漸漸成爲男人，是由一系列戰爭鑄造而成。或者說，男人是由戰爭塑造的。戰爭是座學校。（得出這條原理是痛苦的，但又不得不正視它，把它寫出來）於是出於邏輯的必然，我們自然要撰寫下面這一章。

❶ B. Hamer「Woman Body Builders」，載《Science》，86, 7（March 1986），pp.74–75。

❷ G. Leavitt「戰爭頻率」，載《Sciological Inquiry》，14（January 1977），appendix B.

❸ G. Lensk《Human Societies》（人類社會），一九八七年，英文第五版，第一五一頁。

❹ S. Milisauskas《European Prehistory》（歐洲史前史），一九七八年，紐約，英文版，第二〇三頁。

❹ B. Huyghe「暴力結構模式：男性成人儀式和部落戰爭」，載《Peace and War》一書，M. L. C. Foster等編，一九八六年英文版，第廿六頁。

有關核戰爭以前的戰爭一條哲學原理

雅斯貝爾斯有個命題說：「不是人創造了文化，而是文化創造了人。」❶我們想把它改造、引伸出這樣一個主題：從某種意義上來說，不是人創造了文明，而是文明創造了人。或者說得更全面些：人類和文明是相互鑄造的。當然這是一個漫長過程。

在人類歷史長河中，有幾件事是至關重要的。其中一件便是從狩獵和採集野果的原始社會向初級農業文明社會的過渡。早期農業文明的生產力遠比原始社會狩獵和採集階段發達，而戰爭也漸漸頻繁起來。這一基本事實令我們低頭徘徊，沉思良久。我們得出了下面這條邏輯發展鏈：

從狩獵和採集野果↓早期農業文明↓食物來源增加，人口增長，比較安居樂業↓生產力進一步提高，分工更明顯，複雜，經濟基礎更加鞏固↓人類語言符號系統開始發達，國家開始形成，冶煉萌芽，技術發明開始探頭，社會規模擴大，戰爭也隨之頻繁↓對戰士的崇拜和禮贊，社會不平等現象加劇……

在這條人類社會發展鏈中，我們最關心戰爭現象。它是隨著工具製造和人類語言符號系統一塊發展起來的。它們構成了人類文明的「群落」。是的，人類文明「群落」包括了戰爭。戰爭是「群落」中的一員！

人之所以脫離了動物世界，有別於動物，是因爲人類會製造工具（後來便是武器），以及擁有語言符號系統。然而正是這兩大發明塑造了人類自身，也帶出了人類戰爭。

讀者一定還記得本書第一編有這樣一節：「人類是自產生語言後才開始有攻擊性的」。現在我們對這個命題更有了一層深的認識。於是我們得出一條可怕的、荒誕的戰爭哲學原理：

人類戰爭是隨同人類文明一起來到人間的！

戰爭是文明的產物，是文明的怪胎。

後來，人類文明戰爭史同三五千年的人類文明發展形成了兩條平行線便越來越證明了這條哲學原理的正確性。

這是不容否認的事實，儘管我們不願意看到它。

不過，在今日二十和廿一世紀交替的核戰爭時代，上述哲學原理已完全過時了。因爲一場世界核大戰將完全毀滅掉地球上所有的男人加上所有的女人，而不再塑造什麼。只有毀滅，沒有塑造。

夜深人靜，我們（本書兩位作者）還站在復興中路與思南路交點處的梧桐樹下神聊。我們想起韋伯（Max Weber）的一句名言：

「軍事學科是一切學科之母。」（它彷彿推動一切，帶動一切）

是的，戰爭哲學是這樣一門學問：「死生之地，存亡之道，不可不察也。」

---

❶ K. Jaspers《歷史的起源和目的》，一九八八年德文第九版，第六一頁。

第三編：人類文明史上的戰爭

人類文明史上的戰爭哲學原理

在人類進化史上，人腦開始發達。生產所使用的石器和棍棒等既是人腦發達產物，又反過來推動人腦進化。語言，是隨生產工具一道產生的。在史前原始部落社會，部落民剛剛有了原始語言，他們之間便發生了械鬥。

械鬥原因不外兩個：第一，爲了爭鬥生存條件；第二，吃飽喝足了，男人們的肌肉發脹，就是想打一仗，把男性荷爾蒙剩餘能量釋放出來。這兩個原因便成了日後人類戰爭起因萬變不離其宗的元原因、基原因、太原因。只是文明越進步，這第二個原因便漸漸隱蔽在背後，幾乎叫人覺察不出來。其實它一直在後面或多或少起作用……

大約在新石器時代後期，大規模的有組織的械鬥——戰爭出現了，械鬥工具終於和生產工具分道揚鑣，兵器完全脫離了它的母體——生產工具。不過，在人類漫長的文明史上，不同的戰爭形式與不同的經濟生產方式是平行發展的。

戰爭形式總是無一例外地反映了當時社會經濟生產方式的最高水平。

或者說，人類生產方式與人類打仗的方式是對應的，緊密聯繫的。絕不會有這樣的情況：生產方式很先進，戰爭方式很落後；或者，生產方式很落後，戰爭方式會很先進。

人類生產方式愈發達，人類戰爭也愈加殘酷，規模也更大。

在農業文明時期，雙方交戰的士兵使用矛、長槍、劍、斧頭……就像種地那樣，其效率取決於體力。

體力的展現，可以露骨地顯示出男性荷爾蒙攻擊性的雄風。所謂赤膊上陣。

後來，戰爭在西方實現了工業化。

人類智力代替了人類體力。男性荷爾蒙和人腦中的鱷魚腦殘餘的攻擊本能漸漸被掩蓋了，而且隱藏得越來越深。

很隱蔽，很深，但依舊存在著。它重重地、層層被人類文明包裝了起來。很難看到原始發達的肌肉和胸毛……是的，從古到今，戰爭武器和作戰方式有了很大很大變化，但殺人這一條卻沒有變，不管用什麼武器去殺。戰爭根源、原因還是那幾個，包括生物學的原因，也就是太原因，元原因，基原因。沒有它的參與，戰爭就發動不起來。

現代戰爭的雙方可以不照面，相隔幾百公里。殺氣騰騰的戰鼓、肉搏和戰歌消失了。古羅馬史學家曾描寫過古日耳曼人作戰時的情景：戰士在狂吼，那是一種充滿憤怒的、嗜殺的和極粗暴的叫喊。那粗野逼人的聲音將攻擊本能從劍上移到了口頭上！！！今天的士兵不再狂叫了。他們把攻擊性本能從口頭上移回到了劍——火箭上。於是導彈、火箭發射時的呼嘯聲代替了原始部落作戰時的狂吼。

日本學者大木幸介在他的專著《今日所了解的腦》（光文社，一九九一年，日文版，第三四—三五頁）中指出，人腦中有個「扁桃核」，過去人們一直把它僅僅看成是產生攻擊性的部位，其實人的愛和恨這類強烈感情也是由它決定的。此外還有「海馬」（該組織在動物腦內）。海馬同扁桃核是連接的。海馬是記憶庫。記憶是復仇的基礎。今天，復仇、憤怒……這些原始感情儘管穿上了新型精確製造武器的外衣，但它的原始攻擊性本能依然還是幾萬、幾十萬年前的那個，一點也沒有進化。

一切都歸結爲有了人腦：大規模殺傷是戰爭最高原理，就像大規模生產是經濟的最高原理。前者是破壞世界本能，後者是建設世界本能。這一經一緯兩條線正好編織了人類文明史。這很荒誕，卻是事實。

哦，憤怒！憤怒是發動戰爭的生物學感情，恰如愛、親熱是建設世界的感情。在人類戰爭史上，侵略者在發動戰爭、動員千百萬群體的時候往往是有目的地製造出一個憤怒。於是它就成了被操縱的憤怒。愛因斯坦曾對此一直迷惑不解。（見本書附錄）

三十年代，日本軍國主義在對中國發動攻擊之前，總是要製造出一個全日本國民的大憤怒，說某個日本人（商人或士兵）在中國某地失蹤或被殺害，日本全國性報紙、廣播便大造輿論，於是日本國民憤怒了，紛紛上街遊行，摩拳擦掌，非要同中國打一仗不可。這便是被操縱的憤怒，也就是「作爲戰略的憤怒」。

一九九一年的「海灣戰爭」也是一種被操縱的憤怒產物。上億人在觀看電視新聞時，會不知不覺變得氣憤起來。不過，自己也總覺得這怒氣來得有些莫名其妙；它好像是從外部什麼地方給輸入的。

所謂「憤怒」，應該是個人與個人之間的心理活動（某人對某人的感情），而當它被投放在「戰爭」這一巨大的群體中，總令人感到它是一種被操縱、被利用的感情，而且是在千百萬台電視機前被製作出來的憤怒感情。

一九九〇年

八月二日　伊拉克軍隊入侵科威特；

八月八日　伊拉克宣布同科威特合併。

我們在電視裡看到這情況，感到非常吃驚，就好像看到有個滿臉橫肉的男人未經別人同意就闖進別人家裡，還宣布這家是屬於他的。這就是飯後茶餘我們在電視裡所看到的情景。

西方這種報導方式使我們在一夜之間產生了「伊拉克＝很壞，科威特＝很可憐」的印象。於是千萬個「憤怒之情」油然而生；而這個印象（圖式）便自始至終刻在腦海裡，揮之不去。此後媒體的報導無非就是強化這一圖式而已。

也許這個「戰爭」的腳本是按照當初寫好的圖式進行的，儘管會有些出乎意料的事態發生。

所謂當初的腳本即製造對方是「壞東西」印象的腳本。這個印象由下列事件加深到更加不可抹滅的程度。

腳本中的第一個景頭就是前面說到的對鄰國的突然襲擊。（實際情況遠非如圖式這麼簡單）

第二，扣留外國人作「人質」的事件。這便造成了全世界輿論的一致反感。而對那些等待「戰爭」的人來說，此舉又爲他們贏得了同情。

第三，在薩達姆身上貼上希特勒的標籤。

卡利姆替薩達姆當了四年保鏢，從伊拉克逃亡出來。他揭發了薩達姆總統許多暴行。據他說，薩達姆殺死數千人，有些人僅僅對入侵科威特持懷疑態度就給殺了。（《Focus》一九九一年二月八日）

無風不起浪，也許眞有這麼回事。美國總統的電視演說，也反覆地把薩達姆稱爲「希特勒」：薩達姆是個冷酷無情的殺人魔王、大獨裁者。

社會上還流傳著薩達姆是「精神病患者」的說法。喜歡使用火烤、切割生殖器和打釘子等刑罰。還傳說他同女大學生亂交，然後殺人滅口。

這樣的說法自然引起「衆怒」。把這種傢伙殺死，這樣的人沒資格活在世上，這些想法便是油然而生。

第四，有報導說薩達姆用金銀做成一座地下宮殿，一個人享受了巨大的財富。（菲律賓馬科斯有過大宮殿，羅馬尼亞齊奧塞斯科也有過個人皇宮。啊，原來薩達姆也是一丘之貉！聯想產生了效果！）這種流言對那些同「金銀」無緣的老百姓來說，特別刺激，特別容易激發起「憤怒的旋風」。因爲「薩達姆＝大壞蛋」。群情激怒被當代電視語言符號系統精心炮製出來了。於是多國部隊發起了「沙漠風暴」作戰。戰爭方式是先進的電子戰，而作爲人的憤怒還是幾萬、幾十萬年前那原始人類的憤怒！

＊　＊　＊

一切都歸結爲有了人腦，而今天的人腦又是被媒體牽著鼻子走的人腦！

人腦給人類帶來了幸福，建設，同時也給人類帶來了痛苦，破壞。

中國古代哲人的格言又一次回響在筆者耳際：

「禍兮福所倚，福兮禍所伏。憂喜聚門，吉凶同域。」

是的，吉凶皆出自人腦。人類腦帶來吉，鰐魚腦帶來凶。這是人腦進化論解剖學告訴給筆者的有關人類戰爭行爲的一條最高哲學原理。

＊　＊　＊

有人把戰爭比作是一種艱澀的語言，所以當索馬里那個男孩看到大街上的屍體遍地便極痛苦地發問：「這一切究竟是爲了什麼？」因爲他看不懂，聽不懂戰爭這種邪惡的、荒誕的語言。

未成年的小孩看不懂，聽不懂，大人又何嘗能完全看懂、聽懂人類戰爭這種奇特的語言？因爲它不僅是人類的語言，而且也是動物的語言。同時還是上帝安插、布置和編排好了的元語言。戰爭有自己的一套基本詞匯、語法和句型。戰爭語言同人類、人性一樣古老。戰爭語言的艱澀，正是人性的艱澀。它的複雜程度是人性複雜性的量度。

僅僅從政治秩序、經濟秩序和社會秩序去看，去聽，去讀，還不足以完全懂得它。還必須從人的心理結構和生理背景去看、去聽、去讀。比如從人腦中的許多「核團」和「海馬」這兩個解剖部位去對戰爭語言作深層的理解。因爲神經系統生理學家發現，由於海馬損毀，動物的行爲會發生一系列變化，包括攻擊性的減少。

* * *

人們譴責賣淫這個行業——肉體買賣。但世界上還有一種更罪惡的買賣：軍火交易。中東頭號軍火掮客阿南．卡休基曾直言不諱地說：「只有恐懼，恐懼！如果恐懼不存在，誰會蠢到想買武器呢？」

冷戰剛結束，西方媒體即預測西方軍火產業將逐漸步入衰亡期，然而西方軍火豪商們卻表示不足爲慮，因爲他們能看懂、聽懂、破譯人類戰爭這種瘋狂的語言。它的語法是：只要人性不變，人類繼續有原始、盲目的攻擊性，有鰐魚腦，有男人們的「左腦之爭」，有腦的「扁桃核」同「海馬」的連接，有憤怒、仇恨和一套語言符號系統，就會有人類的殘忍、嗜血和愚蠢，戰火就必然會四處烽起，軍火生意自然會發利市。據預測，二〇〇〇年亞洲地區的年軍火交易量將達到三千億美元！

* * *

沒有比在法國外籍軍團身上更能清楚地透露出人類戰爭的深層原因了。

法國是唯一廣招天下好戰分子組成常備外籍軍團的國家。法國外籍軍團始建於一八三一年。目前該軍團有八五〇〇名，大部分軍官爲法國人，士兵來自一三二個不同國籍！解剖這個軍團，就等於解剖了人類。

外籍軍團平均每年有七〇〇〇多人應徵，只有一〇〇〇來人能通過錄用考試。一經錄用，他們便立刻投入四個月的嚴格訓練。除每天學習法文、軍紀及條例外，還要「上刀山」適應風霜刺骨的冰天雪地環境；「下油鍋」學習在酷熱地區，例如在非洲沙漠的生存技能。另外還有射擊、登山、潛水等基本訓練。

參加外籍軍團必須簽五年的服役合同。在服役期間，必須嚴守紀律，絕對服從指揮。要在不被告訴目的地的情況下，登上飛機，到任何一個地方，參加任何一場戰爭。而且要有奪取勝利的堅定信心。

這最後一段話是個要害：原始、盲目的攻擊性本能是至關重要的。

法國外籍軍團的戰士必須具備兩個最重要的素質：嗜血好戰本性和絕對服從命令。該軍團是如此赫赫有名，以致於美國最精銳的海軍陸戰隊（共一九・七萬人）才願把自己同它相提並論。要知道，這支美國部隊每個士兵都經歷過地獄般的訓練，並有著鐵一般的紀律。

來自原東德的廿二歲的邁克爾被法國外籍軍團錄用，簽定了他渴望已久的五年合同。每月工資還不到一千馬克，（筆者在德國訪問期間每個月的獎學金是兩千五百馬克）他卻心滿意足，說他不是爲了錢來打仗的，而是夢想歷險和戰鬥，爲了滿足歷險帶來的刺激：「我想擺脫無聊的日常生活，到陌生的國家去感受和經歷一番。」

曾當過花匠的原東德人斯特凡說，他隨軍團到過非洲，參加過海灣戰爭，經歷了冒險和戰爭的刺激。

原先在德國是幹鉗工的托馬斯，身材高大，肌肉發達、健壯得像頭公牛。他說：「這兒總有事（指有仗打），讓人感到過癮。」

讀者喲，破譯人類戰爭語言的深層結構當從這裡入手！

你很難用政治、經濟學的傳統觀點去解釋這些以作戰爲娛樂的好鬥男性的動機。他們是肌肉發脹，不打仗，渾身就不自在。除了用生物化學觀點去看外籍軍團這些人的行爲，你還能有什麼其他別的解釋呢？

原來，不管是什麼現代化武器，裝備電子對抗設備的反潛直升機也好，新型的第四代主戰坦克也罷，在它們的後面，都隱隱約約有一個同人性一樣古老的角色在那裡起作用：男子肌肉在發脹！爲什麼會有這種生理現象呢？回答：這是男性荷爾蒙的生物化學的反應所致。當然還有腦的某些指揮攻擊行爲的部位！

當然，不是世界所有的男子肌肉都會那樣瘋狂地發脹。發脹的程度不盡相同。個體與個體之間，民族與民族之間的差異是存在的。

就是說，人類的好鬥和嗜血性儘管是普遍世界或世界普遍現象，但差異是存在的。是的，許多男子漢很粗野，不喜歡過安分守己的平靜日子，總想去冒險、開槍、殺人。地球上好像沒有戰爭的場面，就顯得單調、枯燥、無聊，沒有生氣。戰爭彷彿是一種最具有刺激性的、最叫男人過癮的成年人的遊戲或娛樂。你除了用人性去解釋這種現象，你還能用別的什麼理論呢？

按生物統計規律，每個時代總有一定比例的好戰分子。比如，我們說男人好鬥，就說：「這小子就像公鷄那樣好鬥！」這表明我們對個體好鬥性的強弱，距離我們所懷有的「正態分布」概念的偏離差已經大到了足以令我們吃驚的地步！（參見《應用於農學和生物學實驗的數理統計方法》一書，美國G．W．斯奈迪格著；楊紀琦譯，一九六六年中譯本，第二章：「從一個正態分布總體抽樣」）

納粹德國時期的作家雲厄（E. Juenger）便是一個嗜血分子。他把戰爭看成是一種神聖過程。過程本身比目的更能給他帶來刺激、興奮、快感。他認爲新的人類只能通過戰火才能煉出來。第一次大戰他志願當兵，十四次負傷，榮獲最高勛章。他很狂，很衝動。沒有目的的狂，沒有意義的衝動。第二次大戰，他隨德軍進駐巴黎。他鼓吹、美化戰爭的文學作品毒害過一代德國青年。不過自一九四四年他開始猛醒。戰後他「拿起筆來保衛和平和自由」（After the war he……took up his pen in defense of peace and freedom）❶在雲厄身上，Pistol←Penis→Pen的圖式演示是那麼典型，令筆者吃驚！

❶ L. L. Snyder《第三帝國百科全書》，一九七六年，英文版，第一八七頁。

在「兒童武士」的背後

——兒童破壞世界本能的戰場參與

「我們喜歡槍聲，它聽起來像音樂那樣美妙。」不少「兒童武士」這樣說。

在今天的地球上，近年來有二十多個熱點地區處在狂熱的戰爭狀態，比如阿富汗和中東地區，當然還有非洲和高加索。

有人估計，全球拿槍作戰的童子軍至少在二十萬左右，不過裡面很少有女孩！這一普遍世界現象又一次證實了本書的主題：

戰爭同男性荷爾蒙有緊密的邏輯關係。戰爭同雌性荷爾蒙則離得很遠很遠……趴在地上做開槍射擊的遊戲，是十二、三歲男孩熱衷的行爲。這是世界各地男孩共同的天性和本能。這是因爲受到男性荷爾蒙攻擊性和人腦中鱷魚腦殘餘的驅使。

在家織毛線、抱洋娃娃的遊戲，是小女孩最樂意做的事。這是世界各地小女孩共同的天性和本能。它因爲受到雌性激素（荷爾蒙）的推動。

在莫桑比克十五年的殘酷內戰中，常能見到年僅八歲的小戰士手握蘇制AK-47和美制M-16衝鋒槍在參加激戰。

在斯里蘭卡泰米爾猛虎組織中就有許多八、九歲的「兒童武士」。在與政府軍一次激戰中，有一八二名九歲的童子軍被擊斃。

蘇丹、哥倫比亞和叙利亞……都有童子軍。在阿富汗，到處都能見到肩扛火箭筒的未成年的男孩。在利比亞的救國陣線中，至少有六〇〇〇名「兒童武士」！

戰地指揮官喜歡用這些童子軍是因爲這些男孩思想單一，好指揮，可塑性強，還往往不拿薪水。

現代武器便於操作，也是兒童同大人一樣拿起武器走向戰場的重要原因之一。要知道，蘇制和美制衝鋒槍的重量都不到四·五公斤。孩子扣動扳機，就像在電子遊戲機房扣動電鈕進行格鬥那樣自如、輕鬆、簡便……因爲現代化輕武器造得越來越輕巧，容易掌握、使用，威力卻越來越大。

如今，在戰場上不用肉搏、拼刺刀。否則，在第一個回合，一個成年士兵就能消滅掉十個「兒童武士」。

武器的高科技化改變了昔日傳統的情形，它使九歲的童子軍同身高一米八五、體重九〇公斤的成年士兵處於勢均力敵的地位，後者不會佔到什麼便宜……

在利比亞救國陣線中就有位十一歲的「上尉」，他叫布爾。八歲他曾上過幾天的學，後來他和他的雙親一起被叛亂分子抓去，於是就隨大流當了一名娃娃兵。他有四年的血戰沙場的生涯。

在戰鬥中，他非常勇敢。

「我一次就殺了三個人。」在談到與西非維和部隊的一次交火經歷時，布爾上尉這樣自豪地說。

一九九五年底，他被聯合國維和部隊俘獲，終於放下了手中的蘇制AK-47衝鋒槍，他比槍高不了多少。送進俘虜營時，他不會簽名，只會畫個「X」，因爲他不會寫和讀，更不會算。❶他的小小的Penis→Pistol，而不是→Pen，這是很遺憾的

當然，許多男孩拿起眞刀眞槍是外界戰亂環境造成的。這是二十世紀末人類的最大悲哀。在連年不斷的戰火中，這些兒童被扭曲了，變得畸形了。

但話又說回來，他們拿起衝鋒槍也是符合自然方向的！這是兒童破壞世界本能大幹一場，同成年人一塊幹的大暴露！這些「兒童武士」覺得很過癮，很興奮，很刺激。

他們用衝鋒槍殺人，是「爲戰爭而戰爭」，而不是爲任何其他動機所驅使：政治的，經濟的，信仰的，種族的……

不，都不是！他們射出一枚火箭筒的炮彈，擊中一幢小屋，看著它起火，燃燒，兒童破壞世界心理便得到了極大滿足。

在和平時期，這些男孩手中只能有把玩具衝鋒槍，或者至多只好三天不吃零食，省下一點錢，去電子遊戲機房玩一場模擬戰鬥。現在好了，眞刀眞槍幹了，被自己打死的對手還是彪形大漢，這是夠刺激、夠過把癮的了！在這些男孩眼裡，戰場彷彿是娛樂、遊戲場。

在「兒童武士」扣動火箭筒扳機的後面，正是本書要揭示的主角：人類攻擊性本能。初秋的晚風乍起。筆者看著新聞照片上那些手持衝鋒槍的九歲男孩，心中難免不寒而慄，爲男性荷爾蒙與戰爭這個因果鏈！

爲什麼童子軍裡很少有九歲的小女孩呢？這可不是神話。

這正是本書要步步追問的嚴肅問題。戰爭——這人類死生之地，存亡之道，豈可等閑視之！豈可聽之任之！

*　　*　　*

有關基礎研究成果及其推論已經在本書第一編交待過，這裡僅僅是列舉當今世界一些活生生的例子。

兒童攻擊性本能絕不是地球某些地區的「土特產」。不，它正像愛，也帶有普遍世界性或世界普遍性。

兒童潛伏著的好鬥心理常被戰爭狂人利用便是其中突出的例子。在最近十年，在世界卅五個國家中，共有二十萬少年被招募入伍，有一〇〇〇萬孩子受到戰爭的傷害，其中一五〇萬孩子被殺。

孩子走上戰場，扣動衝鋒槍的殺人狂熱是受語言符號系統煽動的結果。盧旺達的戰爭宣傳機器不斷教唆孩子，在他們的深層心理煽起種族屠殺的仇恨：

「圖西族人是毒蛇，是我國社會不吉利和危險的象徵。」（希特勒的宣傳機器也是這樣攻擊猶太人的。中國大陸十年文革兩派組織的廣播也是這樣煽起仇恨的）

「仇恨↓戰爭」之鏈永遠成立。沒有這條鏈的戰爭是沒有的。三十年代，愛因斯坦一直被這條鏈迷惑，痛苦，百思而不得其解，只好寫信請教於弗洛伊德。（見本書附錄）

殺紅了眼的成年人向十二歲的孩子灌輸這樣的邏輯：「你不是去殺人，就是被人殺。」於是這些少年成了瘋狂戰爭中的瘋狗，無目的地盲目亂咬。在盧旺達，現在有四六七名少年兒童因犯「種族屠殺罪」被監禁。其中有個十二歲的孩子殺了四〇〇人！有的甚至是用石塊砸死其他孩子。

這種好戰本性使筆者想起在和平時期男孩熱衷於用皮彈弓射死樹上的小鳥。到了亂世，他們立即改用衝鋒槍，對象已不再是小鳥，而是活人！用眞刀眞槍向活人射擊而更具有刺激性。

武器、對象變了，但好鬥行爲後面的深層生理和心理動機沒有變，還有那個好像是生物學上的必需。（當然，這種必需要有根導火線，要遇上亂世）

筆者自然想起物理學家的最高任務是從一大堆實驗數據（經驗事實）中找出那「絕對的東西」，即「不變的東西」或「普遍有效的東西」。

戰爭哲學家的最高任務又何嘗不是這樣？

* * *

《深圳青年》雜誌一九九六年第九期第廿六頁有篇文章令筆者吃驚。其中第一段的小標題是：

溫床之上的獨生子女如同正在孵化的卵，破殼之後出來什麼，是小鷄？鰐魚？還是雛鷹？

作者孫雲曉寫道：

一九九四年五月，在北京一所辦得出色的幼兒園裡，專家們給孩子出了一組心理測試題：『你走在路上，遇到一隻將要死去的小貓，你怎麼對待它？』

七十人次的問答結果令人大吃一驚：六一・五%的兒童缺乏起碼的同情心，其中三二・二%的兒童回答趨於極端：「弄死它！」這些兒童居然想出不少殘忍的辦法：A、把小貓扔到火裡燒死；B、用磚頭把貓一點點砸死；C、拿棍子把牠打死；D、用腳踢死牠，等等。教師們突然好像不認識這些天天見面的三四歲的孩子了。大家誰也說不出一句話。

測試的第二道題：「你正在玩兒，有個小朋友跑來使勁打你，你怎麼辦？」一個稚氣文雅的小男孩脫口而出：「我拿鞭子抽他！」邊說邊做了個抽人的動作。

又一個七〇人次的測試結果顯示：五七・一%的幼兒說我不能吃虧，我要懲罰他。典型的回答有四種：A、狠狠打他的屁股；B、讓警察把他抓走；C、把他賣掉；D、勒死他，電死他。還有三〇%的幼兒用「哭」來表達自己的委屈和無奈。

作者孫雲曉把這些幼兒的殘忍性統統歸結到「獨生子女」的緣故。我們承認，這是一個重要的社會學原因。但我們認爲，在現象的背後還有一個深層原因：人性普遍的惡或人類原就具有原始攻擊性本能。

很遺憾，上述幼兒園的心理測試沒有具體說明男、女在被測兒童中的比例。男孩比例越大，便越證明我們的思路或眼點的正確性。

❶ 資料來源：《世界軍事》雜誌，一九九六年第四期，第廿一—廿二頁。

試論波黑戰爭的深層原因

打了三年半之久的波黑戰爭終於結束了。

關於這場戰爭的原因，世界各國都有評論文章發表，其大大小小總數估計不下上萬、幾十萬篇。筆者僅瀏覽了其中一小部分有代表性的分析。我們承認這些分析是對的，但只停留在表層原因分析這個傳統層次上。

波黑戰爭原因是非常複雜的。有九五％來自表層，也有五％來自深層，即生物學背景。現在就讓我們試作來觸及它那五％的深層原因吧。當然，這僅僅是我們的「工作假設」。若說得不對，只當我們沒有說。（從本書第一句話到全書結尾最後一個句號，我們都是本著這個態度）

一、關於新仇舊恨

廝殺雙方在談到現在的流血衝突時，總要提起兩族以往的血海深仇。塞爾維亞人說，親納粹的克羅地亞政府在二戰時曾大肆屠殺塞族同胞；克羅地亞人則說，自一九一八年創立南斯拉夫後，以及戰後鐵托執政時期，塞爾維亞人曾把持一切，盛氣凌人的氣焰使他們忍無可忍，活不下去。

也許雙方的理由都是有根據的。

這是使我們又一次想起了人腦中的兩個解剖部位：

杏仁核群、核團或叫扁桃核團（它是由許多神經組織構成的一個集團）和海馬的連接。這些核團不僅是人產生攻擊性的部位，而且它還決定了人選擇什麼：是愛還是恨？

很遺憾，塞、克兩方都選擇了恨，而且都翻那本充滿仇恨的老賬。要知道，作爲人的記憶庫的「海馬」是同產生攻擊行爲的部位「扁桃核」連接在一起的，於是形成了這條鏈：

記憶→仇恨→攻擊

當然，攻擊源還不止這一個。男性荷爾蒙是另外一個。

二、關於兩套完全不同的語言符號系統

四十年來，在原南斯拉夫的博羅澳，塞族人和克族人一直比鄰而居，他們常在一起喝咖啡，話家常，甚至相互通婚。但是當克、塞兩個共和國各自開動宣傳機器，煽動起仇恨，雙方居民便再也分辨不出什麼是事實眞相，什麼是謠言惑衆了。

於是手榴彈、迫擊炮彈便朝對方的房屋扔去、落去。

是的，戰爭就是這樣打起來的。雙方都深信對方在準備進攻，都認爲對方想大開殺戒，而自己則是舊仇新恨的受害者。這便是男人們的「左腦之爭」。

筆者在本書第一編中詳細指出過，男腦左腦化的後果是觀念的強化、僵化，是人類種內廝殺的根源之一。這種性質的廝殺包括民族之間的相互攻擊。

波黑戰爭的起因在某種程度上也是來自克、塞兩族男人們之間的「左腦之爭」，來自男腦的極端片面化。如果男人們的左右腦靈活地交換信息，互相溝通，少些觀念之爭，少些辯論，考慮和處理問題的方式稍微柔軟化些，那麼，波黑戰爭的戰火就不會點燃，更不致於一打就是三年半，互不相讓！

塞族男人說，他們之所以拿起槍，是因爲克族人先拿起槍。

克族男人則一口咬定，他們之所以拿起槍，是因爲塞族人先拿起槍。

一位克族六十二歲的老頭手握老式獵槍，注視前方說：「我看得見他們，他們一個個都在朝克羅地亞人的房屋開槍……從前，住在我隔壁的塞族人去上班的時候，我還幫他們看管孩子呢。現在他們朝我開槍了。」

同一天，在玉米地那邊的博羅澳村，塞族人也被滿腔仇恨、憤怒點燃，且個個全副武裝……

戰爭就是這樣打起來的！

起因有點像公共汽車上的一場爭吵或一幢公寓裡三樓A先生同二樓B先生的一次毆鬥。起因是那麼原始，手中武器是那麼先進。

不錯，今天的人類擁有電腦、航天飛機……，但是人性中的惡同一萬年前的人性惡相比並沒有什麼改善和進化。代表理性、寬容和仁慈的那個人類腦常常敵不過「三合一」（男性荷爾蒙的原始攻擊本能＋鰐魚腦殘餘＋爲攻擊服務的語言符號系統）的凶殘和非理性。

＊　　＊　　＊

以上便是筆者所說的深層原因。至於表層原因，正如無數篇國際政治評論所指出的，主要有兩條：

第一，鐵托死後，南斯拉夫出現了一批民族主義派別，他們爲爭奪權力，挑起民族矛盾，煽動民族仇恨；

第二，外國勢力插手，暗中出錢，出槍。

筆者認爲，只有把表層和深層原因全部揭示出來，波黑戰爭的原因才能被我們說得比較清楚些。

古今人類戰爭的分類

——對戰爭起因的哲學沉思

爲一個女人（一樁婚事）、一條河流、一片森林、一塊土地，或爲一個神話般的信仰和霸權……都會引發出一場殘酷的戰爭。

刀光劍影是人類行爲的一種。把這種行爲統稱爲「戰爭現象」未免太粗糙、太籠統。

對戰爭性質和起因作出科學的研究和進行哲學的沉思，第一步當是對古今人類全部戰爭現象加以分類，然後從中抽出貫串其中的那條共同的萬變不離其宗的紅線。

它雖潛伏，隱蔽，卻是持久的背景。

科學家用一個統一的觀點將紛然雜陳的自然現象、社會現象加以分類，爲的是探索它們運行的機制和規律。

你將什麼加以分類，你就爲變成那方面的專家開始邁出了第一步。比如數學家將函數加以分類：多項式、有理函數、顯代數函數、隱代數函數、超越函數……

動物哲學家要做的第一件事情也是將形形色色、各種不同的動物加以分類。戰爭哲學家當從動物分類研究史獲得一些智慧的啓示……要知道，有時候你會遇上這種很尷尬的局面：有某種東西你無法把它歸到哪一類。它既是天文學的，又是電磁現象的，而且還出現在化學過程和生物學過程中。這便是能量守恒原理。原來這種東西是無時無處不在的。科學和哲學研究的使命正是要揭示這種最基本的、一以貫之的東西。

戰爭哲學家按照一個統一的、高層建瓴的觀點試圖將古今人類一萬四、五千次戰爭加以分類，心境猶立高山之顚，既豪放又沉重，爲無數白骨，爲無數冤魂，爲人類種內互相殘殺的無數殘酷場面！其時風騷騷而樹急，天慘慘而雲低。

這也使我們聯想起十九世紀邁爾和門捷列夫的工作。他們按原子量的增加次序把元素分類、排列，結果發現了元素周期表。可見，自然界重大規律的發現常常來自分類工作。人類戰爭現象不也是這樣嗎？

李時珍在《本草綱目》一書中列有動物近四〇〇種，分隸於蟲、鱗、介、禽、獸和人六部，每部又分類，每類又分種。

亞里斯多德記了四五四種動物，並將它們分爲有血動物和無血動物兩大類。這種分類無疑是非常粗糙、籠統和簡單的。這恰如我們企圖將古今人類的全部戰爭分成正義和非正義兩種。試問：原始A部落同B部落爲了爭奪一隻共同射傷的野鹿發生糾紛，掀起了一場廝殺，這算什麼性質的戰爭呢？

不是正義戰爭，就是非正義戰爭，這兩個表層範疇遠遠不足以概括人類所有的戰爭行爲。隨著現代高科技發展，當今分類學家企圖從動物分子水平上去找出標準特徵，從而把分類學引向深層機制。比如分子生物學家發現，兩種動物的蛋白質大分子長鏈的氨基酸排列相同部分愈多，其親緣關係便愈近。

再比如血清免疫實驗在分類學上的應用表明，鯨與偶蹄類親緣較近。

這對戰爭哲學家的思考無疑是個啓發：從深層結構或背景去看，我們是否可將人類歷史上的戰爭分成以下五類或五種模式呢？

一、肌肉發脹式之戰

飽暖之後，思淫慾，思搏鬥，思廝殺。吃飽了，男性之手發癢，男性肌肉發脹，就是想找對方打一仗。打仗本身是目的。

在本質上，這純粹是動物的好鬥本性。我們把這類戰爭行為稱之為「肌肉發脹模式之戰」。

原始部落之間的厮殺，不為任何經濟利益（即使是為一隻受傷的野鹿），更談不上是為什麼政治目的，為謀求地區的霸權。僅僅是想殺一陣：見流血就興奮、刺激。為戰爭而戰爭，恰如為藝術而藝術。

不過原始土著無目的殺人後又常常伴有某些禁忌。比如，披瑪族的戰士殺死了一位阿巴杰族的人，他必須從事十六天的淨化儀式。其間他不許吃肉和食鹽。他獨自一人住在森林裡，由一老婦人供給他少量食物。他必須時常凝視燃燒的烈焰，並在河裡洗澡。為了對被他殺死的人表示哀悼，他頭上塗滿了泥巴。直到第十七天，族裡人才為他舉行一個隆重的淨化儀式，為的是淨化他的人和武器。

印地安人的勇士殺死敵人後常將頭皮剝下（即獵頭皮）。這些勇士也要經過六個月的淨化：不許吃肉，不許同妻子同床。有的部族還不許梳頭髮……

勇士的好鬥便是一種原始的盲目衝動本能。它一直遺傳、延續到了今天的現代人。只不過是以一種極隱蔽的偽裝形式出現罷了。很遺憾，原始人的這一嗜血本能倒是保留了，他的禁忌卻被徹底刪除了。試問：當年參加南京大屠殺的日本武士有舉行淨化儀式的嗎？

在這一點上，現代侵略軍還不如原始人。因為前者殺人沒有任何顧忌和約束！（事前事後都沒有）

我們說過：如果你想成爲一位哲學家，你就不能繞過人類戰爭現象。不思考戰爭本質及其原因的人，怎麼有資格成爲哲人呢？

孔子就思考過。只是人們每易忽略他的有關方面的言論。

子之所愼：齊、戰、疾。

意思是說，孔子非常小心注意的事有三件：齋戒、戰爭和保養身體。其中「戰」，即戰爭。他經常思索戰爭哲學問題，只是不輕易談論罷了。

有一次孔子在談到人類文明社會動亂之源時說：

好勇疾貧，亂也。

「好勇」，即好鬥，好殺人，嗜血成性。當然，孔子只知道好勇現象，不知道好勇的生物化學基礎：男性荷爾蒙和人腦中鱷魚腦殘餘的聯合攻擊性。是它發動了「肌肉發脹模式之戰」。

「好勇」是個人類遺傳性的不變量。該模式之戰就像人類語言一樣古老，但又永遠年輕、活鮮。在兩伊戰爭和一九九一年的海灣戰爭中，也有該模式的影子。只不過五〇萬顆地雷、巡航導彈和上千架飛機代替了原始的發達肌肉。發脹的肌肉被發脹的人腦替代了。現代戰爭不再是肌肉之戰，而是人腦（高科技）之戰。但萬變不離其宗：其後「好勇」的生物學基礎還是原先那個！「肌肉發脹模式之戰」是人類戰爭最原始、也是最基本的模式；它將不斷變奏，以隱蔽的方式，貫串在下面的二、三、四種類型的戰爭之中。在這些戰爭，或多或少都有它的影子。

二、復仇模式之戰

肌肉發脹模式之戰＋復仇模式之戰，其攻擊、凶殘性便可想而知。它是由復合模式造成的。

作爲人類的一種感情，復仇處在深層心理結構之中。在動物世界，即使也有復仇，但其強度遠不如人類的復仇心理。

A先生調戲了B先生的妻子，B先生大怒，用高價收買五名打手，活活把A先生打死。十年後，A先生的兒子用高價收買十二名打手，殺了B先生全家六口，包括B先生的一個九歲小外孫……

這就是人間老百姓的恩恩怨怨。

國家與國家、民族與民族之間的關係往往也是這樣。正是這種「復仇模式之戰」在人類戰爭史上寫下了許多血與火的章節。

在歷史上，德意志民族同法蘭西民族的關係就是由復仇這種憤怒的感情規定的。一八七○年普法戰爭以法蘭西帝國的投降而告終。法國的阿爾薩斯和洛林割讓給了德國。法國怎能咽下這口氣？復仇心理開始之日，也就是下一次更大規模、更爲殘酷戰爭的開始。

第一次世界大戰，法國是爲報這一箭之仇而戰（至少這是其中一個動機）；第二次大戰，德國又是爲了報第一次大戰之仇而戰。這民族與民族之間的恩恩怨怨何時是個了結？

如果生物化學家將人的復仇心理的氣體收集起來，裝進試管，使之成爲深紅色的結晶體，估計一毫克的劑量便能殺死十頭公牛。

如果生物學家能得到一毫克劑量的寬容或慈悲這種感情氣體的結晶，那麼，它就可以解毒那十頭公牛。

一九八二年福島戰爭中阿根廷戰敗。誰能保證在下個世紀的某一天阿根廷不會對英國發起一場新的戰爭呢？只要阿根廷還存有復仇心理。

但願阿根廷足球隊總能擊敗英國隊。願戰場上的復仇心理轉化爲足球場上的復仇情緒。

單純的「復仇模式之戰」已不多見。它僅僅是發動戰爭綜合動機中的一個動機。但這是一個深層心理動機，非常根深蒂固，不易拔除。

孔子還談到社會動亂之源：「人而不仁，疾之已甚，亂也。」

「人而不仁」，涵義很廣，一般指以好殺人、好鬥，以復仇心理為滿足，以奴役、消滅別人為其樂者。這種病態一旦發展嚴重，社會就準亂。

三、糾紛模式之戰

領土（邊界）、殖民地、種族、女人、統治權、信仰和遺產……都可以成為糾紛的內容。

在人類諸多種模式的戰爭中，爭奪領土權（邊界糾紛）的戰爭頻率估計是最高的。有時候很難說正義在哪一方。也許交戰雙方都是不義的，都失去了冷靜，大想不到談判解決便動肝火。

在「糾紛模式之戰」的後面，恒有生物學的動因參與，否則戰爭就打不起來。它往往包括以下四種因素的一兩種或全部（它雖潛伏，然而卻是構成人類戰爭持久的背景）：

1. 男性荷爾蒙的攻擊性；
2. 人腦中爬蟲類動物腦的殘餘，包括海馬和杏仁核群等部位；
3. 男人們的「左腦之爭」；
4. 語言符號系統的糾紛。

在今天一些參加南斯拉夫內戰的雇佣兵的身上，我們就可以見出人類好戰的天性。內戰的隆隆炮聲，引來了世界各地的「好勇分子」。比如貝恩森在德國有個家。一九九二年十月，他終於克制不住自己渾身肌肉的發脹，決定辭去和平的「安居樂業」日子，坐火車來到南斯拉夫，接受了兩周的內戰訓練，之後便上前線。一位來自紐約的廿八歲商人在波黑也戰鬥了三個月。他不知道爲什麼而戰，僅僅是出於冒險，想打一仗，廝殺一陣子。

卅三歲的荷蘭人范代爾博斯原是以西班牙《先鋒報》記者身分去波黑的。到了那裡，他就把圓珠筆（Pen）換成了先進的卡拉什尼科夫衝鋒槍（Pistol）。他組織了八十名好鬥分子參加了「國際旅」。該旅戰士一心「想得到刺激、女人和酒精」。這正是男性荷爾蒙攻擊的對象。在這個世界上，對好戰（好勇）分子，還有什麼比開槍射擊，殺死對方，更富有刺激性呢？

六十四歲的荷蘭人范諾爾特本可以在自己的國家過一種「安居樂業」的舒適生活。但是他體內的男性荷爾蒙和鱷魚腦殘餘使他在克羅地亞軍隊中當了一名上校，訓練一支特種部隊。每月他得到的報酬僅一二〇馬克（約六五〇元人民幣），外加食宿。可見，他打仗不是爲了掙這點錢。范諾爾特是位退休的機械製造工程師。在荷蘭，他的月工資估計每月在四〇〇〇馬克！

范諾爾特經歷過朝鮮戰爭、越南戰爭。現在他仍不想過安靜的退休生活。他的大腦神經刺激源是火光、爆炸聲和衝鋒槍點射的聲音。「肌肉發脹」在支配他的行爲！

德國人克拉默自願到波黑來打仗，廝殺，其唯一的動機是：「我厭惡的就是平民生活」！他厭惡學徒生活；厭惡家中五頭豬和葡萄園；厭惡父親；厭倦無聊的窮鄉僻壤。（筆者非常熟悉這類無聊）於是，他從美國兵那裡買了一套舊軍裝，便來到了波黑前線。他總共殺了五十四個人，他的嗜血本性得到了滿足，男性荷爾蒙的能量終於得到了一次釋放，原先在德國家鄉的種種無聊也被驅散得無影無踪！

作爲戰場上一名無目的殺人罪犯，他每月只掙三〇〇馬克（估計僅爲在德國工資的十分之一）克拉默的名言是：「在戰爭中你會有自我價值感！」這是一句很可怕、很可怕的自白。「國際旅」的雇佣兵不是些好戰分子，就是一些惡棍、無賴和失意的人。平時他們的手和肌肉就發癢，發脹，想殺人。這次自願來到波黑戰場，殺人終於成爲合理、合法化的行爲。這個露骨的生物學動機，正是本書要揭示的主題。

現在，讓我們再把憂慮的眼光和灰濛濛的沉思投向歷史……

歐洲的七年戰爭（一七五六—一七六三）便是因爭奪殖民地而爆發的。這次戰爭給筆者難忘的印象是因爲在一七五六年偉大的莫札特也正好誕生。

造物主好像存心要表明在人類，他的傑作的本性中原就存在著兩種相反的力：

莫札特代表建設世界的力；七年戰爭代表破壞世界的力。

七年戰爭的參戰國家有英、法、普、奧、瑞典、薩克森和俄國等。他們是各懷鬼胎。英國參戰的動機是奪取法國的殖民地；普魯士是打算吞併薩克森，並把波蘭變成自己的附屬國

（這也是第二次世界大戰的起因）；奧地利則企圖削弱在爭奪中歐霸權鬥爭中的對手普魯士，奪回一七四〇年被侵占的西里西亞（這裡面又有復仇情結）；法國想吞併英國在歐洲大陸的世襲領地漢諾威，保護自己在美洲和東印度的殖民地，遏制普魯士的擴張勢力；瑞典企圖奪取普魯士的波美拉尼亞；而俄國則竭力想阻止普魯士向東方的推進，擴大自己在西方的領地。

請注意當年俄國的打算！

因爲普魯士向東方的推進正是二戰納粹德國發動侵略戰爭的動因，在《我的奮鬥》中，希特勒露骨地談到了向東方索取土地（生存空間）的強盜邏輯：

只有在這個地球上有足夠大的空間，才能保證一個民族的生存自由……如果要在歐洲取得土地，這只有在主要是犧牲俄國的情況下才有可能。德國必須向東方擴張。新帝國必須再一次沿著古代條頓武士的道路向前進軍……

一九四五年四月廿九日，希特勒自殺。他的最後一句話依舊是：我們的目標仍然必須是爲德國人民贏得東方的領土。

可見，早在一七五六—一七六三年歐洲七年戰爭的時候就已經播下了第二次世界大戰的罪惡種子。

二戰後東、西冷戰的種子也是在七年戰爭的時候播下的：俄國一直有向西方擴大自己領土的企圖！（這擴張的後面當然有好鬥和攻擊性本能因素潛伏著）

各種矛盾和利益關係錯綜複雜地交織在一起，導致了歐洲七年戰爭中兩個對立同盟的建立。這是很典型的「糾紛模式之戰」。

二戰後東、西方的對峙在本質上也是屬於「糾紛模式」政治信仰之戰，意識形態之戰。

從歷史角度看，法蘭西民族既有愛好和平一面，又有好戰的一面。兩百多年前法國國王路易十四（一六三八—一七一五）在位期間，窮兵黷武，連年征戰，先後進行過四次主要戰爭。他在臨終前想到每況愈下的王朝，便以「人之將死，其言也善」的口吻，頗有幡然醒悟的意思對其繼承人說：

努力同鄰邦保持和平關係吧，我過去太好戰了。不要在這方面學我！

是的，好戰。這就是一切「糾紛模式之戰」的重要起因之一！

在法蘭西民族身上也有三P：

Pistol←Penis→Pen

拿破崙和巴爾扎克分別代表了兩個P不同的方向。

巴爾扎克的自白又一次迴響在我們耳際：

「拿破崙用劍沒有完成的事業，我將用我的筆去完成。」是的，他以桌子爲戰場，以筆（Pen）作爲唯一的武器，把幾卷沒有用過的稿紙作爲他僅有的彈藥，就這樣去征服世界。

這便是Penis→Pen的和平釋放方向，善的方向。這正是廿一世紀人類和平希望所在！

孔夫子說：「男子有勇而無義爲亂。」

可見，孔子也講武。但要有個善的前提。君子之勇，以正義爲上，否則，徒然有勇，世界就會動亂。今天，比波黑戰爭更殘酷的高加索戰爭便是一場極錯綜複雜的糾紛戰：邊界糾紛和互相殺戮的種族清洗。塔吉克斯坦的內戰原因也是多元的。槍，是今天塔吉克人的時尚。他們開槍，就像在電子游戲機上格鬥。你無法否認有種人類好鬥的本能在後面起作用。也許，人類攻擊性本能在今日的種族大屠殺中表現得最露骨。這是原始部落好戰和嗜血成性的回歸！比如位於赤道南側的非洲小國盧旺達只有七〇〇萬人口，在最近部落大仇殺的悲劇中就有一〇〇萬人被殺害，四〇〇萬人流離失所。歷史上，胡圖族和圖西族曾多次發生仇殺，積怨太深。一些好戰分子甚至迫使胡圖族的丈夫殺死自己的圖西族的妻子！

這是本世紀末的一幕慘劇！這究竟是爲什麼？戰爭哲學家該有個深沉的回答。信仰（宗教或意識形態）之戰在「糾紛模式之戰」中占很大比重，而且具有現實意義。我們想起「春秋無義戰」（自《孟子》）這句名言。

四、非正義的、侵略性的戰爭

成吉思汗蒙古帝國的對外征戰在人類歷史上是很典型的侵略戰爭。它毀滅了歐、亞大陸許多燦爛的文明，其罪惡是深重的。

十八、十九世紀英國對印度的征服也屬於侵略模式之戰。這類例子眞是不勝枚舉。

以上四種模式戰爭的後面，都有一個不變的人類盲目攻擊性本能在那裡起作用。寫到這裡，筆者想起一九四五年八月廿二日日本關東軍向蘇軍投降的情景。按照蘇聯遠東軍總司令華西列夫斯基元帥的命令，日本關東軍司令山田乙三大將率領九十七名將領，一五〇〇餘名校佐，在長春舉行投降儀式。華西列夫斯基發表講話，最後，他說：

日軍將士們，你們所從事的戰爭是徹底失敗了，這並不是因爲你們缺乏戰鬥的勇氣和堅韌的毅力，也不是因爲你們武器裝備落後和戰術、技術上的錯誤是你們戰敗的根本原因，而是因爲你們的政府進行的戰爭是破壞人類進步、毀滅人類和平的法西斯戰爭。這場戰爭給人類帶來了巨大的災難，從而激發了人民決死的反抗。作爲參加這場戰爭的大多數官兵，也是這場戰爭的受害者。除罪大惡極的戰爭策劃者和兩手沾滿人民鮮血的劊子手外，你們都將獲得釋放。你們同妻子兒女、父母兄弟團聚的日子很快就會到來。我只希望你們能深刻地反思這場戰爭，永遠不再拿起武器，成爲人類和平的使者……

這是正義和勝利者的寬容。其實，有相當多的日軍官兵是嗜血成性的好戰分子。在他們身上有一種原始的盲目衝動。這使我們想起古羅馬的奴隸主，爲了滿足自己嗜血本能，特意建造巨大的角鬥場，強迫奴隸手握利劍、匕首，成對拼殺。奴隸主在觀看過程中得到了興奮、滿足和快感。散場時，角鬥場上留下了許多奴隸的屍體。

在德國的特利爾，就保有古羅馬時代的一個角鬥場。站在那裡，筆者想了許多。人類戰爭往往是五個分力共同作用的結果：政治的力、經濟的力、社會的力、心理的力和生物學的力。這五個分力深藏在戰爭的性質之中，同時起著不同作用。任何一種戰爭哲學，都不能忽視其中的一個分力，否則就會同人類歷史上的戰爭行爲不符，發生矛盾，解答得不徹底，以致於毫無用處。

五、正義的戰爭

在這種模式的戰爭中，生物學背景淡化了，以致於完全消失了。代之而起的是正義與非正義、善與惡的殊死較量。

只有該模式不在「戰爭與男性荷爾蒙」的範疇之列。我們只有用正義的戰爭才能消滅非正義的、侵略性的戰爭。

*　*　*

古今人類一萬四、五千次戰爭都在上述五個戰爭模式之內，而不在它們之外。哲學工作就是概括。戰爭哲學也不例外。所謂哲學概括，就是提出幾個觀念，抽出幾條原理。否則，一萬多次戰爭便是一團亂麻，一堆混亂，一大片雜然紛陳，而變得無法理解……自第一次世界大戰，愛因斯坦就一直在苦苦求索這一大堆亂麻後面的深層規律。（見本書附錄愛因斯坦與弗洛伊德的通信）

經過上面一番分類，我們還可以得出這樣一條「領袖—群衆」原理：

一個群體或一個民族是非常容易被壞政治家煽動起來而走入歧途的。因爲人有崇拜、服從權威的心理。他們的本性頗像大海。在和平時期，他們是安全的，風平浪靜的，沒有攻擊性和狂暴性的。可是一旦有颱風，馬上就會騷亂起來，頓時波濤洶湧，向岸邊排山倒海地衝決過去。所以群體心理是受領袖支配的。這是戰爭心理基礎之一。

筆者放過六年羊。無數次觀察告訴筆者：一群羊總是跟著帶頭羊走的。即使前面是萬丈深淵，只要帶頭羊往那裡走，大家也就在後面緊跟。

用「領袖—群衆」這條群體心理學原理，我們可以對許多次人類戰爭行爲作統一的解釋，從而從一大堆亂麻似的戰爭現象中整理出秩序。

沒有這條原理，侵略、不義戰爭就發動不起來。因爲戰爭是一種具有統一意志、統一步伐、具有高度組織紀律性的一種群體行爲。沒有統帥的一群烏合之衆是無法投入大規模戰鬥的！

二、三十年代，希特勒和日本軍國主義一群好戰分子，之所以能夠發動侵略戰爭，就在於他們成功地把社會上千百個原始、盲目的單個男性體內自由游離的攻擊性能量聚攏、匯總起來，朝一個罪惡方向衝擊。由分散而集中，由盲目而自覺，戰爭才能發動起來。分散的男性荷爾蒙和鱷魚腦攻擊性還不是戰爭行爲。只有把千百萬個這樣的「無頭蒼蠅」集中到一點，找個理由，找個敵人，然後發起攻擊，才是戰爭。

古代好戰的亞述人就是這樣發起攻擊的。公元前八百多年前，亞述人開始踏上帝國擴張的道路。他們的軍隊就是他們的國家。這是一支具有高度組織紀律的軍隊。在它的弓駑手的背後，不是別的，而是本書主角：男性荷爾蒙和鱷魚腦的攻擊性。時間過去了三千多年。今天，在飛機、坦克、大炮的背後，依然是本書的主角！

其實，我們撰寫這本書的目的不是回答有哪幾類戰爭，而是回答這樣一個問題：

爲什麼會有戰爭？而且人類這種行爲老是在原來的地方一再重覆。要知道，二戰後至一九九五年，世界上已發生過一五○多場戰爭。二三○○萬人死亡，平均每年死五○萬。第二次世界大戰的硝烟剛散去，一場新的、更具毀滅性的戰爭危機又產生了，這就是北約、華約兩大軍事集團的崛起和對峙。更爲可怕的是胎死腹中的「第三次世界大戰」。冷戰時期，核戰爭如果眞的打起來，全世界在一周之內便不復存在。在一份一九八三年華約部隊實戰演習的絕密地圖上，清晰地顯示出一場核戰爭的演進程序：

第一天：核導彈突襲西德的北約軍事基地；一〇〇萬蘇聯、東德、波蘭的聯合部隊在一二〇〇〇輛坦克、二五〇〇〇輛裝甲車的運送下，從東西德邊界向西推進。

第三天：占領西德。

兩個星期後：占領荷蘭、比利時、盧森堡、丹麥。

一個月後：橫掃歐洲的華約部隊抵達大西洋沿岸。

這不是幻想小說，也不是神話。讀了這些過時的絕密材料，我們每個地球人都會不寒而慄，有夠怕。我們不禁要問：這一切究竟是爲了什麼？！爲什麼我們生活的世界是這樣一個不安全的世界：戰爭↓和平↓戰爭……

和平時期夾在戰爭中間，且很短，僅僅是兩次戰爭的間隙。但核戰爭將毀滅我們大家，包括地球上的整個生物界！

我們只是想在傳統的政治、經濟和社會原因之外，再從人性、生物學本能和天生的心理結構中去尋找戰爭某些個深層原因。

也許有人會扣我們一頂大帽子：

社會達爾文主義！

我們首先考慮的不是會戴上什麼帽子，而是本著科學精神，把戰爭全部（表層和深層）原因的眞相一一揭示出來，之後才有可能去防止、根絕戰爭。老實說，我們不是在寫書，而是在表達對人類和地球上全部生物的一種無限同情心和生死攸關的責任心。

請聽聽索馬里一市民的吶喊吧！

就在一、兩年前，這個非洲國家的內戰正在激烈進行。首都摩加迪沙日夜可聞槍炮聲。市民阿貝加一家有五個兒子喪命。她與另外五名被流彈所傷的子女躺在設備簡陋的醫院哀傷地說：

我只祈求和平！

像許多戰爭一樣，索馬里內戰的起因也是多元的，其中人類的攻擊性和好鬥本能總是躲過了國際問題和軍事評論家的耳目和分析。因爲生物學背景總是潛在、隱蔽的。

人之性命，長短有期；人亦蟲物，生死一時。然死於人類自相殘殺的戰火，實爲古今人間最大悲劇。

戰爭哲學思考當從這無比沉重的悲劇始！我們想起六十多年前物理學家愛因斯坦的焦慮。他只好寫信給弗洛伊德求教……

在日本民族心理結構中突出有把「軍刀」

——日本天皇制軍國主義發動侵略戰爭的深層背景

尚武是經線，服從是緯線，這一經一緯編織成了日本民族攻擊心理的深層背景。

筆者在東京六年餘，有時候也抽空同一群上海籍的中國留學生相聚在一起。在漫無邊際的談笑間，我們會不約而同地提出這樣一個問題：

在今天和平時期的日本到處都能碰上非常友好、心地非常善良的日本人（比如在地鐵，你不小心踩了他一腳，他反而會向你陪禮道歉，說是他給你添了麻煩。平時生活中的禮儀也無微不至，眞有些像《鏡花緣》中所虛構的那個「君子國」！）。而爲什麼他們的父輩、祖父輩當年在不義的戰場上個個都成了凶猛的野獸，殺人如麻，向中國人施行攻擊？這是爲什麼？

誰也不能否認，日本人的矛盾，雙重性格是很鮮明的、突出的。他愛美又尚武，既好鬥又尚禮，既服從上級，又心存叛逆；或者既踞傲自尊，又彬彬有禮……正是這些矛盾著的、縱橫交錯的經緯編織成了日本民族的特性。

關於日本民族生性好鬥、勇敢和凶猛，盟軍在瓜達爾卡納爾、緬甸和塔拉瓦等戰役中已有充分領教。筆者從二戰記錄片中也看到了許多非常非常殘酷的場面。

其實，這種雙重性集於一身的現象還是可以用本書提出的理論來加以解釋的：第一，Penis→Pen是尚禮、愛美；Penis→Pistol是好鬥、尚武。

第二，人類腦是和平時期日本人尚禮、愛美的根源；鱷魚腦是戰爭時期好鬥、尚武的生物學背景。在戰場上、兵營裡，沒有一個像人的人。鱷魚腦殘餘製造了非人。

關於探討日本軍國主義發動戰爭的原因，國內、國外史學界在最近半個世紀發表的論著可謂浩如烟海。這些作者所提出的問題、研究的角度、遵循的思路乃至於個人的感情色彩，都是多側面的，多樣化的。

筆者同意這種經濟唯物史觀：日本是個先天不足的資源小國。日本天皇制法西斯要建立超級大國的日本（即所謂的「滿蒙」——中國——亞太地區霸權；也就是「大東亞共榮圈」），顯然有必要用武力重新瓜分世界，奪取相應的領土，即相應的生存空間。這只有先侵占「滿蒙」，再全部占領中國的豐富戰略資源才能在稱霸亞太地區的鬥爭中穩操勝券。

我們承認這些精闢的傳統分析和結論，但覺得還留有五%的空白在那裡。筆者撰寫本章的目的，正是爲了試圖塡補這個空白。這只有從另一條非傳統的思路才能接近處在深層背景中的那個小小的空白。

一、我們從日本帝國陸軍廣巳田中尉身上究竟看到了什麼？

一九四五年，廣巳田所在的菲律賓某陣地被美軍攻占時，他和其他士兵一同退入叢林，那以後的二十年，先是美國占領軍、後是菲律賓軍隊和警察，最後是日本遊客和官員，進行了一系列的嘗試，以搜尋亡命者。幾乎所有的士兵都被殺死或誘降了，廣巳田卻拒不投降，不承認日本戰敗、天皇下詔的消息。他認爲，他沒有接到上級下達的停止戰爭的命令。一九七四年春天，人們終於從日本找來了廣巳田的原指揮官谷口少佐，向他下達新的命令。廣巳田本人回憶與谷口少佐會面經過：

谷口少佐說：「我宣讀給你的命令。」他雙手捧起一份文件，低沉地念道：「第十四區集團軍司令部命令：1.根據天皇命令，第十四區集團軍停止一切戰鬥行動；2.根據軍事司令部A－二〇〇三號命令，司令部特別中隊解除一切軍事任務；3.特別中隊所屬部隊和個人立即停止軍事行動並歸就近的上級軍官指揮。在失去軍官指揮的情況下，應與美軍或菲軍聯繫並服他們的指令。第十四地區集團軍司令部特別中隊谷口少佐。」念完之後，少佐停頓著，輕聲說，「就是這些。」

廣巳田說，「我一動不動，背包變得更沉重了，我們眞的被打敗了？他們怎麼會如此粗心啊！我多年來的所作所爲難道就只配得到這個命令？

谷口少佐慢慢疊好文件，我意識到這裡沒有誘騙，沒有詭計，一切都是眞實的。我三十年來作爲日軍游擊戰士的生活結束了。我把步槍的槍栓拉開，讓子彈落到地面……」

的確，像世界其他許多民族一樣，日本民族既有愛好和平的一面，也有好戰的一面。不過，日本民族好戰的一面表現得更爲猛烈，且有一套格式和傳統。廣田巳便是很典型的一個例子。他身潛異國，頑抗三十年，拒不投降。難以忍受的孤獨和艱苦的原始生活竟沒有使他放棄武士的職責，放棄那把軍刀。殺人成了他活著的理由，唯一的理由。在南京大屠殺的背後，就有成千上萬個廣巳田在揮舞著手中的軍刀……

上萬把軍刀代表著上萬個攻擊性。它們一旦被罪惡的命令和盲目的絕對服從捆綁在一起，朝和平世界發起進攻，那便是火光沖天，血流成河……

絕對尚武和絕對服從的高度結合，是發動侵略戰爭（群體犯罪行爲）的深層背景。

日本民族有個特性：把個人永遠看成是整體的一分子。美國人則相反：個人就是整體；

個人在先，整體在後。個人優先於組織。

廣巳田中尉拒不當俘虜不是孤立現象。因爲投降是可恥的。這種觀念已深深烙印在日本人的心理結構中。這是日本人攻擊性本能的另一個側面的極端表現，恰如自殺是攻擊性的另一種表現。比如，發動侵華戰爭之前，一群軍國主義分子在東京示威，向政府施加壓力，責問政府、軍部，爲什麼遲遲不向中國開戰？有的人毅然決然用自殺來表示抗議。這裡的自殺便是典型的將攻擊矛頭指向自己、間接地向他人發動進攻的做法。

美國人和其他西方人絲毫不以被俘爲恥。

在西方，任何一支軍隊（比如納粹德國在斯大林格勒前線的包羅斯元帥的部隊）在盡了自己最大努力後依然毫無希望突圍時，便向對手投降。他們認爲這樣體面地投降仍然保有軍人的榮譽和尊嚴。被俘軍人的家屬和朋友，也是這樣看待俘虜的。比如法國哲學家、文學家薩特在一九四〇年曾被德軍俘虜，在俘虜營裡一直呆在翌年四月。這段歷史並沒有成爲他一生的污點。他的法國同胞也不爲此而冷眼看他。

日本人則不這樣看被俘事件。

據《菊與刀》一書作者本尼迪克特說：「榮譽就是戰鬥到死。在絕望情況下，日本士兵應當用最後一顆手榴彈進行自殺或者赤手空拳衝入敵陣，進行集體自殺式的進攻，但絕不應投降。」❶

在二戰北緬會戰中，日軍被俘者僅一四二人；而戰死者卻是一七一六六人！在這一四二名俘虜中，大多數還是在負傷或失去知覺的狀態下成爲俘虜的。

筆者以爲，日本人拒不當俘虜有兩個原因：

第一，攻擊本能原就非常凶猛。它就像射出去的一支箭或擲出去的一根標槍，永不會回頭；

第二，日本人的這種原始攻擊本能被一整套爲戰爭服務的法西斯語言符號系統所強化。（要知道，在動物界，是沒有這種語言符號系統的）比如，美國在戰鬥機和轟炸機上都配備了救生器具（如降落傘，姓名卡，卡上寫有自己的血型）。日本報紙、廣播則喋喋不休地談論這件事，被他們斥之爲是美國佬的「膽怯」、貪生怕死。日本人認爲：只有視死如歸的冒險才是最高尚的！即使是受傷後失去知覺而被俘，回國後照樣是再也抬不起頭，無臉去見「江東父老」。這樣的人，無疑成了一具行屍走肉。

在近代，日本人對天皇的一整套崇敬的說法正是一整套精緻的語言符號系統。它使日本民族更富有好戰性，且頑強地抵抗到最後一兵一卒，最後自殺。日本軍國主義極力神化天皇的目的，是讓侵略戰爭最大限度地正當化、合理化。比如：

「爲天皇而獻身」；「天皇指引國民參加戰爭，服從是我的天職」。

日軍將領常同幾百、上千名士兵一起，在早、晚齊聲共誦天皇頒布的「聖旨」，朗誦聲非常之虔誠，富有崇敬、感恩色彩，久久在菲律賓、馬來西亞和緬甸的熱帶叢林上空可怕地迴盪……

那彷彿的是千百條鱷魚在施行攻擊前夕的吼叫。這種凶猛而殘忍的動物比起日軍畢竟是小巫見大巫。因爲鱷魚沒有一套精緻、複雜的語言符號系統。

二戰末期，許多日本戰俘說，只要天皇下命令，日本人手中只要有一桿竹槍，也會投入戰鬥！

二、爲侵略戰爭服務的軍國主義語言符號系統

我們認爲有必要再把這個課題講透。因爲直到今天，這種符號系統還在蠱惑廣大日本人民，包括中、小學生和青年一代。

這套系統比起納粹德國的語言符號系統一點也不遜色。在某種意義上，這兩個軍國主義發動的戰爭都是一種具有現代神話性質的精神運動，儘管德國和日本也重視物質，重視武器。

可以這樣說，沒有一整套服務於戰爭目的的語言符號系統的戰爭是沒有的。

筆者說過，人類的世界就是他的語言世界。他的世界邊際即他的語言界際。他的語言有多複雜，他的世界也就有多複雜。

人類戰爭僅僅是他的世界的一個部分。該部分也受到他的語言支配。

讀者還記得筆者在本書第一編寫下的另一條戰爭哲學原理：人類自從有了語言之後才開始有了眞正意義上的人類戰爭。

有人說，人類自從有了國家之後才開始有大規模的、有組織的戰爭行爲。這一說法強調的是國家，還是從傳統的政治眼點去看戰爭，不能算是深層原因。

而從語言的產生去看戰爭，強調的則是人腦，是戰爭行爲的生物學或人類學的深層背景。

沒有比日本士兵將三八式步槍加以人格化、神性化這種尙武現象更能說明軍國主義的好鬥性和攻擊本能了。

野宏間的小說《崩潰的感覺》描寫了一個叫及川隆一的二等兵因擦槍時不小心把一根發條弄壞了，以致於他痛心疾首，作了如下懺悔：

三八式步槍大老爺啊，卑賤的陸軍二等兵及川隆一是個笨手笨腳的混蛋，誤傷了您的重要的腦袋，今後絕對不再幹這樣的事，請您寬恕。❷

這宗把武器神化、人格化的現象即使在納粹德國軍隊中也是沒有的。這裡有一個文明程度差別的問題。依筆者看，日本軍隊的精神狀態更靠近原始部落的愚昧階段。

人對刀、槍武器的崇拜，實質上是對人類攻擊性的崇敬。

好戰的日本兵認爲，步槍、刀生銹，就等於軍人的精神生銹。（譯成本書的術語就是男性荷爾蒙生了銹，用中醫的說法就是「陽事不舉」。）這種意識、觀念已經是人類語言符號的一種濃縮。

只有當千萬個散亂的、單個的攻擊性本能被人類語言符號系統點燃、強化和集合起來之後才是有組織的人類戰爭行爲。

一切戰爭都有與自身方式相對應的一套語言符號系統。

「弟兄們，把城攻破，裡面有的是酒、肉和女人！」

這也算是語言符號，儘管比較原始。成吉思汗的蒙古正是在類似於這種語言符號系統之下連年對歐亞大陸發動征服戰爭的。

第二次世界大戰，日本天皇制軍國主義所使用的一套語言符號系統則要比上面那句口號要複雜些，甚至帶有宗教神秘主義色彩，男性荷爾蒙攻擊性也表現得更加露骨。

很多日本軍人都相信：「玉碎，衆人歸一，非常崇高。」❸在他們的語言符號系統中，甚至還出現了「靈魂衝鋒」❹這種近乎於神話的說法。這個「靈魂衝鋒」可怕觀念簡直把人類的原始攻擊性本能推向了極至！那麼，什麼是「靈魂衝鋒」呢？比如，在我國東北和蒙古的交界處有個叫諾門坎的地方，一九三九年日、蘇軍隊在這裡交鋒，日軍傷亡慘重。在向某高地發起衝鋒時，日軍某部全體官兵陣亡。後來，蘇軍不知出於什麼原因（或許是厭惡呆在滿山遍野都是死屍的地方吧），便放棄了該高地。於是日軍參謀長站出來，開動軍國主義一套語言符號系統，大做文章：

諸位，你們是怎樣看待這件事的？這是靈魂還在衝鋒啊，所以敵人撤退了。

這個現代神話，令人聽了眞是不寒而慄！

日本軍人攻擊性居然會達到如此瘋狂程度！

這使筆者想起在留日期間讀到的一本書《帝國陸軍將團》（一九八三年，淺野佑吾著，芙蓉書店，日文版）。

日本人說：「軍隊就是一所牢獄。」（第一〇九頁）

這說法是意味深長的！

用我們的術語來說，軍隊裡是不允許有個人意志和個人自由的；更不允許有仁慈、寬容和人道主義這些人類腦的表現！一入伍，便要把僅剩下的一點人類腦也全部沒收掉！

在日本天皇法西斯軍隊裡只允許有盲從，只允許有鱷魚腦和男性荷爾蒙攻擊性的存在，並煽動它無限制地膨脹，成爲非人。

「靈魂衝鋒」的日文原文是「靈的突擊」。它的意思是已經陣亡的整個部隊（連、團或旅）的靈魂將會擊潰敵人。生命雖死，日本軍人精神卻依然活著。這便是最極端的精神主義。令人驚訝的是，受過良好教育的日本國民居然相信這類現代神話！如此，戰時日本廣播電台曾播送過這樣一則報導：

空戰結束後，日本飛機以三、四架的小編隊飛回機場，一個大尉在最先回來的一批之中。他從自己的飛機上下來後，站在地上，用雙筒望遠鏡注視天空。當他的部下返回時，他一架一架地數著，臉色有些蒼白，但十分鎮定。看到最後一架飛機返回，他寫了報告，向司令官走去。到了司令部，向司令官作了匯報。然而，他剛匯報完，他就倒在地下。在場的軍官們急忙跑上前去幫忙，但他已經斷氣了。經過檢查，發現軀體已經冰涼，他的胸口上有彈傷，是致命的彈傷。一個剛斷氣的人，身體不可能是冰冷的。而大尉的身體卻涼得像冰塊一樣。大尉肯定是早就死了，是他的精神支持他作了這次匯報。可以肯定，是已經死了的大尉所懷抱的強烈責任感創造了這樣的奇蹟。❺

在我們聽來，這肯定是一段故意編造出來的、爲侵略戰爭打氣的「海外奇談」。然日本國民卻對此堅信不疑！

日本民族的好戰和攻擊性本能一旦用這類現代神話語言符號系統提煉、加工和催化，其後果是不言而喻的。納粹德國的語言符號系統同它相比也相形見絀，甘拜下風。

一九四五年，戰敗迫近，日本軍方最高當局發給軍官的「上陸防禦教令」，上面寫著：

「在敵我物質戰鬥相差懸殊的極艱苦狀況下，爲了勝利……需要官兵的偉大精神力和堅強的團結」，「官兵即使戰鬥到最後一兵一卒，也要毅然決然地確信必勝，勇敢地盡其本職」。❻這種命令很空洞，沒有提出任何具體作戰方案，是純精神主義的東西。

當美軍迫近日本本土，日軍最高當局產生了犧牲全體軍隊、犧牲全體日本國民的所謂「本土防衛」打算，要求一個一個戰場，全部戰死，然後把「靈魂衝鋒」推廣至日本本土範圍！「靈魂衝鋒」說法在人類文明戰爭史上也是獨一無二，近乎於神話的一套語言符號系統。即便是納粹德國希特勒和戈培爾也不敢編造這種系統來蒙騙、蠱惑八千萬德國人。

日本古代武將楠正成（一二九四—一三三八）在他的旗麾下寫有五個漢字：「非理法權天」。這一邏輯推理，若仔細推敲一下還是有問題的。非，即不講道理的事。理，即道理。法，即法式。權，即權力。天，即天道。

權力雖然服從天道，但它強於法和理。逆其行，即不安分。這一井然秩序一直根深蒂固地紮在日本民族的心理結構中。（二戰時的特攻隊司令官也將這五個漢字寫在隊旗上）

當然，這裡的「權」是指天皇的權威。歷來日本教育著眼於培養日本人的服從心理，這種服從心理又是以對天皇的忠誠爲最高道德的。

「要時時聽從天皇陛下的話，天天拜謝天皇陛下、皇后陛下！」從小學時代起日本人就接受了這種精神教育。

這是軍國主義發動二戰很關鍵的語言。這使筆者想起納粹德國一套符號系統。東、西方兩套系統都爲侵略戰爭服務，其結構非常類似，均具現代神話色彩，令人深思。比如納粹的宣傳機器一再重覆：

元首下命令，我們緊跟！

我們之所以是納粹黨人，因爲我們是德國人，我們愛德國！

在這裡，希特勒和戈培爾把納粹黨人同德國人、德國等同了起來。這是語言符號系統的轉換！沒有這種轉換，侵略戰爭就發動不起來；千百萬個散亂的男性荷爾蒙攻擊性與鱷魚腦就難以形成有高度組織、紀律的群體行動。而這還是發動侵略戰爭前提！納粹黨人同德國人、德國絕不能混爲一談。兩者不能劃等號。十年文革，四人幫也完成了這種語言符號系統的轉換，然後才挑起了一場內戰：

「誓死保衛中央文革！誓死保衛毛主席！」

「爹親娘親不如毛主席親，……」（歌詞）

在這裡，四人幫把爹娘同毛主席掛鈎，再把毛主席同中央文革掛鈎，其最終目的是從心理上把你的爹娘同江青、張春橋……掛起鈎來。於是出現了這個鏈：

爹娘→毛主席→中央文革（江青）

把千百萬中國人對父母的愛轉成對江青的愛。江青是借助毛主席的威望來達到自己的目的、個人權力和個人野心的。所以她出來接見紅衛兵第一句話就是：

我代表偉大領袖毛主席來看望大家！

這是語言符號系統轉換的第一招！江青把自己看成是毛主席的替身，恰如希特勒把自己看成是德意志祖國的化身！納粹黨人一直不厭其煩地在做語言符號系統的轉換工作：

「德國的敵人就是你的敵人。你要用你的全心身去恨他們！」❼這個轉換是至關重要的。原先，十八歲的德國人卡爾和十八歲的波蘭人薩沙是一對好朋友，經常通信，交換聖誕禮物。納粹上台，不斷重覆這句口號，結果卡爾便中斷了他同薩沙的友誼，最後把薩沙和波蘭看成是敵人。

這個轉換無疑成了納粹德國向波蘭發動侵略戰爭的前提。

日本軍國主義十分懂得語言符號系統轉換的重要性，並把它看成是發動戰爭的第一前提。比如一九三二年（五年後盧溝橋事變發生）日本陸軍將校教育大綱重點突出兩條：

第一，培養崇敬天皇心理。愛天皇之心即愛日本祖國之心；

第二，強調健壯的體格。

可怕的是，日本最高當局把這兩條擴大到了幼兒、中小學教育。這是全民皆兵。

按道理，軍隊是國家的軍隊，怎麼是天皇私人手中的軍隊呢？

日本天皇制法西斯完成了這一語言符號系統的轉換：

第一，天皇等於國家。（天皇就是全體日本人的父親。這樣，老百姓的父子關係便轉換成了天皇同千百萬日本人的感情關係）

第二，天皇等於上級。（普通老百姓和士兵是看不見天皇的。可你看見你的上級，而上級就是天皇的代表。這一轉換的完成便意味著日本人的絕對服從，層層服從）

第三，天皇等於軍隊。❽（這就是槍桿子指揮一切。統帥有獨立權。軍事統帥可以不受內閣控制。日本內閣可以不斷變更。然軍人不變。這便是軍人至上主義。一九四一年十月十八日東條英機組成內閣便是軍人至上主義典型例子。對內，他排斥異己；對外，他發動太平洋戰爭）

由此可見，只有當「三合一」完成時，侵略戰爭才能夠發動起來：

千萬個男性荷爾蒙攻擊性＋千萬個鱷魚腦殘餘＋相應的語言符號系統

這是有關戰爭哲學的最重要一條原理。當然，它是不獨立的，尤其是在人類進入文明階段之後。這條原理僅僅是對克勞塞維茨定義（戰爭是政治的繼續）的一點補充。不過兩者關係卻是相互依存關係。當人類社會進入近、現代文明階段後，幾乎就沒有一次戰爭純粹是出於上述「三合一」的原因而發動的。它只是配角，但始終躲在背後起持久作用。

沒有筆者所指出的這條原理，任何一次侵略戰爭都是發動不起來的。在原始部落，戰爭則常常是該原理的赤裸裸的表現。

現在，讓我們再回到日本軍國主義的語言符號系統上來。

天皇還有一個象徵；軍旗。

自古以來，世界各國軍隊重視自己的軍旗，把它看成是最簡潔的一種語言符號，這一點也並不奇怪。然像二戰中的日軍同軍旗的關係，則是罕見的。

日軍軍旗不僅是天皇象徵，更是軍隊保護神的象徵。它是一種特殊的符號。（狼、老虎、鱷魚……這些凶猛的野獸都沒有這種意義上的攻擊符號）

它成了團結部隊核心和衝鋒陷陣的無言號角。

它是通神的，具有一種巫術作用，是將校團的精神基礎。二戰時期，只要日本新聞戰況報導有關旗手的情形，那就是暗示全軍覆滅！全體將士都要保護旗手，因爲他手握著軍旗。遇上最危險的情形，旗手必燒軍旗，然後自殺。

所以，在很大意義上，日軍和德軍都是在打一場語言符號系統之戰；一場精神戰爭。

二戰期間，日軍爲了加強攻擊性，強化對天皇的忠誠，每天要集體朝著東京皇宮方向鄭重鞠躬。這就是遙拜儀式，即使所在日軍位處緬甸或太平洋某個小島上。後來這種儀式推廣到了全民。

二戰時期，「日本式被虐待狂」到了極至。一個畢業於士官學校的日本軍人說：「挨了一頓打感到痛快的人，比挨打後嘟嘟囔囔的人有出息。」

當然，這只是肉體中了「被虐待狂」的毒。更嚴重的是心理中毒。

比如日本士官學校預科生，每天早上一定要去操場遙拜，朝著皇宮方向鞠躬。這儀式是天天要堅持的雷打不動。「起初，這樣做感到很痛苦，需要一番努力，可是漸漸習慣以後，如果不去，這一天就覺得渾身不舒服……有時早晨因故去不了，就夜間去補。」[9]

聽從命令，或服從的習性一旦養成，便成了軍人的第二天性，成了自然的要求，成了內在化的條件反射，成了主觀自發行動。如果不依命令重覆固定機械式的動作，反而會感到渾身不自在、不安，覺得缺少什麼。

日本軍人竟被嚴重異化至此！上百萬軍人成了非人，成了戰爭工具，成了日本天皇制法西斯戰爭機器的一顆顆螺絲釘、螺栓和齒輪……

他們完全成了服從紀律、命令的中毒者。他們成了「吸毒者」。不過，他們所吸的不是海洛因或大麻，而是日本軍人的征服狂。

日本士兵的自我意志和人類腦被完全沒受了，消滅了。這是很可怕的。千萬個人類攻擊原始本能一旦中了絕對服從上級命令的毒，就有了一致的方向；就意味著群體犯罪可以付諸實施。（前面提到的廣已田中尉只是一個極端的例子。在人類戰爭史上，這也是罕見的。從這個例子，戰爭哲學家可以得出一些深刻結論）

筆者說過，德、日軍國主義發動的戰爭在很大程度上是一次精神運動。德、日兩個國家都嚴重缺少自然資源（比如石油、銅礦和橡膠），所以特別強調精神戰勝物質。他們發明一整套語言符號系統在某種意義上也是爲了彌補物質不足，強調精神作用。

比如，日軍非常注意用語，迷信語言的物質力量。在戰況報導中，如果日軍潰敗，不許用「退却」二字，只能用「轉進」。這種做法，充分說明日軍的攻擊性本能到了何種極端程度。

退，不是眞正的男性荷爾蒙。唯有一個「進」字，即使是「轉進」，才是男性荷爾蒙的雄風猶在！男性荷爾蒙的代名詞只能是進攻、征服和擴張！

日軍最高當局認爲，如果用「退却」，不用「轉進」，會在全軍造成戰鬥力或攻擊性本能下降的心理影響。

這便是日本軍國主義的「語言精神主義」，它屬於筆者所提出的範疇或命題：語言符號系統的發明同發動戰爭的內在緊密關係。

物質不夠，便加強語言符號系統的力量。因爲語言能產生物質力量。這是日本軍方的思路。

「決定戰爭命運的，不在物質上的損失程度，而在精神上受打擊的大小。」日軍一位高級指揮官如是說。

日本軍方和大本營一再強調：「這次戰爭並不是軍備較量，而是日本人信賴的精神同美國人信賴的物質之間的戰爭。」日本軍人確信，「在這場較量中，物質力量注定要失敗」。三十年代，前陸軍大臣、狂熱的軍國主義分子荒木大將在《告日本國民書》中寫道：

> 日本的使命在於「弘揚皇道於四海，力量懸殊不足憂，吾等何懼於物質！」

戰時日本廣播電台也一再叫嚷：「物質資源是有限的，沒有千年不滅的物質。」日本軍國主義認爲只有精神才是永存的。當然，飛機、大炮……也是不可缺的，但那畢竟是次要的。在他們的戰術手冊中有一句口號：「以吾等之訓練對抗敵軍數量上的優勢，以吾等之血肉對抗敵軍之鋼鐵。」

這一殺氣騰騰的語言符號系統是何等的凶殘。它比西班牙鬥牛士的男性荷爾蒙攻擊性要凶猛十倍、百倍！

於是便有了太平洋戰爭末期的回天特攻隊員。日本海軍搞了一種載人魚雷，用潛艇把這種魚雷載到美國軍艦集結地附近發射。由人操縱魚雷方向。魚雷觸敵艦，人同歸於盡。據統計，約有九〇〇名日本海軍士官生死於回天計畫。雖然擊中敵艦者甚少，無謂犧牲者占多數，但已表明日本海軍士官生是日軍中男性荷爾蒙攻擊性最強的兵種之一。

「神風特攻隊」的自殺式攻擊行爲尤其典型。一九九五年筆者從二戰紀錄片看到日本一批批飛行員作無謂犧牲的鏡頭，驚訝日本軍國主義發起攻擊的凶猛程度和殘酷性已遠遠越過了鱷魚和非洲雄獅。在這裡人類腦沒有了，剩下的只有鱷魚腦和男性荷爾蒙攻擊性，還有一整套爲侵略戰爭服務的語言符號系統。

眞實的鏡頭：司令官前來敬酒，爲年輕的飛行員送行。看上去，他們還是十幾歲的孩子，年齡不會超過十八歲。頭上綁了一條白布，上面寫著「必勝」兩個漢字。

後面的飛機已經發動。這些自殺飛機只加了單程的燃料，注定有去無回，無法返回基地。接著便是一架一架地向美國軍艦撞擊，人機同歸於盡。

當時，在筆者心中激起的反應不是什麼悲壯，而是可怕的愚蠢，非人的瘋狂。

所謂「神風」，是指成吉思汗渡海東征時，其艦隊遇巨風而遭覆滅，這次「神風」拯救了日本。

二戰末期，日本全民皆兵。陸軍省頒布的《戰陣訓》有這樣兩句：「生不受囚虜之辱，死勿留罪禍之污名。」後來，不僅軍隊，連一般國民都要天天讀，天天背誦這句誓詞。

不過，日本民族的兩種人格也叫人吃驚。

戰爭後期，有些日軍竟與美軍合作，甚至同美空軍飛行員一道乘轟炸機指出日軍彈藥庫和其他軍事目標的位置。這些日本軍國主義好戰分子的反戈一擊也表現出同樣的忠誠，眞是不可思議！

與其說這是日本民族深層心理結構的矛盾性和複雜性，還不如說這是人性普遍的矛盾性和複雜性。這些反戈一擊分子同廣已田中尉二十年的拒不投降代表了兩個極端。

一個民族的個體差異是巨大的。即使是同一個民族，也不是鐵板一塊。一個人的一生表現往往也不是鐵板一塊。

三、日本人的生死觀

一般來說，日本民族比世界有些民族更具有原始攻擊性本能，更好戰，這同他的生死觀不無關係。

寫到此處，筆者又一次想起二戰緬甸和菲律賓戰場上這樣一些鏡頭（是紀錄片，不是故事！）：熱帶叢林。一小隊日軍在拼命開野戰炮。個個赤身裸體，下身只有一條毛巾將「男根」遮住。身材矮小，但墩實、粗壯……這是一群將生死置之度外的、打紅了眼的野獸！

在塞班島，日軍從山洞裡向外射擊。登陸的美軍用火焰噴射器也無法將他們趕出來。因爲日本人歷來確信命運在天。人生幸福無常論或無常觀才是日本人的最具有代表性的人生觀。

日本文學、音樂的宗旨就是爲了向世人心理注入無常觀：

生如寄，死如歸。人生一世爲暫棲之客棧；短暫的一生猶如牽牛花上的朝露。

《源氏物語》一書是日本文學代表作，它描述源氏家族的興衰變化，自始至終充滿了一種世事虛幻無常的情調。據學者統計，在該書中有一個「悲哀」詞匯就用了一〇四〇次之多。❿這個「悲哀」不是一般意義上的悲傷，而是一種對世事變化無常的無可奈何的原（元）悲哀，一種宿命的悲哀，一種形而上的悲哀。它又常常被稱爲「物之哀」，這原是日本民族深層心理結構中的主要情緒。所謂「物」，總是要變化乃至消亡的，這是「物」的本性；由對消逝之物引起的留戀、愛惜、哀傷之情，即「物之哀」，似乎是與「物」俱來的。因爲只要有「物」就有對物消逝的「哀」，於是這種「哀」的感情也就成了「物」的屬性。

大凡物都是有成有壞的，它的成也就是它的壞，作爲形體的存在只不過是極有限的一瞬；人有生也就有死，因此他的生也就是他的死，這一切是不可改變的，關鍵是如何過好在這生死之間的一段有限時光。對此，日本人從一開始就有「諦觀」（大徹大悟的意思），他認爲「生無可戀，死不足惜」。這種生死觀就使日本民族的原始攻擊性變得毫無後顧之憂！（我們中國人的生死觀則恰恰相反：「好死不如歹活」這句俗語已足以說明某些問題了）

作爲日本武士必須始終抱有無常觀，知人生之空幻，絕不可對人生、現世產生留戀之心。或者說，日本武士就是要不貪生，不怕死，而且必須要有這種精神準備：生命原是稍縱即逝的，所謂「有今日不知明日」。從傳統看，武士道就是輕今生今世，看透一個死字；立即去死，將免除綿綿不絕的苦患。（「無常觀」來看佛教。此外，還有一個「苦諦」即生命充滿了痛苦、甚至生的本身就是痛苦。這種想法也來自佛教，它根深蒂固地紮在日本人的潛意識中）這種生死觀正是軍國主義求之不得的東西。「武士道」一旦同對天皇的忠誠結合在一起，與軍國主義發動侵略戰爭行爲結合在一起，那便是二戰的罪惡根源，深層根源。

日本人從中學時代起便學習這種生死無常觀。參加「神風特攻隊」而戰死的學生在生前日記中寫道：

> 死去，成爲天上的雲。那一日，是何日？難知也難躲
>
> 我們駕駛著飛機，好像是在漫無目的飛行途中的鳥兒，今日相會，明日分離，不知生命到頭，只是準備著把它獻給大君、獻給祖國。

這種生死觀當然也是一種語言符號系統。在和平時期，它屬於個人的私事。在戰爭期間，一旦被壞政治家、好戰分子利用，灌輸給千萬個男性荷爾蒙攻擊性，那結果便是千萬個「神風特攻隊」隊員粉身碎骨……

日本當代著名心理學家、日本心理學會會長南博教授（一九一四—）以研究日本人心理卓有成就而聞名於世，在他的代表作《日本人的心理》一書中（原版第一三四—一三五頁），有一

段很精闢的分析：

每個人的生命都是從神那裡「借來」的，或者說是神臨時「寄存」的。既然是借，奉還時就不能叫作「死」。所以二戰末期一特攻隊員在給母親的信中有這樣一段話：「我們是陛下所寄存的東西，當然必須爲陛下獻身。請母親注意不要有怨言，說些見不得人的話。」

這是日本母親的悲哀：自己的兒子成了天皇「寄存」的東西！被天皇取走，是理所當然的！

千百萬年輕生命被最大的非人性的侵略戰爭機器所輾碎。他們的母親居然連一滴眼淚也不能流？

「借來」、「寄存」和「奉還」這套語言符號系統被日本天皇制法西斯利用，引出了多少罪大惡極的後果。

千百萬亞洲和平居民被屠殺是大無辜；日本母親失去了兒子算不算無辜呢？即使算，也是小無辜。有不少人還是罪犯——群體犯罪。南京大屠殺是一個司令長官單幹的嗎？那千萬把日本軍刀也是有罪的！

四、「武」和「武士道」

十五世紀中葉，中國兵書在日本廣泛傳播，學者與武將們讀孫子成風，極大地影響了日本的兵學思想，並催生出日本著名兵學家大江匡房。大江的祖先大江維時曾到中國學兵法，歸國後向朱雀天皇獻中國兵書三〇餘卷。以後，大江家族成爲替朝廷保管中國兵書之處，大江匡房利用方便，苦讀中國兵書，遂成兵學大家。然而使他垂名後世的，是他的日本歷史上第一個敢於批判《孫子兵法》，堅持日本傳統兵學思想，並撰寫出日本首部兵學著作《鬥武經》。

《鬥武經》首次在理論上闡述「武」的來源。認爲「武」造成了日本國土和國土。武與文不是併立的，而是主次關係。「武」爲第一，「文」爲第二，它將日本民族的尚武精神推向高峰。

關於日本武士道，它原有許多內涵，如勇、禮、義、誠、克己、名譽等，以及自殺和復仇的制度。

日本學者新渡戶稻造（一八六二—一九三三）的專著《武士道》（一九九三年，商務，中譯本）、就放在筆者書桌上。這本不足九萬字的小冊子系統介紹了武士道的種種方面，但在最主要的地方並沒有說到點子上。而且由於他所處的時代，他也不可能說到要害處。

依筆者看，武士道的要害是一團男性荷爾蒙的生理能量和心理能量。它已經不是一團原始、盲目的本能衝動，而是經過人類一套精緻的語言符號系統提煉、梳理和包裝過的人類攻擊性。它是一團烈性炸藥，在和平時期，它可以用來開礦、築路；戰爭時期，它被用來造炮彈、炸彈。

日本武士道，就是典型的Penis，它有建設世界（Pen）和破壞世界（Pistol）兩個方向截然相反的去處：

Pistol←Penis→Pen

這個公式是本書的主旋律，恰如普朗克公式是量子物理學的主旋律，愛因斯坦公式是相對論力學的主題。

二戰時期，日本侵略軍在不義戰場上猛烈進攻，以及戰後日本民族在商場上的狂熱進取，都是武士道（男性荷爾蒙能量）的釋放。這是同一個東西的兩種不同表現，非常猛烈的盡性表現。

《武士道》一書作者新渡戶稻造有一章（第十三章）算是說到了點子上。這章的標題就是「刀——武士之魂」。

作者寫道：「武士道把刀當作是力量和勇敢的象徵。」

大家知道，每本基礎動物學教科書在論述雄性激素這一章的時候，都會把「力量和勇敢」看成是雄性激素（男性荷爾蒙）的主要表現。

日本人崇拜刀成了民族傳統和特性。其淵源非常非常古老。日本神話有位叫「史薩諾奧」的男性之神，他殺死了一條危害人間的毒蛇。在精神分析學說中，蛇、樹木、杖、槍、矛…

……是「男根」（男性生殖器）的象徵。切開毒蛇的尾巴，意外發現裡面有把鋒利的刀藏著。日本性心理學家高橋鐵分析道，這把刀被看成是「男人中的男人」。[11]

不過採用《戰爭與男性荷爾蒙》這本書的術語來說就是：蛇是「男根」（Penis）的象徵，而蛇中刀便是男性荷爾蒙！因爲這一丁點生物化學物質才是人類攻擊性的源，才是男人中的男人。沒有它，算什麼男人呢？

我們特別看重這則神話的涵義。因爲一個民族的神話就是這個民族的白日夢。它經常洩漏天機，洩漏民族的深層心理活動：原始願望和眞實想法。

筆者正是從這個神話得到了啓發，才用了「在日本民族心理結構中突出有把『軍刀』」這個題目作爲本章的標題。其實，我們撰寫讀者手中這本書的目的，也是將這把世界普遍性的「軍刀」揭示出來。當然，這「軍刀」大小和鋒利程度在世界各民族體內是有很大差別的。不過「軍刀」的普遍世界存在，這是事實。所以直到今天，在我們這個地球上還有戰火不斷……

古時候日本武士從小就開始學習使用刀。到十五歲，長大成人，佩帶著這樣一把象徵性的凶器，竟有一種自豪感。他滿懷著喜悅，走出門，迫不及待地在樹身上試驗刀的鋒利。

日後，一旦開戰，他飛舞著軍刀，向和平居民的頭顱砍去，便是一個很自然的舉動了。《武士道》一書作者新渡戶稻造極力美化日本民族的尚武精神：「義，是武士準則中最嚴格的教誨。再也沒有比卑劣的舉動和狡詐的行爲更爲武士所厭惡的了。」（第廿三頁）在第七七頁，作者又說：

「不過，我們最關心的問題乃是武士道允許不分青紅皂白地使用刀嗎？回答道，斷然否定！武士道正像對刀的正當使用看得至大且重一樣，認爲濫用它是不對的，而且憎惡濫用。」

事實顯然恰恰相反。新渡戶稻造如果活過一九四五年，那麼，他對日軍的暴行，對日本軍人的屠刀又作何解釋呢？

日本當代學者源了圓博士（一九二〇—）對所謂日本「大和魂」象徵武士道的看法就要客觀、冷靜得多，他在《日本文化與日本人性格的形成》（一九九二年，北京出版社，中譯本）一書中就指出「武士道」與軍國主義結合和與對天皇的忠誠結合在一起的事實。（見第一九〇—一九一頁）遺憾的是：對於爲什麼「武士道」能夠同軍國主義結合起來，爲什麼在對天皇效忠的狂熱之下，日本人把他們的殘酷、滅絕人性發揮到如此慘絕人寰的地步，這「武士道」精神同日本人的暴行到底有什麼內在的本質上的聯繫？這些問題，博士居然隻字未提！

乃木希典是明治時代的將軍，他文治武功俱顯赫一時，處處以武士道精神修己律人。曾被日本歷史學家、小說家譽爲「武士道之花」。他在一九一二年九月十三日明治大帝死後落葬的那一天，以日本最古老、最英勇也是最殘酷的「切腹」方式自殺以殉天皇。緊接著他夫人也自殺以殉其夫。⑫向天皇盡忠是武士道的最終歸宿，乃木也成爲「武士道」的典型。

根據規定，「切腹」這種自殺方式只有武士才配採用。因此有不少出身卑賤的軍人，在戰場上立下赫赫戰功，一輩子所追求的就是希望有朝一日，可以「享受」武士的待遇，以「切腹」的方式光榮地結束自己的生命。這在他就是最大的榮譽和做人最大的幸福了。

筆者在日本留學時曾向日本朋友打聽，「切腹」究竟是怎麼回事？日本人自殺爲什麼總喜歡「切腹」，比如當代著名作家三島由紀夫也是採取切腹的方式？（不過，他沒有成功，最後還是靠旁邊人用刀把他的頭砍下來）可是一般人都不甚了了，說，「切腹」是一種傳統吧。至於這個傳統怎麼會形成的卻誰都說不清楚，看來今天的日本人對這種古老傳統的概念也是非常模糊的了。

其實，「切腹」這一自殺方式之所以顯得特別莊重，主要是來自日本人的一種信仰：對肝臟的信仰。⑬原來古代日本人認爲：人的肉體是要腐爛的，只有把人身體中最貴重的東西取出來，就有「再生」的可能；而切腹就是爲了取出肝臟以求再生。爲了順利取出肝臟，刀必須鋒利無比。因此他們把「刀」看得非常重要，稱之爲「靈刀」，因爲是要靠這把「刀」替自已贏得再生的機會。（武士對自己的佩刀非常寶貴，絕不可怠慢；如果誰不小心從佩刀上跨過去的話，武士會操起刀來同你拚命，因爲，他認爲你已瀆褻了寶刀的「英靈」！）

從這裡也可以看出「軍刀」對日本人具有何等重大的意義！活著要靠它建立功名；死時又指望它帶來再生。生生死死都離不開這把刀！看來「刀」對日本民族的意義和重要性是世界上沒有任何一個民族所能夠匹敵的。

那不義的刀，卻是最卑劣、最狡詐的了！

筆者老家在江西向塘。戰前，那裡是清末建造的民宅古屋群，風格非常典雅，高潔。然而卻被侵華日軍一燒而光！

中國農民生活在自己的土地上，什麼地方礙著了日本武士？你們燒光中國老百姓的房屋，殺光和平居民，算什麼義？！也許這些殺人狂的日本武士們會強詞奪理地說：「中國人不是人，是豬，所以不能享有『義』的待遇！」侵略者田中義一首相在給天皇的奏摺中，直接了當地稱中國人為「支那豬」。

你看，問題就來了，筆者所指的是男人們的「左腦之爭」開始了！

看來，各有各的一套語言符號系統。對「義」的解釋，日本法西斯武士道居然會作出這種罪惡的曲解！

不！義就是義。它具有普遍世界同一性。小偷、強盜、謀殺、強姦……的定義在全世界是劃一的，這恰如電流、電壓、電阻、電荷守恒原理、熱力學、第二定律……在世界具有普遍通用性。全世界各個民族只有一個共同的熱力學第二定律，恰如只有一個「義」！

日本武士道的刀在中國和亞洲一些國家和地區的所作所爲是罪大惡極！今天，右派勢力還在爲二戰日軍侵略行爲辯護，說那是一場「解放亞洲的戰爭」，爲的是把亞洲人民從英美「鬼畜」的奴役下解放出來。這類蒙騙日本青少年的行爲造成了惡劣影響，以致於今天日本一位中學三年級的學生在上了歷史課之後寫了一篇感想，說：「日本軍挽救了亞洲，他們是英雄。」

這種美化罪行的後果，必定是爲下一次新的戰爭找到了正當化、合理化的理由。讀者不難看出人類語言符號系統在發動戰爭過程中的特殊作用。往往，人類戰爭只不過是採用飛機、大炮、火箭爲兩個不同的語言符號系統而相互廝殺的行爲！（宗教之戰、意識形態之戰，表現得尤爲典型）

* * *

作爲本章結語，筆者想起現代日本作家田村泰次郎（一九一一—一九八三）描寫二戰日本兵活著的兩大理由：

既同敵人鬥，又追逐女人，這樣，自己才品嘗到了活著的滋味。（《霧》）

而這兩大行爲都是來源於同一個生物化學物質基礎——男性體內自由游離的攻擊能量！

❶❺❻《菊與刀》（美）本尼迪克特，第廿七頁，第十八頁，第一六二頁，一九九四年，商務。

❷❸❹轉引自《日本人的心理》（日）南博，岩波書店，第一六五、一六二頁，一九六九年，日文版。這裡參看了劉延淵先生的譯本。

❼《第三帝國百科全書》，（英）L.L.Snyder，第一二〇頁，一九七六年，英文版。

❽《帝國陸軍將校團》（日）淺野佑吾，一九八三年，日文版，芙蓉書店，第一八一、二五九頁。

❾同❷，第一五—一六頁。

❿《無常》（日）唐木順三，第五頁，筑摩書房，一九六八年，日文版。

⓫《日本的神話》（日）高橋鐵，一九九一年，日文版，河出書房，第一一五頁。

⓬《日本人的生死觀》（日）加藤周一，（美）M．萊希、J．黎夫頓，岩波新書，第四〇頁，一九八三年，日文版。

⓭《假面日本人》（韓）金兩基，中央公論社，第二一〇—二一一頁，一九九三年，日文版。

⓮《怠惰精神分析》（日）岸田秀，中公文庫，第一四—一五頁，一九八七年，日文版。

⓯譯自同上書中「對日本作精神分析」一文。

發動侵略戰爭骨幹分子的臉譜

筆者指出過，生物統計規律告訴我們，每個時代都有一批危害社會的惡棍。在和平時期，他們的危害性多半是潛伏的，而且其危害程度和範圍又畢竟有限。遇上亂世（他們總是唯恐天下不亂），他們便成了壞政治家或戰爭狂人的骨幹或打手。沒有這幫惡棍形成社會上的一股趁火打劫的勢力，侵略戰爭是發動不起來的。

壞政治家正是通過這批好鬥骨幹把千百萬個炮灰投入不義戰場。於是便有了這條騷動的鏈：

壞政治家→一批好鬥骨幹→千百萬個炮灰

中間環節起到承上啓下的關鍵作用。按本性（天性），他們是一幫殺人犯！如果說人性中有種殺氣騰騰、要人性命的狂熱衝動，那麼，在這批骨幹身上便能驗證之。

比如以納粹德國爲例。在當年的七八千萬德國人中，總有那麼好幾萬人是好戰分子。比如：

1.里賓特洛甫（一八九三—一九四六），此人狡猾、自私、邪惡。一九三二年才加入納粹黨，算不上老資格，卻當上了外交部長。他在黨內、黨外都樹敵過多，但他依舊官運亨通，善於鑽營，因爲他絕對緊跟希特勒，唯唯諾諾，簡直成了希魔的影子。早年他參加過第一次大戰。出於虛榮心，出於對戰神的崇拜，他硬是死皮賴臉弄到了一枚一級鐵十字勛章！要知道，在當時，誰要在納粹黨內占據高位，必要條件之一是：經歷過第一次世界大戰戰場上的血與火的考驗。僅從這一點，我們便能看出納粹黨的血腥味！戰後，他做香檳酒生意。納粹運動席捲德國，他鑽了進去，爲德國發動戰爭四處奔走賣命。

2.羅姆（一八八七—一九三四），納粹運動骨幹，曾是衝鋒隊和黨衛隊的總頭目。參加過第一次世界大戰，退伍上尉。體格魁梧，脖子粗壯得像頭公牛，臉上疤痕斑斑，上半截鼻子在一九一四年給子彈打掉了。他生性恨毒、無情、猛幹，渾身上下都布滿了男性荷爾蒙的攻擊性能量，不過他也像許多早期納粹黨人一樣，是個有相公癖的人。他糾結了一大批退伍軍人和自由團義務軍，成爲第一批納粹黨打手，後來擴建成了衝鋒隊。

「我是一個邪惡的粗人，我覺得戰爭和暴亂比資產階級的秩序更讓我稱心如意。」❶羅姆曾這樣自白過。

這句話充分暴露了納粹黨人體內自由游離的原始攻擊性能量！

關於「自由團義勇軍」的成員，均為一些亡命徒和嗜血的好鬥分子。他們都以自己臉上或身上有幾道傷疤為自豪，並以此表明自己的凶猛和好戰素質。後來這些成員都成了納粹德國的骨幹。

3.希姆萊（一九〇〇—一九四五），蓋世太保首腦。十七歲即加入巴伐利亞步兵師。一戰後畢業於農學院。關於他的性格，正如著名精神分析學家弗羅姆（Erich Fromm）所指出的，希姆萊是「一個具有虐待狂的專制性格的典型人物，他對控制別人懷有一種無限的狂熱。」

❷

「人就是要凶殘或殘忍。」這是希姆萊最欣賞的一句話。

4.弗朗克（一九〇〇—一九四六），納粹占領波蘭的總督。參加過第一次世界大戰。戰後參加過「自由團義勇軍」。作為被占領的波蘭最高統治者，他的名言是：「波蘭應該被看成一個殖民地；波蘭人應成為大德意志帝國的奴隸。」

5.斯科爾茲內（一九〇八—一九七五），冒險人物，亡命徒，長得非常剽悍，一名知識分子出身的黨衛隊暴徒。一九四三年秋，他被召到元首大本營，希特勒指派他去執行營救墨索里尼的計畫。一九四四年十月當匈牙利攝政者霍爾蒂海軍上將準備向進攻的俄軍投降時被他綁了票。戰爭接近尾聲時，斯科爾茲內的新任務是指揮一個有兩千人的會講英語的德軍特種旅，讓他們穿上美軍制服，駕駛繳獲來的美軍坦克和吉普車到美國防線後面去切斷交通線，殺死傳令兵，搞亂交通運輸，到處造成混亂。小型部隊則深入到繆斯河各個橋邊，保衛這些橋樑不受破壞，以便德國裝甲部隊主力能夠通過。

在他身上，鱷魚腦的勇敢和男性荷爾蒙攻擊本性表現得非常典型。

6.海德里希（一九〇四—一九四二），希特勒的一條最忠實的走狗。黨衛隊保安處處長，殘忍成性。他的外號就叫「劊子手海德里希」。他的保安處雇佣了大約十萬名兼職告密者，他們奉命窺察國內每一個公民的言行。

一九四二年，他被游擊隊擊斃，希特勒十分悲痛，稱他是「一位鐵心腸的人」。此人性格是冷血，殘酷，攻擊性特強，而且有超乎尋常的個人野心和權力慾。

以上六個例子雖非全豹，但可從中窺見納粹德國一批骨幹嘴臉之一斑。

生物統計規律指出，每個時代都有這樣一批富有攻擊性的、嗜血成性的好戰分子。筆者所說的規律便是高斯分布（The Gaussian Distribution），或正態分布（The Normal Distribution）。

正態分布是自然界最常見的一種分布。該概率密度函數是一個偉大的「世界函數」。比如，中國成年男子的鞋子尺寸大小一般在三九—四一號；三六，三七號較少，三五號就更少；四五號也很少很少。同樣，在一大片森林中，樹木胸徑特別小的很少，而胸徑特大的也很少。胸徑不特別大但也不特別小的最多。

基於同樣的規律，每個時代，在某個民族中，嗜血成性的好戰分子按比例總是少數。但他們總是存在著，唯恐天下不亂而伺機蠢蠢欲動。

今天的德國新納粹分子正是這少數。如果戰爭爆發，他們中間便有「里賓特洛甫第二」、「海德利希第二」或「希姆萊第二」。

在今天的日本首相橋本龍太郎身上，就有一種好戰的血腥氣味。要知道，他長期同日本二戰退伍軍人團體保持著密切聯繫。這種團體使筆者不禁想起一戰後德國的「自由團義勇軍」，想起一批攻擊性非常強的退伍軍人，後來其中很多人都懷著復仇的心理成了納粹德國發動第二次世界大戰的骨幹分子。

近幾年，日本經濟開始衰退，像橋本龍太郎之流的右翼分子猛然抬頭，背後得到財團的支持。注意：財團與軍團很容易攜起手，合而爲一！

在人類進入文明階段之後，發動戰爭的生物學原因是不獨立的。（在原始社會才有這種性質的戰爭：僅僅是爲了肌肉發脹而打一仗。其他什麼別的都不爲：不爲羊，不爲牛，也不爲爭奪土地和水源）

「九一八」以前的東北，實際上已淪爲日本帝國主義經濟剝削的「半殖民地」。東北對日本具有重大的經濟利益。日本在東北的投資占在華投資的六〇—七〇%。日本進口豆類的七六%、煤的六四%都來自中國東北，正好說明日本動員各種宣傳工具，大造「滿蒙是日本生命線」的侵略輿論，在東北不斷挑事端。煽動、製造國內日本全體國民的憤怒，爲的是把內心深處那把「軍刀」霍地一下抽出來，亮出它的陰森森的一道寒光，殺向亞洲人民！

「軍刀」是依附在重大經濟利益之上的！

日本軍國的軍刀爲日本財團的經濟利益開路，恰如一九三九年德國的劍爲德國的犁取得廣大生存空間。

在人類文明史上，單獨意義的刀或劍是不存在了。這是人類文明上戰爭哲學的一條重要原理。不把它指出來，筆者撰寫的這整本書就沒有說到節骨眼上。

是的，今日的刀或劍要有個依附，或依附民族仇恨，或依附宗教信仰或意識形態之戰。九〇年代世界動蕩，戰事不斷。但萬變不離其宗：人類好鬥本性總是在背後隱隱約約起作用。

---

❶❷ L. L. Snyder《第三帝國百科全書》，一九七六年，英文版，第二九七、一四八頁。

有關核戰爭的定義及其他

如果克勞塞維茨生活在今天，他就要大大地修改他的《戰爭論》，尤其是第一卷第一篇「論戰爭的性質」。

一個多世紀以來，世界上許多元首、總統和政治領袖都高度評價克勞塞維茨給戰爭下過的經典性定義：

戰爭是政治通過另一種手段（即暴力）的繼續。

戰爭無非是國家政治通過另一種手段的繼續。

戰爭是迫使敵人服從我們意志的一種暴力行爲。

這三種說法其實是同一定義的同語反覆，只不過最後一種說法涵蓋面更廣。

在核武器發明以前，這個經典定義無疑是對的。

但在核武器時代，這個定義就是可笑的，甚至變得荒謬了。因爲一場全面的世界核大戰會將人類全部（包括敵對雙方的政治和意志）統統毀滅！

目前，人類擁有的核彈足夠將地球上的全體居民反反覆覆摧毀數十次。核彈能直接命中六〇〇〇公里以外的靶心，其精確度在百米以內。

第一個按核鈕的一方未必占上風。因爲只要還有五％的核彈保存下來，第二個按鈕的另一方同樣能夠將對方徹底摧毀，使其化爲灰燼。結果雙方既無勝者也無敗者，而是當代世界文明整個被毀，包括雙方的政治信仰、意識形態和意志。

於是我們可以給核戰爭下這樣一個定義：

核戰爭是現代人類自殺行爲，而自殺也是一種攻擊，一種以自身爲目標的攻擊。

或者說，核戰爭是人類原始攻擊性、盲目好鬥本能和男人們的「左腦之爭」發展到足以毀滅人類自身（包括其意志、政治信仰、意識形態以及整個物質和精神文明）程度的最後一次、也是一了百了的暴力行爲。其結局是敵對雙方無一倖免，同歸於盡。受連累的還有地球上整個動物和植物界的覆滅。

核戰爭是一次沒有戰後問題的最後一次人類戰爭行爲。比如投降儀式、簽定和約和戰爭賠款等便是筆者所說的戰後問題。如果還有什麼戰後問題，那就是地球上的一片廢墟、荒涼和墓地一般的寂靜，到處是燒焦了的屍體，五十五億具屍體！

或者說，核戰爭是結束人類一切暴力行爲的最大、最後一次暴力極至。因爲從今往後地球上再也沒有了人類，所以才沒有暴力。

* * *

二戰後，人類曾面臨許多次核戰爭一觸即發的大危機。我們都經歷過這些危機。一九五八年美國曾要求中央情報局研究，在北越、北朝鮮入侵南方和中國進攻臺灣的時候，如果美國動用核武器加以攻擊，蘇聯將會作出何種反應。結論是「蘇聯人很可能以同樣方式予以反擊。」斯大林一直堅持的政治信仰是：

資本主義世介必然崩潰。這種腐朽、沒落的制度只能用暴力去摧毀。

在本質上，這暴力仍然是屬於原始人肌肉發脹模式，只不過它的破壞世界的力增大到了無法想像的程度！

目前，製造核彈的核材料走私事件時有發生。這些放射性材料很容易落入有組織的犯罪分子、恐怖分子和接近「核大門」的某些國家手中。這些國家的人類攻擊性和復仇心理極強。人類冒險、恐怖和嗜血成性的生物學根源在這些好戰分子身上表現得最露骨。這是一夥由「本我」支配的亡命徒。

有了他們，地球將永無寧日。

面臨這一嚴峻、生死關頭，戰爭哲學家不可再處在沉思狀態，而是行動，緊急行動！

戰爭哲學歸根究底不是沉思默想的哲學，而是行動的哲學。

哦，多災多難的人類！

那窮地之險，極路之峻，世濁則逆，道清斯順，幾千年的燦爛人類文明難道眞的會在一瞬間被一個亮度極強的核火球化爲灰燼？我們不相信這會是人類的結局！

人啊，人！——不是人控制武器，而是武器支配著人

時間：一九九六年九月底金色的秋日
地點：上海花園飯店咖啡大廳

李：這編雖然結束了，總覺得深層分析的力度還不夠，有必要再從理論方面作些探討。我們不妨用漫談、神聊的方式，再廣泛地討論一些問題。

趙：今天我們到這裡來喝一杯，就是用神聊的方式來加大一下理論力度。在心理學上有種「強迫症」。其實人性中也有一種叫「攻擊性強迫症」的東西。這是一個很重要的概念。

李：以前我是自學德語的，對德語一直有著濃厚的興趣。遇到了你，有機會向你請教德

語，眞是很高興！「攻擊性強迫症」這句話，德文是不是可以叫做「Das aggressive Zwangsantrieb」呢？

趙：可以。你知道，從生物學角度看，人是一種食肉動物。他的天生本能就是使用武器去砍殺。在人的心理結構中，使用武器和人類語言原是一塊產生、進化的。

原始人打獵有兩層意義：第一，飢餓迫使他去打獵；第二，受一種本能的攻擊性驅使。殺死一頭野鹿，使他興奮不已。這種刺激給他帶來了莫大快感。這兩層結構便規定了日後人類文明史上侵略戰爭的原因：軍團的軍刀爲財團的經濟利益殺開一條血路。但萬變不離其宗，都擺脫不了這兩種結構，這雙重結構模式。

李：對原始人的打獵生活，我們應著重分析。今天的英國上層社會還有打獵的愛好。主要是爲了消遣、娛樂，也滿足了他們的攻擊性本能。即aggressive instinct。

今天，從非洲、巴爾幹、高加索地區到中亞，人們（包括未成年的孩子）舉起衝鋒槍射擊，的確有種娛樂、消遣的心理成分。這是人類的悲劇。

趙：是啊，我們要探討人的攻擊性和破壞性的眞正根源（The real sources of man's aggression and destructiveness）。這是我們這本書的主題。我們不知道把它說清楚了多少。六十多年前，愛因斯坦也想說清楚。

這是一個世界性的哲學大課題，而且生死攸關。說得確切點，是有關戰爭起源的哲學。

愛因斯坦和弗洛伊德也非常關心這個世界性的哲學大課題。我們必須從人類進化史的角度去考慮。

我熱衷於探討這個大問題。我想起過去有位西方思想家說過這樣一句話，我也有同感：尋找到了世界一條因果關聯，比做波斯國王更快活。

最近一百多年，西方學術界探討人性主要是從實證，從生物學這個角度。比如一九六三年古達（J. Goodall）就在美國《National Geographic》雜誌發表了一篇題爲「我在野黑猩猩中度過的日日夜夜」的論文（第一二四卷，第二七二—三〇八頁）。從探討黑猩猩攻擊行爲的根源，有助於我們了解人性，了解戰爭的深層原因。

這便是我一開始就強調的一種非傳統的角度！

李：爲了研究人性，勞倫茲在一九五五年還寫了一本書叫《當人遇到狗》（Man Meets Dog）。這是一種非傳統的角度，從狗推及到人。我確信人有種天生的攻擊性（Man's innate aggressiveness）。社會上的謀殺、暴力……在性質上同戰爭是一回事。

人們有意頌揚戰爭。比如對拿破崙的歌頌、敬仰。一九二八年弗萊明發現了青黴素，挽救了無數人的生命，而他的名聲卻遠在拿破崙之下！（二戰後期，工業製造青黴素已獲得成功，並首先在戰場上發揮了巨大效用，對千百萬受傷士兵是個福音）

趙：只要這種價值觀不改變，人類就休想根除戰爭！

我相信戰爭是一種生物學的必需（War is a biological necessity），至少在某種程度上是這樣。所以這就成了「四海之內皆兄弟」（a universal brotherhood）這一崇高理想的攔路虎。

在人類許多民族中，男性氣概或雄風的典範正是一種攻擊性。筆者觀察到，好些女子從心理上特別崇拜一些身上有匪氣、有霸道的男子漢。

李：也就是富有攻擊性的男子氣概。在它的背後肯定有個生理學的基礎。不過直到現在，我們還沒有對「攻擊性」這個最重要的概念下一個精確定義。

趙：所謂「攻擊性」（Aggression），就是指在動物界（包括人類），同種成員之間的好戰本能。這個命題對動物、對人類都適用。

李：這個定義是動物行爲學者的研究成果，在動物（包括人類）進化過程中「攻擊性」起過很大作用。如果從大腦生物學的角度來說，「攻擊性」就是大腦中樞部位某些受刺激的反應活動。比如海馬結構便同動物攻擊行爲有關。海馬受損毀的動物，它的攻擊動作會因此減少。這一實驗結果使我終生不會忘懷！

趙：對，這就是「攻擊性」的生物學基礎。人是一種在進化過程中學會使用工具的動物。然而人作出了一個重要發現：用製造工具的方法可以製造殺人武器，而且將一群人發動起來，把武器發給他們，加以訓練，完全可以有把握也戰勝對方。於是便開始有了人類文明史上的戰爭。

李：因爲戰爭永遠是人類有組織的群體攻擊行爲。（克勞塞維茨說過，「戰爭中的鬥爭不是個人對個人的鬥爭，而是一個由許多部分組成的整體」）人類戰爭要有兩個先決條件：第一，有了武器。第二，有了人類語言符號系統。（絕不是「殺，殺」幾聲或打手勢這樣簡單的符號）這兩個條件都是人腦發達的必然結果。所以說，發達的人腦是戰爭的根源。

趙：這是人類文明史上有關戰爭的一條很重要的哲學原理。它比一百多年前克勞塞維茨的「戰爭無非是擴大了的搏鬥」、「戰爭是迫使敵人服從我們意志的一種暴力行爲」、「戰爭是政治通過另一種手段（即暴力）的繼續」這些表層定義更基本，更擊中要害，更說到點子上！

李：注意，只有手中握有武器的一群受過訓練的有組織的好戰分子，並有著絕對服從的第二天性（所謂軍人以服從命令爲天職），那才是可怕的。

趙：「軍人以服從命令爲天職」、「人在陣地在」、「爲天皇流盡最後一滴血」……這些說法都是人類語言符號系統，都是發達人腦的結果。武器的發明是人類文明的產物。這又使我想起今天埋在世界許多發生過衝突和正在發生衝突地區的無數地雷。僅在阿富汗地下就埋下了一〇〇〇萬顆。已經炸死二〇萬，炸傷四〇萬。傷亡固然可怕，然而它對社會秩序造成的威脅更令人咋舌。因爲農民不能下地耕種，行路人不敢大意。據統計，全世界每天有一五〇人喪生在先進地雷的魔爪下。其中很多是兒童！

阿富汗戰爭中最常見的一種地雷是蘇制「蝴蝶」。它用綠色聚乙烯製成，重量僅七〇克，帶翅膀，從直升飛機撒下，毫無規律地分布。這種塑料地雷的雷片可以炸進很深的傷口，而且很難找到，只有切開肢體，仔細搜索。

這種先進的地雷足以炸掉一隻手或一隻腳，因嚴重致傷，往往要截肢，成爲殘廢。這是很不人道的！

世界紅十字會要求地雷符合兩個條件：易探測，且能自行銷毀。

李：作這種限制，說明人類命運是多麼悲哀！要做到這種限制可不容易。許多國家照生產不誤，因爲武器出口大國可以賺大錢。

趙：地雷這種武器小巧、輕便，只需三至六美元便能買到一顆，卻能使一個人終身沒有手或沒有腳！

李：唉，人類攻擊性到這種程度比鱷魚要凶殘千倍、萬倍！在商業社會裡，連人類攻擊性也商品化了，它可以具體化爲地雷或其他武器作爲商品出售！

趙：地雷是人類文明產物，原先自然界是沒有的。當然這不是文明本身的過錯，而是人性惡的那一面，過去一直有這種說法：人控制武器。其實今天是武器控制、支配人！一直是這樣。以前王陽明說：「破山中賊易，破心中賊難。」今天我要說，「清掃地雷易，清掃心中惡難。」

李：是啊，正是武器（人心惡）牽著人的鼻子在走！

現代先進武器控制、支配人的行爲。這是有關戰爭的一條現代哲學原理。

因爲在人類的深層結構裡原已有了一顆小巧而輕便的地雷。它就是「男人中的男人」，即男性荷爾蒙原始攻擊性。只是今天它已披上了一層現代先進技術的外表，更具殺傷力，更殘酷！

趙：是啊，現代地雷不僅難清掃，而且殺傷力更強。意大利造的「彈跳地雷」可以跳到半空中，然後爆炸，朝三百六十度各個方向散發出一〇〇〇個雷片，殺傷範圍是廿五米以內。二戰時期，地雷由金屬製成，體積較大。現在的地雷由塑料製成，小巧玲瓏，很難探測到。

有些型號的地雷還裝備了反掃雷裝置。所以不論掃雷專家身手多麼敏捷，取出地雷不僅難，而且危險。

過去布雷是挖個洞，將雷埋下，工兵將雷區圖保存。戰爭結束，將圖交給戰勝國。如今，地雷通過火箭大面積布出去，無人知道地雷在哪兒。結果到處都是鱷魚。一個小小的地雷，就是一條凶猛的、令人致殘的鱷魚！

鱷魚腦布滿地雷，布滿塑料鱷魚！

由於地雷位置不明，今天津巴布韋、安哥拉、索馬里……有幾十萬公頃的土地荒廢了！利比亞至今還有廿七%的可耕地仍然覆蓋著二戰遺留下來的地雷。舊的還沒有掃清，新的又布上了。

想起耕地下面布滿了極隱蔽的先進地雷，農民不敢走進去耕作，我眞想大哭一場，爲人類破壞世界的本能！

李：最近我讀了《余純順孤身徒步走西藏》一書。在第卅一至卅二頁，余純順寫到他看見一藏族漢子在役使犢牛耕地，他的背後馱著用布包裹著的孩子。泥土在犁鏵後邊不斷地翻著身，那孩子的頭也在不停地晃動……余純順寫道，「這個動人情景讓我看得淚濕眼眶！人類得以不斷繁衍的勞動和生養兩大要素，在這樣一個平常舉動中，表現得那樣濃縮和充分，縱然是在這萬里之遙的高原上，也一樣萬變不離其宗！」

我理解余純順的淚濕眼眶，也理解你想大哭一場的理由。

一個是歌頌和讚美，爲人類建設世界本能而流淚；

另一個是痛恨和詛咒，爲人類破壞世界本能想大哭一場。

兩個截然不同方向，都是萬變不離其宗！

難道戰爭這種行爲眞的是人類生物學的必然嗎？

趙：當人控制武器，這還不是十分的悲劇。當武器支配著人，這悲劇才是十分，才是眞正的絕望。如果今天的人類連塑料地雷都禁止不了，怎能希望全面禁止化學、生物和核武器呢？

戰爭是人的生物學必需，就像杜鵑、雷鳥和灰雁具有築巢的本能。這本能也是鳥類的生物學的必須。

得出這個結論是可怕的，痛苦的，但又不得不作出這一哲學推論。

李：武器的進化史，也是人類文明時期一部戰爭史。因爲沒有武器的戰爭是沒有的。

趙：人被武器牽著鼻子走，歸根究底是人被一團原始攻擊性本能能量牽著鼻子走。於是我們又回到了我們手中這本書的主題：揭示人的動物本性這個眞實的側面。

一般人總以爲，哲學問題是玄談虛談，離平民百姓日常生活很遠很遠。其實不然。戰爭哲學問題同平民百姓關係最爲密切。因爲戰爭打起來，歸根究底是千萬個家庭受害。

戰爭哲學，政治哲學，自然哲學，人生哲學……都離我們平民百姓最近最近。當你每天早晨打開窗，打開門，揭開鍋，擰開自來水籠頭……所有的哲學問題便會以一種隱蔽的形式霍地冒出來。

所以我一再說，進入廿一世紀，如果一個人不思考戰爭哲學問題，他就沒有資格成爲一個哲學家。

李：千萬不要忘記今天我們五十五億人在地球上的危險處境：只要雙方一按核電鈕，世界便會在一瞬間全部被毀滅，化爲灰燼！

趙：我一直有這種千鈞一髮的危險感。也許，在一個清風朗月之夜，人們都進入了甜美的夢鄉，世界核大戰突然爆發了。在人們還來不及意識到這究竟發生了什麼災變的時候，就已經被上千度的高溫和強大的衝擊波毀滅了，埋葬了，燒焦了！

一九九六年九月廿一日，我讀到葉利欽總統簽署了「關於俄聯邦代總統」的命令。在葉利欽總統進行心臟外科手術期間，由俄聯邦總理切爾諾梅爾金代理總統職務，代理期按照另行發布的總統令予以規定。代總統擁有總統的全部權力，包括對戰略核力量和戰術核武器的控制權。爲此，將向他移交相應的按「核按鈕」的權力。

過去，我知道總統手中握有很大權力，但到底有多大，不十分清楚。現在知道了。「按核按鈕」的權力是一種大得不得了的權力。因爲整個地球的生與死都維繫在那個按鈕上。當然，克林頓也有這個權力。

只要人還在支配武器，而不是武器完全牽著人的鼻子走，我們這個世界、這個地球就還有一線希望，還有救。

李：我們這本書探討了人類戰爭的深層原因。我們不妨把所有的原因大致上分兩類：政治經濟和社會學範疇的原因；生物學方面的原因。

趙：可以這樣劃分。復仇是屬於生物學範疇的原因。在第一編我們討論過，就力度或強度而言，人類的憤怒、復仇和仇恨這類情感比同情、仁慈和寬容要猛烈。這可以用生物物理、生物化學方法定量地測量出來。

在政治經濟和社會學範疇的原因同生物學範疇的原因之間存在著類似於雷管同炸藥包的關係。

在人類文明階段，這種關係很明顯。

在原始社會，即在史前史的悠悠歲月，炸藥包不要雷管也會獨自爆炸。這是純粹的肌肉發脹，不爲別的什麼原因，僅僅是爲了嗜血，打一仗，痛快，所謂「一聞戰鼓意氣生」，「將軍誇寶劍，功在殺人多」。

在文明史上，炸藥包（男性荷爾蒙攻擊性和鱷魚腦）是不獨立的。沒有雷管做導火線，它不會自動炸開。減少政治經濟和社會學方面的矛盾、衝突，也就爲避免戰爭作出了貢獻。比如二戰後德、法、英之間的矛盾就小到了不再發生戰爭的程度。原先自由資本主義的三大弊病和資本主義國家之間過去的那種激烈矛盾、衝突（甚至戰爭）已經得到了明顯的緩和。

李：雷管同炸藥包這個比喻很形象，也或多或少指出了戰爭兩大類原因之間的有機聯繫。

心理學與戰爭

——兼論「挫折攻擊假說」

時間：一九九六年十月三日

地點：復興中路李毅強小書房兼臥室

李：趙先生，我們的書已經寫了半年了，我現在才完全明白你在當初四月上旬邀請我同你合作時所說的那段話：

我們不是什麼都精通了，讀完了上千冊書和上千篇論文，俯而讀，仰而思，思考了十七、八年，成了專家，我們才動手寫本書。不，我們是先有個核心觀念，先寫起來，通過寫書，最後成爲半個專家。

趙：我是這樣說過，你還記得。

寫書是最高思維方式。俯而讀，仰而思的過程是最重要的。關鍵不是「讀」，而是「思」。「讀」的時間占三〇％，「思」（邊思邊寫）的時間占七〇％。三、七開。

邊思邊寫的過程是主體認識世界的過程，裡面有種體認世界的快感，有種概括世界的瀟洒。

李：在前面，我們用了整整一章論述了「古今人類戰爭的分類」。

其實有多種分類法。眼點或角度不一樣，分類法也就不同，最近夜深人靜，我又讀了好幾種英文論著，包括美國出版的多卷本《社會科學國際百科全書》（International Encyclopedia of the Social Sciences，一九七二，美國）的有關戰爭部分。作者賴特（Q. Wright）是現代西方一位戰爭哲學家。他出了許多論著。其中三本書是：

《戰爭研究》（A Study of War），兩卷本，芝加哥大學出版社：一九四二，一九六五；

《國際法在根除戰爭中的作用》（The Role of International Law in the Elimination of War）紐約，Oceana，一九六一；

與他人合編的《防止第三次世界大戰：若干建議》（Preventing World War III:Some Proposals）紐約，Simon & Schuster，一九六二。

很遺憾，我們沒有讀到這三部書！

趙：（長久沉默）是啊，我們多麼想拜讀這三本書！這是我們在國內做學問的不方便。尤其是探討戰爭哲學這個問題。要同國際學術界接軌，首先就要盡量占有參考文獻，掌握別人的成果，把它碾碎。孔子的話是對的：「學而不思則罔，思而不學則殆。」碾碎，就是學和思想結合的結果。

不過，好在我們已經把主要一些經典都讀了，心理有了個底。

李：一九四二年，賴特給戰爭下了這樣一個定義：

戰爭是一種合法的狀態，它使兩個或更多的敵對集團用武力捲入衝突。

趙：這個定義很含糊，沒有新意，沒有水平。從賴特的思路來判斷，他是一位國際法專家。他的戰爭定義不如克勞塞維茨的定義。前者淺薄，含糊；後者深刻，清晰。我們的思路既有別於賴特的國際法眼點，又不同於克勞塞維茨的政治觀點。我們的著眼點是腦科學和生物化學的角度。

李：賴特把人類歷史上的戰爭分爲五個階段：

第一，動物性的戰爭；

第二，初級階段的戰爭；

第三，文明階段的戰爭；

第四，近代戰爭；

第五，當代戰爭。

趙：看得出來，賴特主要是根據時間順序或人類文明進化程度來劃分戰爭的。「動物性的戰爭」原文是什麼？

李：Animal War。

趙：這同我們的「肌肉發脹模式之戰」是一回事。

李：是這樣，是一回事，但又有點區別。

動物搏鬥只靠自己的身體器官（比如公牛、公羊的角）。這些器官是生物遺傳提供的。當然猴子有時向對方扔石頭，一些高級猿猴還使用棍棒投入戰鬥。

原始人所使用的武器也是石頭、棍棒之類的東西。

賴特有個觀點同我們很接近：

研究動物之間的撕殺有助於我們理解人的攻擊性。

趙：這便是科學家研究動物行爲學的目的。

李：賴特認爲，幼猴的攻擊行爲很像人類兒童，一般說來，它們的攻擊行爲起源於占有一種東西（比如食物），於是雙方爭執起來，處於對抗狀態。

趙：這種分析並沒有觸及深層原因。賴特不過是把常識重複了一遍。

李：不過賴特從另一眼點將戰爭分類還是有些新意的。如：政治與戰爭；經濟與戰爭；技術與戰爭；法律與戰爭；心理學與戰爭；社會學與戰爭。

趙：分六個課題。這還有點新意！其實還可以加兩個課題：性（Sex）與戰爭；意識形態（如宗教信仰）與戰爭。共八大課題。

只有這樣才全了，才能概括整部人類戰爭史。

依我看，只有「心理學與戰爭」這個課題還比較接近《戰爭與男性荷爾蒙》的主題。

李：的確是這樣。

西方有越來越多的學者傾向於把戰爭看成是個心理問題。比如：Gabriel Almond, Karl Deutsch, Bernard Berelson, Georg Simmel, Hadley Cantril, Otto Klineberg, Frederick Dunn, Kenneth Boulding, Harold Lasswell, David Riesman, Charles Osgood, Anatol Rapoport, Ranyard West, Franz Alexander, Erich Fromm, Robert Waelder。其中，有的從政治心理學，還有從精神分析的角度去探討戰爭的起源。

趙：他們是我們的同行。有些姓名我還是頭一次聽到。我知道，其中有些人的研究涉及到「神經行爲」（Neurotic Behavior），這條思路同我們是相似的，都是探究戰爭的腦科學和神經系統生理學的基礎。

李：到廿一世紀，「心理學、神經行爲與戰爭」的關係會越來越密切；戰爭與心理學的色彩會越來越濃烈。

趙：暴力、衝突、戰爭頻繁的重要原因是人口增長引發的。我這裡是指兩層意思：

第一，爭奪自然資源加劇。比如兩個國家爭奪水資源。人口多，不夠分配，只有動武。

第二，人口密度超出了生物安寧界限，挑起了體內男性荷爾蒙和神經系統原就潛伏著的攻擊性能量。

一九九四年我在《地球在哭泣》一書第廿三頁至廿八頁談到過「隧道效應」：

目前，連接上海浦西和浦東這座人山人海的大城市，有兩條隧道。炎熱的夏日，這裡的氣溫經常在卅八度，遇到上、下班高峰時間，各種車輛在隧道口排成一字長蛇陣。有時，有輛卡車在裡面拋了錨，於是，滿載人群的公共汽車便被迫陷在隧道之中，進不去，也出不來。車上是人擠人。分配到每個乘客的生存空間僅有立錐之地。人人汗流浹背。大量汽車排出的廢氣使人有種窒息、嘔吐和壓迫感。當然還伴有一種精神上的極度煩悶和焦躁，心理上有種仇恨和憤怒，甚至想殺人，把車廂裡的一半人殺掉，以便自己多些活動空間。是的，每個人都想殺人，爲的是多騰出些生存空間。因爲太擠！特別想喝口清涼的水。但沒有水。這就是「隧道效應」。如果世界人口增長失控，地球生態環境繼續惡化，那麼，用不了許多年，整個地面環境就會成爲一個大隧道，一〇〇億人就生存在「隧道效應」中，進不去，也出不來，那才是活著受罪。

從心理學和神經系統生理學的角度看，人口增長失控具有一種攻擊危險性。

以上是我的親身體驗，並非來自書本。

爲了弄清人口擁擠究竟會造成什麼樣的後果，美國科學家曾做過這樣一項實驗：在一個鋼籠子裡放了四雄四雌的老鼠，讓牠們無控制地生育繁殖。兩年後，籠裡的鼠爲一六〇〇隻。由於缺乏起碼的生存空間，這些鼠的行爲也變了，開始極爲凶殘，總是攻擊和嘶咬同伴，後來便喪失一切興趣和能力，甚至不會交配。不久就衰老、死去。科學家稱牠們爲「非鼠」。

將來到二〇五〇年，一〇〇億人生活在擁擠的地球上也會變成「非人」。先是極其凶殘，將潛伏在體內的男性荷爾蒙和鱷魚腦的原始攻擊性發揮到極至，於是大街小巷血流成河，屍體堆積如山……

李：的確有這種可能性。

也許，有人會對你這種觀點扣一頂大帽子：「社會達爾文主義！」你剛才所說的「隧道效應」使我聯想起西方學術界有條著名的有關戰爭起因的心理學假說：

「挫折攻擊假說」（Frustration-aggression Hypothesis）。

趙：是的，在擁擠車廂內，當每個人（個體）的基本生存都遭受到挫折，這就很可能引起對挫折來源發起攻擊。

這是一個很有用的心理假說，頗能解釋許多次戰爭的起因。

過去，讀近代西方的心理學史，也知道有這麼個假說，但只有今天通過撰寫《戰爭與男性荷爾蒙》這本書的過程才眞正懂得它的內涵和意義。

其實二戰起源也可以說是德、日兩個民族或國家在其受挫折後各自向它們的挫折源發起的凶猛攻擊行為。

比如德國在一九一八年戰敗後，心理受到嚴重挫折。你知道邱吉爾是這樣談起當年德意志民族的：「一個自豪的民族在戰爭中被擊敗，必定力圖儘快重整軍備，這是很自然的。」

把這段話用「挫折攻擊假說」的思想來轉述就是：

當一個人或一個民族遭受到挫折後，他原先的動機和願望得不到滿足，他往往便會對挫折源發起攻擊。（也許，日本民族天生就受到一種與生俱來的挫折。因為島國狹小。她嚮往外部世界和廣大豐富的自然資源）

當然，不是所有的挫折都會轉變成陽性或顯性攻擊反應的。不過，無論如何，憤悶、憤怒、仇恨、報復和暴力是受挫後果。

從心理學與戰爭的觀點去看，希特勒只是集中體現了當年德意志民族的「挫折攻擊行為」。他只是牽了個頭，是一群暴徒的總頭目。

李：是啊，「挫折攻擊假說」最初是在一九三九年由西方一批心理學家（如Doob，Miller，Dollard，Mowrer和Sears等）提出來的。其中尤以Dollard為最典型。

一九九二年我在東京逛舊書店，突然發現有本John Dollard的代表作《挫折與攻擊》（Frustration and Aggression，一九三九，Yale Univ. Press），因價錢太貴，我猶豫了一天，第二天咬咬牙，決定去買下來，便被別人先買走了。這個遺憾使我一個星期都有一種失之交臂感，怏怏不樂。

趙：與上面這本書齊名的是N. E. Miller的傑出論文「挫折攻擊假說」（The Frustration-Aggression Hypothesis），載《Psychological Review》（心理學評論），一九四一年四八：三三七—三四二。當然還有二戰後六十年代一批重要著作，如：A. H. Buss的《攻擊心理學》（The Psychology of Aggression），一九六一，New York:Wiley。

我這個人，天性受不了這類書名的誘惑和對我的精神世界的衝擊！光這個書名就會讓我三天三夜如痴如醉。每痴醉一次，我就成長一回，被鑄造一回。這便構成了我的哲學道路。

李：這我有同感。我也受不了「深層分析」、「精神構造」和「希望的原理」……這類標題的誘惑，就像煙民受不了「萬寶路」和「紅塔山」的刺激。碰到這類書，再貴，我也買下來。

其實，挫折攻擊行爲是普遍存在的。不過它也有破壞性和建設性這兩個不同方向之分。比如，有個男子被一個漂亮女人騙了，拋棄了，男子受挫折後，便向一切漂亮女人發起報復性攻擊：用刀片劃破他們的臉，儘管他與她們素不相識！國外有許多推理小說，就是採用這樣的題材。

貝多芬在三十歲受到挫折（耳聾和失戀），他便發憤作曲。音樂藝術創作就是他的「挫折攻擊」。但這是建設性傾向。

趙：受挫越大，創造動力也越大。兩者成正比。能量守恒。

我本人就是一個活生生的例子。若有人問起我的著書立說的第一動機，我便會回答：「是挫折攻擊行爲。或者說，我把書一本本寫出來的根本動機是一系列的「攻擊挫折反應」（The aggressive frustration reactions）。」

因爲在生命場中，我受到一系列大大小小的挫折，瘀積了許多心理能量。我寫書，就是活血化瘀，通利經脈，發洩憤悶。

使我受挫折的源是人生、世界，所以我才向人生、世界發起攻擊。我的二十本書，便是二十次「挫折攻擊行爲」，也是二十次狠狠報復！

李：你這說法很有意思！記得在你最近出版的《三重的愛》一書的後記裡，你也說過類似的話。是啊，這確實是個普遍現象。二戰後，六十年代西方有一批學者出來修正原先的「挫折攻擊假說」。比如L. Berkowitz 一九六二年出版了一本《攻擊：社會心理學分析》（Aggression:A Social Psychological Analysis），英文版。

趙：對不起，讓我插你一句。

修正主義是個好東西。因爲原先的主義、假說有的過了時，不再適合當代的狀況，所以必須加以修正。

「挫折攻擊假說」很接近「戰爭與男性荷爾蒙」，但還不等於，不能劃等號，儘管兩個都是工作假說。

前者比較深層，後者則更爲深層。

試問：如果沒有遭受挫折，人類攻擊行爲就沒有了嗎？

「男性荷爾蒙與鱷魚腦假說」認爲：即使沒有挫折，人類盲目的原始攻擊行爲依舊會發生。因爲肌肉發脹。所以這個假說的生物學背景更濃烈，更深層，更富有遺傳性。

李：我完全同意你的觀點！科學發展史上的「修正」原是很普通的現象，一部科學史哪能離得開不斷的發展與修正呢！

下面讓我來談談六十年代人們對三十年代末的「挫折攻擊假說」所作出的修正：

一九三九年J. Dollard及其同事提出的定義較含糊，有必要弄得更清晰些。如果沒有受挫心境，那麼，攻擊行爲就不會出現。可見，攻擊行爲是由憤怒激起來的。攻擊反應的強度是憤怒強度的函數：憤怒越大，攻擊反應也越大。攻擊行爲是由受挫心境誘發出來的。或者說，強烈的敵意反應矛頭必然針對「挫折源」（The Source of Frustration）。

趙：這種表述的確比原來的更清晰。讓我用數學分析語言把它說得更確切些。設攻擊強度爲A，受挫心境爲F，那麼，兩者函數關係就是：

$$A=f(F)$$

變量A是變量F的函數。

從數學上來說，變量F的每一個數值都對應變量A的一個完全確定的數值。但具體到人的心理反應和行爲，情況則遠爲複雜。

比如韓先生和王先生所遭受到的挫折大小性質完全一樣，憤怒也一樣，但攻擊強度會完全不同。即使相同，方向則相反。比如，瓊瑪打了牛虻一記耳光，牛虻便成了一名堅定的革命鬥士。而韓先生被徐小姐當衆打了一記耳光，從此失戀，則發誓要謀殺他的「挫折源」徐小姐。

李：總之，「挫折攻擊假說」觸及到了人類攻擊行爲的較深層原因，但不如我們提出的「男性荷爾蒙」更加深層。因爲這種生物化學物質本身就具有攻擊性，它不必心境受挫，即使不受挫，他也會找個藉口，找個目標，發起攻擊。

趙：我們的觀點是一致的。這也是我們的書一再表達的主題。從政治、經濟、法律和社會學角度去看戰爭，是作表層分析；從心理學角度去看戰爭，是作中層分析；從腦科學、神經系統生理學和內分泌學的角度去看戰爭，才是作深層分析。因爲再往下就沒有再深的原因了。若是還有，那只能是造物主，是上帝。上帝是一切原因最後一個原因。

李：還有一個概念值得我們注意：「自由游離的攻擊能量」（A free-floating aggressive energy）。

第四編：希望和出路

——和平時期男性體內自由游離攻擊能量的釋放

人類腦同鱷魚腦的殊死較量
——使用武力不是辦法

一、理直氣壯提倡和平主義運動

如果說，好鬥或攻擊性是人類的本能，那麼，愛好和平、痛恨戰爭同樣是人類的一種本能。爲了防止、根絕戰爭，我們必須全力讓後一種（善的）本能去壓制前一種（惡的）本能。

「我的和平主義是一種本能的情緒。這種情緒占據著我，因爲殺人叫我厭惡。我的和平主義不是出自什麼理論，而是出自我對一切殘暴和仇恨最深切的反感。」愛因斯坦如是表白。

這一種本能的情緒厭惡殺人，正是人類腦所支配的行爲。

殘暴、仇恨、訴諸武力，或者好鬥，從人與人鬥之中得到無比的興奮和快樂，便是人腦中那部分鱷魚腦殘餘所支配的行爲。有的政治家甚至公開聲稱：人與人鬥，其樂無窮。這種人一旦掌握國家最高權力，世界便必然是遍地戰火，生靈塗炭。

人之所以成爲人，是因爲有了人類腦的緣故。

它是人腦經過幾百萬、上千萬、上億年進化的結果；是人腦中最優秀的組成部分，不要忘了人腦進化三階段：

鰐魚腦→猿人腦→人類腦

孔子、孟子、康德、歌德、貝多芬和愛因斯坦是人類腦的樣板。孔、孟主張惻隱之心人皆有之，仁愛、慈悲的心各個都有。就是說，在每個人的人腦中都有人類腦成分。不過在很大程度上人類腦是後天教化、慢慢塑造出來的結果。和平主義運動正是這一教化和塑造的工作。

貝多芬憎恨人把鳥關在籠子裡。有一回他偷偷地把鄰居家籠中的鳥放生了。貝多芬對鳥尚且如此仁愛，他對人類的愛便可想而知。

關於愛因斯坦，人們只知道他是個偉大物理學家，而不知道他同時也是一位偉大的和平主義者。他一生都在致力於世界和平：促進一切國家之間的和平共處，號召各國青年拒服兵役。他主張寬容，反對仇恨。他說：

「我是一個虔誠的和平主義者，而不是一個絕對的和平主義者；就是說，我反對在任何情況下使用武力，除非碰到一個在實質上是以消滅生命爲目的的敵人。」

（鱷魚腦正是以消滅生命爲目的的敵人）

許多年，和平主義（Pacifism）一直被我們的極左路線批判爲「是一種資產階級自由主義的政治思潮；它消極地宣揚戰爭的殘酷性和破壞性，認爲只要通過宣傳就能夠消滅戰爭的根源，完全抹殺了資本主義的存在是戰爭最深厚的基礎。」

不，我們（本書兩位作者）不同意這種極左性質的批判；不同意扣這頂政治大帽子，打死棍子，尤其是在核戰爭危機四伏的今天。

最壞的和平主義也比最好的核戰爭要好。

和平主義運動崛起於第一次大戰後的英國。英國作爲這場戰爭的元凶之一，雖然最終取得了戰場上的勝利，卻付出了高昂而慘重的代價。劫後餘生的人們，對戰爭無比恐懼和厭惡，認爲戰爭是一樁絕對的壞事。英國公衆痛恨戰爭，不希望再發生戰爭。

這難道錯了嗎？

二、三十年代，英國的和平主義思潮風靡於世。在許多「人類腦」占上風的、有理性的善良人們看來，戰爭不會贏得任何東西，也不會治好任何東西，更不會結束任何東西。（事實正是如此。經歷過第一、二次大戰的人們都深感在戰爭中沒有勝利者，大家都是失敗者。在一場世界核大戰中，

結局更是如此）

戰爭巨大創傷，上千萬無辜的屍骨，母親的啜泣和悲痛，使人們嚮往和平、安寧的生活，並決心盡其所能防止再次發生戰爭。

這思潮難道有錯？

許多知名的文學藝術家都參加了和平主義運動的行列。（在四人幫時期，我們卻批判這些人「散布了資產階級人道主義的和平主義。」六、七十年代，蘇聯拍了不少描寫戰爭殘酷的反戰影片，也受到我們的批判，並指責這是蘇聯變修了的罪證之一！）

一九三二年，作家尼科爾斯在《下次戰爭中我將是一個拒服兵役者》一文中，敘述了他與四位朋友在柏林相遇時立下的誓言：

萬一我們各自所在國家捲入了衝突，我們絕不參加任何形式的戰爭，並甘願在政府宣戰後的四十八小時內被判處死刑。

這誓約不對嗎？（如果當年有一千萬德國青年和一千萬日本青年參加了這一誓約，在下次戰爭中拒服兵役，那麼，二戰還會爆發嗎？）

是我們撥亂反正的時候了！

我們的經濟建設迫切需要提倡和平主義運動！

尼科爾斯還說：「婦女在托兒所裡就能制止戰爭」。

說得多精闢！

仔細想想這句話的深刻涵義吧！它已經觸及到了讀者手中這本書的主題！

尼科爾斯說：「我要製造一種玩具士兵……這些玩具士兵十分猙獰可怕，以致於孩子們看了以後接連好幾個星期都要做惡夢。」

很遺憾，自古至今全世界還沒有造出這種玩具士兵！

鱷魚腦是天生的；攻擊本能不教自會。如果一經唆使，其嗜血本能會變本加厲。所謂動物本能，就是飢食渴飲。正如中國朱子所說：「天教我如此……蓋天只教我飢則食，渴則飲。」人類攻擊本能也是天教的，不學自會。

人類腦在大多數人那裡僅薄薄的一層，非常之脆弱，敵不過鱷魚腦和男性荷爾蒙的聯合攻擊，抵擋不住男性體內自由游離的攻擊能量。

我們不主張玩具廠商用各種各樣的武器（手槍、衝鋒槍和坦克……）模型造出逼眞的玩具（有的還會吐出火光，發出聲響）。這會刺激男孩鱷魚腦的發達。讓它超出人類腦是很危險的。潛在的危險。

世界各國的電影、電視、電子遊戲機和無數書刊……幾乎都把戰爭看成是一種娛樂。在這種危險的娛樂中，上億男孩的好鬥本能得到了培養和增強。

我們應多拍些反戰片，讓男孩從小就對戰爭產生厭惡感。（當然，與此同時要教育孩子，世界上有正義戰爭和非正義戰爭之分，這點是至關重要的）目的是培養、加強憎恨戰爭的本能，用反戰、愛好和平的本能去壓制好戰、愛好嗜血的本能。二、三十年代，日本軍國主義一直用尙武精神來教育中、小學生。筆者看過一部紀錄片，當我們看到日本小學生在操場學拼刺刀的鏡頭，心情便特別沉重。

納粹德國教育則是復仇。正如愛因斯坦在一九三三年八月廿八日的一封信中所說：「只要德國堅持重新武裝，並且系統地教育德國公民準備一場復仇戰爭，西歐各國就只好不幸地依靠軍事防禦……」

教育和大衆傳播媒介是非常重要的。

教育能使千百萬男孩的鱷魚腦殘餘惡性膨脹，也可以增強人類腦，對侵略戰爭有刻骨仇恨。

二戰前，納粹德國在校教師都要宣誓效忠和服從希特勒。滿十歲的少年都要加入少年隊，並宣誓：

「在代表我們元首的這面血旗面前，我宣誓把我的全部精力和力量貢獻給我國的救星阿道夫·希特勒。我願意而且時刻準備著爲他獻出我的生命，願上帝幫助我。」

在這種教育制度下培養出來的人準是合格的炮灰和殺手！

二、三十年代歐洲和平主義運動雖然失敗了，雖然沒有制止大戰的最終爆發，但我們絕不可否認它的作用和價值。恰恰相反，二戰之所以爆發，說明和平主義運動的聲勢還不夠強大，不夠深入人心，尤其在德、日、意三國的青年人的心中。當年，如果這三國百分之九十的青年認定戰爭不是什麼「聖戰」，而是毫無價值的，即使勝利了，也是沒有任何價值的，那麼，戰爭就發動不起來。

如果德、日、意三國百分之九十的母親都竭盡全力阻止她們的兒子參戰，那麼，二戰也不會爆發。

廿一世紀人類最大任務不是別的，而是在世界各地理直氣壯地開展和平主義（非戰）運動，將戰爭的殘酷性坦率地告訴地球上每一個人。

不錯，戰爭往往會推進世界科技進步，但戰爭所造成的不幸、苦難和破壞永遠大大越過它那點收益。

實際上，今日世界每個角落都在爲戰爭行爲叫好；唆使人腦中的鱷魚腦和男性荷爾蒙的攻擊性。街頭書攤圖書的內容便足以說明這種傾向。書刊大多是一個主題：

拳頭加枕頭。

這是在爲人類攻擊性本能火上加油！

聯合國組織是否能創辦一本《不，我們不要戰爭》的雜誌呢？它應該成爲世界和平主義運動的喉舌。

有些國家（比如日本）尤其要提倡該運動，並從小學教育抓起，讓反戰成爲一種本能。

德國科隆中世紀大教堂門前有個著名的「和平墻」。墻上有幅巨大的照片，說明一九四五年春科隆百分之九十的建築被炸毀的慘狀。周圍有上千張各種形式的小字報，都是各國旅遊者寫下的心願。

筆者仔細讀過其中用中、英、德文寫的上百張留言或詩歌。內容歸結到一點，就是痛恨戰爭，熱愛和平。不過該「和平墻」畢竟有點不足。這便是日本遊客的表現。他們年年來德旅遊的人數很多，自己專闢了一角，掛出了他們的小字報，內容清一色都是控訴長崎、廣島挨原子彈的不幸，而隻字不提當年日本給亞洲各國人民帶來的災難，好像日本才是二戰的受害者。日本人應向德國人看齊。先反省自己的罪行，然後再談談自己國家被炸的慘狀。最後才歸結到「人類不再相互殘殺」這個高於一切的主題。

很好，這就是和平主義運動。它應該在世界各地持續、深入開展下去。人類良心和理性，寬容和慈悲，應該被和平鐘聲廣泛喚醒，最後轉化成人類腦，堅決起來反對罪惡戰爭。只有上億人類腦築成一堵墻，才能阻止新戰爭的爆發。

二、關於二戰起源

六十年代，西方和蘇聯史學界掀起過探討二戰起源的熱潮，發表了不少論文和專著，如布洛克的論文《希特勒和第二次世界大戰的起源》（一九六七）；馬森的論文《第二次世界大戰的某些根源》（一九六四）；泰勒的專著《第二次世界大戰的起源》（一九六一）等。學術爭論是難免的，且很激烈。

然而不管是「正統學派」觀點還是「修正學派」見解，都有一個小小的疏忽：閉口不談或絕少觸及戰爭行爲後面的深層背景，即生物學背景。這裡留下了一個空白。試圖塡補這個空白正是筆者撰寫本書的目的。歷史學家看二戰起源只見出經濟、政治和社會學這些表層原因，比如對市場、原料、殖民地……的爭奪；而戰爭哲學家則從中看到了深層的生物學原因：人類攻擊性本能。戰爭哲學家當見出歷史學家看不出的支配攻擊行爲的一種動力，一種內在的深層結構。

筆者以爲，不論是公元前約二六〇〇年的涿鹿之戰，還是公元五五二年的塔吉萊會戰，或者本世紀的第一、第二次世界大戰；又不論戰場上使用的是銅質兵器，還是反坦克火箭，是方陣戰術步署，還是地毯式轟炸，在它們的背後，至少在其中一方的背後，恒有一個不變數在那裡起著或大或小的作用。這不變數深深埋藏在人類本性中。

三、文化藝術總是世界和解的基礎之一

人腦中的鱷魚腦殘餘和男性荷爾蒙的聯合攻擊性，加上政治、經濟、民族、宗教信仰、社會學和心理學等因素，將人類的好鬥性紐成了一股很粗的繩，即可輕易地把世界拖入一場殘酷的戰火。因此，人類腦也必須竭盡全力，聯合一切可以聯合的大小力量，同人類的攻擊性本能對抗。文化藝術便是可以聯合的一股切不可小視的力量，儘管它對「根絕戰爭」並不是一劑特效藥。因爲許許多多這樣的大小力量築起一道長城，便有希望撲滅新的世界大戰戰火。

比如莫札特音樂。

假如全世界有一半人口熱愛（眞正地熱愛）他的音樂，並溶化進了自己的血液，那麼，核戰爭就打不起來。如果各國政治家都偏愛莫札特音樂，世界持久和平便有保障。

因爲莫札特音樂同仇恨、暴力是格格不入的。他的旋律浸透了人類的博愛、寬容和仁慈，還有安寧、和平。

人類向太空發射宇宙飛船當然也是一種文化，一種最偉大的科技文化。它理應成爲世界和解的另一個超越糾紛的基礎。

一九六九年七月，美國「阿波羅十一號」成功地登上了月球。之後，宇航員阿姆斯特朗

在國會聯席會議上發表講話，暢談了他在月球上眺望地球的感想，以及地球在茫茫宇宙中的孤獨處境：

「我們向何處去？事實上地球正以每小時幾千英里的速度朝武仙座方向某個宇宙中的未知目的地運行。人類必須了解宇宙，爲的是了解自己的命運。」

在茫茫宇宙時空中，地球是條小小的飛船，我們都在這條船上。今天，「同舟共濟」有了一層嶄新的意義。若有可能，筆者建議各國政治家不妨都登上月球，從宇宙空間回過頭來直視千萬里外的地球，一個呈蔚藍色的玻璃狀天體，非常美，但很脆弱，經不起核戰爭的折磨。從月球上看我們的家園地球，星流電激，煙霏雨散，你的心胸準會霍地超越地球人原先的狹窄和短淺眼光，擴大、增強人類腦的地盤，讓寬容、正義和慈悲占上風。

人類能掌握高科技，登上月球，卻不能制止人類的自相殘殺！其實，使用武力絕不是個辦法；戰爭不會贏得任何東西，尤其是一場核戰爭，結果只能是一片焦土世界加上地球上的核冬天，不再有陽光照耀的極寒冷的冬天。

根絕戰爭是條硬道理，大道理。其他一切道理都要服從它。

世界連同人類在一場核戰爭中都燒焦了，其他的小道理還會存在嗎？即使存在也失去了它們繼續存在下去的理由。

初秋九月，夜不能寐，側耳遠聽，聞悲風蕭條之聲。關於下個世紀人類命運，我們畢竟依稀看到了一線希望，一條出路。

路，就在我們每個人的腳下……

關於結束民族與民族、國家與國家之間的偏見和仇恨，筆者想起前埃及總統薩達特。一九七七年十一月，他不顧大多數阿拉伯國家的強烈反對，毅然訪問了以色列，簽署了《埃以和約》，結束了兩國長達三十多年的戰爭狀態。他信奉這樣一條公理：

「任何人的幸福都不能建立在別人的痛苦之上。」（這就是孔子所說的「己所不欲，勿施於人。」）

如果這條人類公理能貫徹實行，那麼，不義之戰就會根絕。

將近二十年過去了。筆者還記得薩達特在以色列國會發表的演說：

「……人類製造戰爭，以此最終消滅自己的兄弟——人類。在人類造成的一切廢墟上，在人類犧牲者的屍骨中間，是沒有征服者和被征服者的。眞正的被征服者永遠是人類，眞主創造的最高之物……我們應該站得高一些，擺脫一切形式偏見，擺脫心理錯覺和腐朽的優勢理論……

戰爭的犧牲品是：人類。

在戰爭中滅亡的生命是人的生命，不管是阿拉伯人還是以色列人，失去丈夫的妻子原是應該生活在幸福家庭中的婦女，不管是阿拉伯的還是以色列的婦女……」

這才是人類腦發出的公正的、理性的呼聲。

願廿一世紀這種呼聲在地球上每個角落占上風！

主要參考書目

1.H. Davison和M. B. Segal《生理學引論》，倫敦，一九七八年，英文版；
2.T. L. Peele《臨床神經解剖學基礎》，紐約，第三版，一九七七年，英文版；
3.W. H. Gispen《分子與功能神經生物學》，阿姆斯特丹，一九七六年，英文版；
4.W. Hoppe《生物物理》，柏林，Springen-Verlag，一九七六年，英文版；
5.A. N. Davison《腦結構和功能的生物化學相關性》，倫敦，一九七七年，英文版；
6.J. C. Eccles《對腦的理解》，USA，第三版，一九七七年，英文版；
7.唐仲良等編著《神經系統生理學》，復旦大學出版社，一九九一年；
8.山根清道《犯罪心理學》，群衆出版社，一九八四年；
9.David de Wied《荷爾蒙與腦》，一九八〇年，英文版；
10.森武夫《犯罪心理學》，知識出版社，一九八二年；
11.J. P. 依沃特《神經行為學》科學出版社，一九八六年；

12. K. Lorenz《動物與人類行爲學研究》，兩卷本，一九七一年，英文版；
13. K. W.沃爾什《神經心理學》科學出版社，一九八四年；
14.《荷爾蒙》（Hormones），一九五一年，英文版；
15. R. H.威廉斯主編《內分泌學》，科學出版社，一九六三年；
16. J. Hirsch《行爲遺傳分析》，一九六七年，英文版；
17. J. Strachey《論防止戰爭》，一九六三年，英文版；
18. R. Aron《戰爭論》，一九五八年，英文版；
19. M. R. Davie《戰爭進化》，一九二九年，英文版；
20. 克勞塞維茨《戰爭論》，商務，三卷本，一九七八年；
21. A. Marshak《文明的根》，一九七二年，英文版；
22. J. Stone《攻擊與世界秩序》，一九五八年，英文版；
23. A. H. Buss《攻擊心理學》，一九六一年，英文版；
24. L. Berkowitz《攻擊：社會心理學分析》，一九六二年，英文版；
25. J. Scott《攻擊性》，一九五八年，英文版；
26. M. L. C. Foster主編《和平與戰爭》，一九八六年，英文版（該書包括許多重要論文）；
27. K. Jaspers《歷史的起源和目的》，一九八六年，德文版；

28.《非洲劍橋史》，一九七八年，英文版；
29.S. Milisauska《歐洲史前史》，一九七八年，英文版；
30.J. A. Aho《宗教神話與戰爭藝術》，一九八一年，英文版；
31.W. J. Nagle《道德和現代戰爭》，一九六〇年，英文版；
32.K. L. Nelson等人《爲什麼會有戰爭？》，一九七九年，英文版；
33.L. L. Snyder《第三帝國百科全書》，一九七六年，英文版；
34.K. Lorenz《所謂的惡：攻擊的自然史》，一九六三年，德文版；
35.G. Lensk《人類社會》，一九八七年，英文版；
36.J. C. Davies《政治中的人性》，紐約，一九六三年，英文版；
37.《愛因斯坦文集》三卷本，商務，一九七八年；
38.A. Rosenberg《二十世紀神話》，慕尼黑，第四三版，一九三四年，德文版；
39.《產生幹勁的腦科學》大木幸介，講談社，一九九三年，日文版；
40.《操縱腦的分子語言》大木幸介，講談社，一九七九年，日文版；
41.《麻藥·腦·文明》大木幸介，光文社，一九九一年，日文版；
42.《男腦·女腦》大島清，祥傳社，一九九二年，日文版；
43.《頭腦的使用方法》大島清，芝麻書房，一九八九年，日文版；

44.《「H」腦驅動的男子行動學》大島清，實業之日本社，一九九三年，日文版；
45.《男人的器量由「H腦」決定》大島清，實業之日本社，一九九二年，日文版；
46.《人爲什麼要愛人？》大島清，PHP研究所，一九九三年，日文版；
47.《男腦·女腦》新井康允，三笠書房，一九九一年，日文版；
48.《從腦看男女》新井康允，講談社，一九八九年，日文版；
49.《腦·一〇〇新知識》森昭胤編，講談社，一九九一年，日文版；
50.《從腦看人的性格》稻永和豐，講談社，一九九二年，日文版；
51.《柔軟的腦和僵硬的腦》高島博，祥傳社，一九八八年，日文版；
52.《來自腦與心研究者的報告》品川嘉也編，講談社，一九八五年，日文版；
53.《不可思議的腦》博學俱樂部編，青春社，一九九二年，日文版；
54.《培育腦·守護腦》小林司，日本廣播出版協會，一九九二年，日文版；
55.《腦與人、社會》千葉康則，法政大學出版局，一九八九年，日文版；
56.《腦與老化》田原總一朗，文藝春秋，一九八四年，日文版；
57.《腦的看法》養老孟司，筑摩書房，一九九三年，日文版；
58.《精神醫學事典》小此木啓吾等編，弘文堂，一九八九年，日文版；
59.《現代精神分析基礎理論》小此木啓吾，弘文堂，一九九三年，日文版；

60.《精神分析理論的建立與發展》小此木啓吾，弘文堂，一九八五年，日文版；
61.《精神分析學辭典》Charles Rycroft編，山口泰司譯，河出書房新社，一九九二年，日文版；
62.《怠惰精神分析》（正、續）岸田秀，中央公論社，一九八七年，日文版；
63.《「仇恨」的心理》鄉古英男，大日本圖書株式會社，一九九〇年，日文版；
64.《「憤怒」的構造》村瀨學，寶島社，一九九三年，日文版；
65.《感情心理學》安田一郎，青土社，一九九三年，日文版；
66.《感情心理學》福井康之，川島書店，一九九一年，日文版；
67.《日本人的心理》南博，岩波書店，一九六九年，日文版；
68.《日本的自我》南博，岩波書店，一九八九年，日文版；
69.《日本人的信仰》幃村升，中央公論社，一九九二年，日文版；
70.《日本冒險》（一、二、三）梅原猛，角川書店，一九九三年，日文版；
71.《向文明提問》梅原猛，集英社，一九八六年，日文版；
72.《日本文明七七鍵》梅倬忠夫編，創元社，一九八八年，日文版；
73.《梅干與日本刀》（上、中、下）囗口清之，祥傳社，一九九四年，日文版；
74.《日本的神話》高橋鐵，河出書房新社，一九九一年，日文版；

75.《「縮」志向的日本人》李御寧（韓國），學生社，一九八二年，日文版；

76.《能面一樣的日本人》金兩基（韓國），中央公論社，一九九三年，日文版；

77.《攻擊性》原俊夫等編，岩崎學術出版社，一九七九年，日文版；

78.《現代人的攻擊性》福島章，太陽出版，一九九一年，日文版；

79.《攻擊性的深層》馬場謙一等編，有斐閣，一九九三年，日文版；

80.《攻擊》Konrad Lorenz，日高敏隆等譯，Misuzu書房，一九九六年，日文版；

81.《人的攻擊性》Anthony Storr，高橋哲郎譯，晶文社，一九九三年，日文版；

82.《愛與恨》Irenaeus Eibl-Eibesfeld，日高敏隆等譯，Misuzu書房，一九八七年，日文版；

83.《人的本性論》Edward O. Wilson，岸由二譯，思索社，一九八〇年，日文版；

84.《霸者的心理》中西信男，有斐閣，一九八七年，日文版；

85.《魔術師希特勒》神代康隆，學習研究社，一九九三年，日文版；

86.《黑魔術師希特勒》Gerald Suster，近藤純夫譯，一九八四年，日文版。

國家圖書館出版品預行編目資料

戰爭與男性荷爾蒙

／趙鑫珊, 李毅强著. --初版. --臺北市：
臺灣學生，1997；[民86]
面； 公分

ISBN 957-15-0851-9 (平裝)

1.戰爭 - 心理方面 2.激素

542.21 86012473

戰爭與男性荷爾蒙（全一冊）

著作者：趙鑫珊、李毅強
出版者：臺灣學生書局
發行人：孫善治
發行所：臺灣學生書局
臺北市和平東路一段一九八號
郵政劃撥帳號〇〇〇二四六六八號
電話：三六三四一五六
傳眞：三六三六三三四
本書局登記證字號：行政院新聞局局版北市業字第玖捌壹號
印刷所：宏輝彩色印刷公司
地址：中和市永和路三六三巷四二號
電話：二二六八八五三
定價平裝新臺幣三〇〇元
西元一九九七年十月初版

57313

ISBN 957-15-0851-9 (平裝)